Karl-Albrecht Dreyer
Transparenz und Teilhabe

Das Anliegen der Buchreihe BIBLIOTHEK DER PSYCHOANALYSE besteht darin, ein Forum der Auseinandersetzung zu schaffen, das der Psychoanalyse als Grundlagenwissenschaft, als Human- und Kulturwissenschaft sowie als klinische Theorie und Praxis neue Impulse verleiht. Die verschiedenen Strömungen innerhalb der Psychoanalyse sollen zu Wort kommen, und der kritische Dialog mit den Nachbarwissenschaften soll intensiviert werden. Bislang haben sich folgende Themenschwerpunkte herauskristallisiert:

Die Wiederentdeckung lange vergriffener Klassiker der Psychoanalyse – beispielsweise der Werke von Otto Fenichel, Karl Abraham, Siegfried Bernfeld, W. R. D. Fairbairn, Sándor Ferenczi und Otto Rank – soll die gemeinsamen Wurzeln der von Zersplitterung bedrohten psychoanalytischen Bewegung stärken. Einen weiteren Baustein psychoanalytischer Identität bildet die Beschäftigung mit dem Werk und der Person Sigmund Freuds und den Diskussionen und Konflikten in der Frühgeschichte der psychoanalytischen Bewegung.

Im Zuge ihrer Etablierung als medizinisch-psychologisches Heilverfahren hat die Psychoanalyse ihre geisteswissenschaftlichen, kulturanalytischen und politischen Bezüge vernachlässigt. Indem der Dialog mit den Nachbarwissenschaften wieder aufgenommen wird, soll das kultur- und gesellschaftskritische Erbe der Psychoanalyse wiederbelebt und weiterentwickelt werden.

Die Psychoanalyse steht in Konkurrenz zu benachbarten Psychotherapieverfahren und der biologisch-naturwissenschaftlichen Psychiatrie. Als das ambitionierteste unter den psychotherapeutischen Verfahren sollte sich die Psychoanalyse der Überprüfung ihrer Verfahrensweisen und ihrer Therapieerfolge durch die empirischen Wissenschaften stellen, aber auch eigene Kriterien und Verfahren zur Erfolgskontrolle entwickeln. In diesen Zusammenhang gehört auch die Wiederaufnahme der Diskussion über den besonderen wissenschaftstheoretischen Status der Psychoanalyse.

Hundert Jahre nach ihrer Schöpfung durch Sigmund Freud sieht sich die Psychoanalyse vor neue Herausforderungen gestellt, die sie nur bewältigen kann, wenn sie sich auf ihr kritisches Potenzial besinnt.

BIBLIOTHEK DER PSYCHOANALYSE
HERAUSGEGEBEN VON HANS-JÜRGEN WIRTH

Karl-Albrecht Dreyer

Transparenz und Teilhabe

Veränderungen in der psychoanalytischen und psychodynamischen Behandlungstechnik

Psychosozial-Verlag

Bibliografische Information der Deutschen Nationalbibliothek
Die Deutsche Nationalbibliothek verzeichnet diese Publikation
in der Deutschen Nationalbibliografie; detaillierte bibliografische Daten
sind im Internet über http://dnb.d-nb.de abrufbar.

Originalausgabe
© 2017 Psychosozial-Verlag
Walltorstr. 10, D-35390 Gießen
Fon: 06 41 - 96 99 78 - 18; Fax: 06 41 - 96 99 78 - 19
E-Mail: info@psychosozial-verlag.de
www.psychosozial-verlag.de
Alle Rechte vorbehalten. Kein Teil des Werkes darf in irgendeiner Form
(durch Fotografie, Mikrofilm oder andere Verfahren) ohne schriftliche Genehmigung
des Verlages reproduziert oder unter Verwendung elektronischer Systeme verarbeitet,
vervielfältigt oder verbreitet werden.
Umschlagabbildung: Karl-Albrecht Dreyer: »Männlicher Torso«, Farblithographie 1978
Umschlaggestaltung & Innenlayout nach Entwürfen von Hanspeter Ludwig, Wetzlar
Portraitfoto des Autors: © Sabine Weinert-Spieß
Satz: metiTEC-Software, me-ti GmbH, Berlin
ISBN 978-3-8379-2603-3

Inhalt

Zu diesem Buch   9

Teil A
Grundlagen

Einleitung zu Transparenz und Teilhabe   15

Wie ich Transparenz verstehe   17
Wie ich Teilhabe verstehe   19
Transparenz und Teilhabe im psychoanalytischen Prozess   20
Intersubjektivität, aber welche?   23
Meine Position, intersubjektiv zu denken und zu analysieren   27
Beispiele zu »Transparenz« und »Teilhabe« in der Literatur   29
Klinische Beispiele –
Schweigepflicht, Veröffentlichung von Vignetten und Fallgeschichten   32
Zur wissenschaftstheoretischen Einordnung der Psychoanalyse und
der »Beweiskraft« klinischer Darstellungen   34

1.   **Übertragung und Agieren**   41

Erstgespräch und Behandlungsvereinbarung   41
Vorgespräche   42

Vor Behandlungsbeginn: Das Gutachterverfahren 43
Der Verlauf der Behandlung und unsere Haltung 45
Der Verlauf der Behandlung und die Wahl der Frequenz 48
Der Verlauf der Behandlung: Agieren 49
Übertragung und Agieren 53
Zusammenfassung 54

2. Gegenübertragung und Gegenübertragungsenactment 57

Zur 1. Linie: Ein Beispiel Freuds 58
Zur 2. Linie: Paula Heimann in einer teuflisch-direkten Deutung 62
Zur 3. Linie: Ferenczi und die »Bewältigung der Gegenübertragung« 66
Funktionale Abstinenz 69
Transparenz und Teilhabe in Gegenübertragung und Gegenübertragungsenactments 70

3. Die schwierige Behandlung – Transparenz und Teilhabe, Setting und Frequenz 77

Zur Geschichte der niederfrequenten psychoanalytischen Psychotherapie 80
Zur Technik in den verschiedenen Frequenzbereichen 82
Der schwierige Fall:
Setting, Frequenzwahl und psychoanalytischer Prozess 84
Zusammenfassung 90

Teil B
Psychoanalytische Technik

4. Psychoanalytische Technik I: Kontinuität und Diskontinuität 93

Zum Begriff der Diskontinuität 93
Der Gebrauch des Begriffes »Diskontinuität« 95

Diskontinuität und Rhythmus	96
Kontinuität und Diskontinuität	99
Sprache und Musik	101
Kontinuität oder »Kontinuität/Diskontinuität«	104
Diskontinuität und Agieren	105
Die Diskontinuität der »nicht hoffnungsleeren Hoffnungslosigkeit« (Schneider)	106
Die große Bandbreite diskontinuierlicher Phänomene	111
Vignette: Das Schweigen, die Lücke und der Verlust	112
Die Bedeutung von Kontinuität und Diskontinuität im psychoanalytischen Prozess	115

5. Psychoanalytische Technik II: Die Prozesse in der introjektiven Identifizierung — 117

Introjektive Identifizierung – ein Brückenkonzept	120
Ferenczis Auffassung zu Introjektion, Identifizierung und introjektiver Identifizierung	124
Klinisches Beispiel: Plötzlich passt alles zusammen!	129
Vom Alleskleber zum Dialogpartner – aus einer einstündigen Behandlung	134
Zusammenfassung	139

6. Ein Fallbericht zur Illustration und die Zusammenfassung meiner Themen — 141

Einleitung	141
Der Verlauf der Behandlung – ein Anfang mit Agieren	142
Die Bearbeitung des Nichts	148
Der Abstand kehrt zurück – die negative Mutterübertragung, eine Sequenz des Nichtverstehens	153
Zusammenfassung der Themen dieses Buches im Hinblick auf diesen Fall	157
Die Haltung von Transparenz und Teilhabe	166

Teil C
Abschluss und Resümee

7. Diskontinuität und introjektive Identifizierung in unserer psychoanalytischen Technik   171

Empathie, Intuition und Reverie   172
In Intuition, Empathie und Reverie containen wir Unsicherheit und Vagheit   174
Introjektive Identifizierung, Empathie und Intuition   175
Was ich mit diesem Buch zum Ausdruck bringe   179

Literatur   181

Personenregister   189

Sachregister   193

Zu diesem Buch

In unserem Alltag und unserem gesellschaftlichen Leben sind Transparenz und Teilhabe hohe Werte, die für uns selbstverständlich geworden sind. Wie halten wir es damit in unserem Beruf als Psychotherapeut oder Psychoanalytiker? Welchen Stellenwert und welche Bedeutung haben da Transparenz und Teilhabe? Sind sie überhaupt mit der Methode der Psychoanalyse vereinbar und wie weit können sie reichen? Wie können wir unsere Patienten oder Analysanden an unserem Blick auf interaktive oder innenweltliche Vorgänge teilhaben lassen – Vorgänge, die oft sehr flüchtig und in ihrer Bedeutung mehrdeutig sind? Mit diesen Fragen beschäftigt sich dieses Buch.

Ich beziehe mich in meinen Überlegungen sowohl auf dynamische als auch auf analytische Psychotherapie sowie auf Psychoanalyse. Die Übergänge zwischen den verschiedenen, aus der Psychoanalyse abgeleiteten Verfahren sind fließend, es gibt keine trennscharfen Definitionen (zu dieser Diskussion vgl. Dreyer & Schmidt, 2008). Aus diesem Grunde stehen die Begriffe »Psychotherapeut und Psychoanalytiker« und »Psychotherapie und Psychoanalyse«, die ich im Buch häufig in dieser Doppelung gebrauche, für die Kontinuität der Methode durch alle Anwendungen und Verfahren hindurch. Wenn ich lediglich »Psychoanalyse«, »Analyse« oder »Psychoanalytiker«, »Analytiker« schreibe, betone ich damit, dass es sich um Behandlungssituationen und Zusammenhänge handelt, für deren Verständnis es gut ist, die Kompetenz zu haben, die in einer psychoanalytischen Aus- oder Weiterbildung erworben wird. Das bedeutet jedoch nicht, dass die beschriebenen Prozesse nicht auch in anderen Anwendungsformen, wie zum Beispiel der psychodynamischen Psychotherapie, vorkommen. Um der besseren Lesbarkeit willen spreche ich lediglich von »Psychotherapie« und differenziere nicht zwischen verschiedenen Anwendungsformen wie »psychodynamischer Psychotherapie« oder »tiefenpsychologisch fundierter Psychotherapie«. Auch meine ich beim Gebrauch der männlichen Form selbstverständlich beide Geschlechter.

Zum Inhalt des Buches: Nach meiner Einleitung, in der ich einen Überblick über das Thema gebe und meine Auffassung erläutere, erörtere ich in den folgenden Kapiteln meine Themen im Einzelnen.

In Teil A beschäftige ich mich mit Grundlagen. So lege ich in Kapitel 1 meine Auffassung von Übertragung und Agieren in Relation zu Transparenz und Teilhabe dar. Kapitel 2 beschäftigt sich damit, wie wir aus einer Haltung von Transparenz und Teilhabe mit Gegenübertragung und Gegenübertragungsenactment umgehen. Kapitel 3 ist Setting- und Frequenzfragen sowie der Schwierigkeit gewidmet, in Anbetracht begrenzter zeitlicher und finanzieller Ressourcen und schwierig zu bearbeitender Widerstandsphänomene den jeweils angemessenen Behandlungsrahmen zu finden.

In Teil B erörtere ich ausgewählte Aspekte der psychoanalytischen Technik: So stelle ich in Kapitel 4 der Kontinuität als unabdingbarer Voraussetzung für die psychoanalytische Methode Diskontinuitäten im Behandlungsprozess gegenüber, die ich als notwendige dialektische Ergänzung zur Kontinuität begreife. Diskontinuierliche Aspekte zeigen sich beispielsweise im Rahmen von Agieren oder dem überraschenden Auftauchen neuer Erinnerungen. In Kapitel 5 beschäftige ich mich mit Prozessen von introjektiver Identifizierung und entwickle meine Auffassung, die zu einer veränderten Atmosphäre in Psychoanalysen und Psychotherapien in Richtung Offenheit, Transparenz und Teilhabe führt. Kapitel 6 dient der zusammenfassenden Darstellung und Diskussion meiner Gedanken an einem Fallbeispiel. Meine klinischen Darstellungen in diesem Buch können als Prüfstein dafür betrachtet werden, was ich in den Kapiteln des Buches theoretisch zur psychoanalytischen Technik entwickelt habe.

Teil C rundet das Buch mit meinem Resümee ab. Im Anschluss daran befindet sich das Literaturverzeichnis sowie das Personen- und Sachregister.

Meine Gedanken, die ich in diesem Buch veröffentliche, habe ich immer mit großer Freude und großem Gewinn mit meiner Frau, Dr. Lisbeth Neudert-Dreyer, diskutiert und weiterentwickelt, wofür ich ihr sehr danke. Ebenso dankbar bin ich dafür, dass durch ihre tatkräftige Korrektur mein Buch lesbar wurde und dadurch mehr aufmerksame Leser findet. Unser Sohn Florian Dreyer hat mit großer Sorgfalt das Literaturverzeichnis erstellt, wofür ich ihm sehr dankbar bin. Meine Freunde, Dr. Christina Detig-Kohler und Dr. Reinhard Herold, haben in den vielen Jahren, in denen unsere Freundschaft und Intervisionsgruppe besteht, die Entstehung meiner Gedanken hilfreich-kritisch begleitet. Dr. Werner Bohleber danke ich sehr für seine Unterstützung! Dr. Peter Potthoff verdanke ich viele sehr hilfreiche Anregungen zu einem Zeitpunkt, da es besonders wichtig war, die richtigen Weichenstellungen für dieses Buch zu finden. Dr. Wulf Hübner gab mir viele wertvolle Anregungen. Mit ihm konnte ich viele der Themen dieses Buches eingehend diskutieren, wofür ich ihm sehr danke. Schließlich ist es ermutigend und sehr wertvoll, mit einem Verlag zusammenarbeiten zu dürfen, in dem die psychoanalytische Kompetenz zu Hause ist: Herrn Professor Dr. Hans-Jürgen Wirth danke ich für die Möglichkeit, dieses Buch zu veröffentlichen, und dem Psychosozial-Verlag mit allen Mitarbeitern und ganz besonders Frau Laura Huber für die sehr angenehme Zusammenarbeit bei der Verwirklichung dieses Buches, das der Leser nun in der Hand hält. Nicht zu vergessen: Der Dank an mein Diktierprogramm, ohne das ich meine Gedanken nicht so flüssig zu Papier gebracht hätte.

Teil A

Grundlagen

Einleitung zu Transparenz und Teilhabe

In diesem Buch stehen Transparenz und Teilhabe im Mittelpunkt meiner Betrachtung des psychoanalytischen Prozesses. Transparenz kann nur entstehen, wenn der Patient die Grundregel der freien Assoziation als Aufforderung zur Offenheit aufnimmt und der Analytiker in Offenheit nach außen und innen, in gleichschwebender Aufmerksamkeit und gebotener Abstinenz die aktuell wirksamen unbewussten Prozesse interpretiert. Transparenz entsteht aus Offenheit, die im Lichte der unbewussten Prozesse reflektiert wird; bisweilen verlangt dies nach meinem Verständnis, dass auch der Analytiker sein Empfinden mitteilt – im Rahmen seiner reflektierten Abstinenz. Teilhabe geht von einer wechselseitigen Haltung aus, in der der Patient seinen Analytiker oder Therapeuten an seinen Überlegungen teilhaben lässt und an dessen Überlegungen und Empfindungen insoweit teilhaben kann, als dies für einen fruchtbaren analytischen Prozess sinnvoll und notwendig ist. Teilhabe ist also ein Prozess in zwei Richtungen: vom Patienten in Richtung auf den Analytiker ebenso wie vom Analytiker in Richtung auf seinen Patienten. Beide nehmen aktiv teil und lassen an sich teilhaben. Im englischen Sprachraum drückt das Wort *participation* dies aus. Da der Analytiker der Fachmann im Umgang mit unbewussten Prozessen ist und sich in Austauschprozessen bewusster und unbewusster Natur auskennt, ist es seine Aufgabe, seinem Patienten die Erläuterungen zu geben, die dieser braucht, um ein Verständnis für die unbewussten Prozesse in seinem Inneren entwickeln zu können.

Darüber hinaus ist es ein weiteres Anliegen meines Buches, vor dem Hintergrund einer Haltung, die durch diese Transparenz und Teilhabe charakterisiert ist, einige Bausteine der klinischen Theorie zu reflektieren. Es handelt sich um Bausteine, die sich in meiner täglichen Arbeit mit Patienten als hilfreich erwiesen haben und die in unserem Theoriegebäude bisher nicht die Beachtung finden, die ihnen aufgrund ihres Potenzials, Unbewusstes bewusst werden zu lassen, zukommt.

Meine Überlegungen werde ich mit klinischen Beispielen illustrieren und damit zur Diskussion einladen. Wissenschaftstheoretische Gedanken zur Beweiskraft solcher klinischer Illustrationen beschließen diese Einleitung. Ich bin der Meinung, dass erst mithilfe klinischer Darstellungen die Plausibilität der von mir propagierten Haltung von Transparenz und Teilhabe wirklich erkennbar wird.

Ich gehe von einem objektbeziehungstheoretisch-intersubjektiven Verständnis des psychoanalytischen Prozesses aus und werde in diesem Buch Zusammenhänge zwischen den Begriffen »Transparenz« und »Teilhabe« unter bestimmten Aspekten der Behandlungstechnik herausarbeiten. So schlage ich vor

➢ eine veränderte Sicht in Fragen der Frequenz einzunehmen, orientiert an Behandlungsrealitäten
➢ den Begriff »Kontinuität« in die Dialektik zwischen »Kontinuität« und »Diskontinuität« aufzulösen
➢ die introjektive Identifizierung als interaktiv-beziehungsschaffende Kraft zu verstehen

In Abschnitt A dieses Buches reflektiere ich, wie sich klinische Grundlagen darstellen, wenn ich von einer Haltung der Transparenz und Teilhabe ausgehe. Ich beschäftige mich mit der Bedeutung des Rahmens, mit Übertragung und Agieren (Kapitel 1), meinem Verständnis der Haltung des Psychoanalytikers, seiner Gegenübertragung und des Gegenübertragungsenactments (Kapitel 2) sowie der Problematik der Frequenzfrage (Kapitel 3). In Abschnitt B des Buches betrachte ich diejenigen Elemente unseres psychoanalytischen Handwerkszeugs näher, die meines Erachtens besondere Aufmerksamkeit verdienen: das dialektische Verhältnis von Kontinuität und Diskontinuität (Kapitel 4), die interaktive Bedeutung der introjektiven Identifizierung (Kapitel 5) und in einer abschließenden klinischen Zusammenfassung (Kapitel 6) führe ich die einzelnen Teile klinisch zusammen. Abschließend ziehe ich im letzten Kapitel (Kapitel 7, Teil C) ein Resümee. Die Verzeichnisse der Literatur sowie der Sachbegriffe und der Namen runden den Band ab.

In dieser Einleitung werde ich nun meine Begriffe von Transparenz und Teilhabe sowie ihr Zusammenwirken im psychoanalytischen Prozess näher erläutern. Ich werde auf die theoretische Vielfalt intersubjektiver Ansätze eingehen, meine eigene Position darstellen und aus diesem Blickwinkel die Literatur zu Transparenz und Teilhabe betrachten.

Anschließend beschreibe ich meinen Umgang mit der Veröffentlichung von Vignetten und Fallgeschichten und beschließe die Einleitung mit einigen wissenschaftstheoretischen Gedanken zur Beweiskraft bzw. der Plausibilität von klinischen Darstellungen.

Wie ich Transparenz verstehe

Der Begriff »Transparenz« ist für uns Psychoanalytiker mit einem Bild verbunden, das Freud (1912e) in seinen technischen Schriften wählte und das auf den ersten Blick der Gegenbegriff zu Transparenz zu sein scheint: das Bild von der »undurchdringlichen Spiegelplatte« (S. 384). Als »Spiegelmetapher« begann dieses Bild rasch ein Eigenleben zu führen und in der englischen Übersetzung der Standardedition lesen wir für »undurchdringlich« den Begriff »opaque« (1912e [SE], S. 118). Ein guter Spiegel gibt, klar und hart, ausschließlich das wieder, was in der vor ihm liegenden Welt sichtbar ist. Diese winkelgenaue Eins-zu-eins-Abbildung entspricht in keiner Weise dem, was wir in der psychoanalytischen Praxis erfahren: immer schon sind die in uns entstehenden Bilder durch unbewusste Prozesse verändert, dies macht ihren Charakter aus. Freuds Spiegel aus der Spiegelmetapher hat blinde Stellen, die Silberschicht hat sich teilweise abgelöst und ist braun geworden, der ganze Spiegel ist fleckig, das wellige Spiegelglas verzerrt das Bild. Freud hatte nicht intendiert, dass sein Bild kanonisiert wird, darauf weisen Gill (1983, S. 206) und Treurniet (1996) hin. Vielmehr ging es Freud (1912e, S. 384) um eine Differenzierung, um eine dialektische Erörterung, in der die eine Seite nicht ohne die andere betrachtet werden sollte: gemeint ist das dialektische Verhältnis zwischen Bild und Abbild im psychoanalytischen Verständnis; ein Wiederschein und nicht eine winkelgenaue Abbildung. Dass Freuds eigene klinische Praxis zum Glück eben auch nicht »spiegelglatt« war, wissen wir (vgl. Grubrich-Simitis, 2007).

Ein gewichtiges Wort, das zum Bedeutungshof von Transparenz gut passt, ist Offenheit, die sich in einer dialektischen Spannung zum ausgesprochen wertenden Begriff »Selbstenthüllung« befindet. Renik (1999, S. 954) hat sich hierzu geäußert und unterstreicht dabei, welch grundlegenden Beitrag der Analytiker zur Transparenz leistet:

> »Im Großen und Ganzen habe ich festgestellt, dass Selbstenthüllungen, die der Selbsterklärung dienen, die Übertragungsanalyse erleichtern, indem sie eine Atmosphäre authentischer Offenheit schaffen. Wenn meine Patienten merken, dass ich

17

das, was ich wirklich denke, auch sage, reagieren sie entsprechend. [...] Wenn der Analytiker nicht offenlegt, was er tatsächlich denkt, und zwar so vollständig und direkt wie möglich, wird es auch dem Patient nicht erleichtert, vorbehaltlos zu sprechen.«

Offenheit erwarten wir von unseren Patienten und geben selbst das reflektierte Beispiel dafür, orientiert am psychoanalytischen Prozess. Eine Art »reine«, nicht reflektierte Offenheit genügt nicht, sie allein bliebe ebenfalls blind oder würde sogar Schaden anrichten; es geht um die Reflexion der jeweiligen Auswirkungen mit Blick auf das Unbewusste.

Es ist diese spezifisch psychoanalytische Form des Reflektierens, die den Blick weitet und bisher unbewusst Gebliebenes transparent macht. Dieser Blick – so ist zu wünschen – öffnet uns im Dialog den Horizont hin zu weiterer Transparenz, wenn sich die Möglichkeit ergibt, durch mehrere Ebenen hindurch bis in unbewusste Tiefen zu blicken; Transparenz ist daher bereits das Ergebnis des Reflexionsprozesses und der psychoanalytischen Arbeit am Unbewussten. Vereinfacht dargestellt gilt die Formel: Offenheit + Reflexion der Offenheit = Transparenz.

Der Begriff hat zwei Seiten, die ineinanderwirken. Aufseiten des Analytikers: Er reflektiert und macht seine Gedanken oder Empfindungen transparent; aufseiten des Patienten öffnet sich dadurch der Zugang zu tieferen Bewusstseinsschichten.

Wachsende und zunehmende Transparenz entsteht in einem Kreisprozess aus reflektierter Offenheit, die im psychoanalytischen Prozess zu tieferem Verstehen unbewusster Zusammenhänge führt, wodurch wiederum der Blick in größere Tiefe fällt, der ebenso wieder reflektiert wird usw. Das Wechselspiel zwischen Transparenz und Teilhabe ermöglicht einen Austausch, der in zunehmend tiefere Schichten des seelischen Geschehens führt.

Wir kennen Beispiele analytischer Haltung, in denen Transparenz weitgehend *vermieden* wird und Behandlungen dadurch schwierig werden; wir kennen Beispiele, in denen *nicht ausreichend reflektierte* Offenheit des Analytikers in die falsche Richtung führt, und wir kennen Beispiele, in denen wir *erst nachträglich reflektieren können*, wo wir möglicherweise nicht offen genug oder zu offen waren. Zu Transparenz, wie ich sie verstehe, gehört ebenso, *offen darüber zu sprechen*, wo wir möglicherweise nicht glücklich oder nicht hilfreich agiert haben. Glücklicherweise kommt durch unsere analytische Selbstreflexion ein stagnierender psychoanalytischer Prozess in der Regel wieder in Gang.

Psychoanalytiker handeln oft intuitiv richtig und machen sich bisweilen erst nach ihrer intuitiven Intervention in vollem Umfang klar, dass sie durch ihre Äußerung für ihren Patienten einen emotional wichtigen Moment geschaffen haben (vgl. Treurniet, 1996). Kürzlich hat erneut Schmidt (2014) auf die Bedeutung dieser präsentischen Momente hingewiesen und deren Bedeutung für Veränderung unterstrichen. Andere Autoren beschreiben Ähnliches, wie zum Beispiel Stern (2010) im »now moment«. Derart verdichtete Momente finden sich in allen Phasen der Behandlungen. Durch sie werden Weichen für den weiteren gemeinsamen Prozess gestellt, besonders dann, wenn die Wirkung anschließender Reflexion unterzogen wird.

Wie ich Teilhabe verstehe

Das Wort »Teilhabe« setzt sich aus zwei Teilen zusammen: aus »Teil« und »Habe«. Als Verben ausgedrückt: »teilen« und »haben«. In beiden Wortteilen sind wichtige Bestimmungsstücke enthalten, die sich in einer objektbeziehungstheoretisch-intersubjektiven Betrachtungsweise wiederfinden: in der Interaktion ist jeder ein »Teil«, seine »Habe« besteht in dem verinnerlichten »Teil«. Beide können ihre »Habe« in einem wechselseitigen Prozess miteinander »teilen«. Dieser wechselseitige Prozess bewirkt, dass beide ihre »Habe« mehren können. Auch im englischen Begriff *participation* finden sich diese beiden Aspekte (etymologisch aus lat. *pars* = Teil und *capere* = nehmen, ergreifen, sich aneignen).

Teilhabe verstehe ich als eine Haltung im intersubjektiven Kontext. Stolorow und Atwood (1992; zit. n. Orange et al., 2015, S. 98) beschreiben aus der Sicht der Verbundenheit von Innenwelt- mit Außenweltaspekten:

> »Das Konzept des intersubjektiven Systems lenkt die Aufmerksamkeit sowohl auf die innere Erlebenswelt des Individuums als auch auf deren Eingebettet Sein in andere derartige Welten und die kontinuierliche wechselseitige Beeinflussung, die zwischen ihnen besteht. Diese Perspektive schließt die Kluft zwischen dem intrapsychischen und dem interpersonalen Bereich – sie macht die alte Dichotomie [außen/innen; Anm. K.-A. D.] obsolet.«

Reflexion im Rahmen der psychoanalytischen Austauschprozesse schafft Teilhabe und Verbindung. Das von mir gewählte Wort »Teilhabe« soll die Qualität der Objektsuche unterstreichen: Teilhabe wird bewusst angestrebt, vermieden oder abgelehnt, manchmal auch verfehlt, je nach den Möglichkeiten in der Dyade und der unbewussten Konfliktlage. Sie stellt ein Ziel dar, das gemeinsam im psychoanalytischen Prozess angestrebt wird. Zunächst vielleicht vom Analytiker angeregt und eingebracht – wie in der folgenden Vignette –, kann unsere Haltung vom Patienten oder Analysanden übernommen werden. Der psychoanalytische Prozess erlangt Wechselseitigkeit, in der dann fruchtbare Zusammenarbeit gelingt. Diese Verbindung reicht weit in die Tiefe. Ferro (2006) benutzt für diesen Vorgang den Begriff des Feldes und betont, dass der Austausch traumähnlich sein kann. Bohleber (2014, S. 66) übersetzt ihn mit: »Es ist das Feld selbst, das kontinuierlich geträumt und wieder geträumt wird.«

So wie in diesen Zeilen gehe ich in diesem Buch von einer objektbeziehungstheoretisch-intersubjektiven Theorie der Psychoanalyse aus und ordne darin weitere, mir wichtige Aspekte ein.

Transparenz und Teilhabe im psychoanalytischen Prozess

Ich möchte Transparenz und Teilhabe im Verlauf einer klinischen Situation darstellen, in der sich, von einem Einfall von mir ausgehend, eine Entwicklung ergibt, deren Spuren eine Woche später im Dialog beobachtbar werden.

Mein Patient begrüßt mich wenige Monate nach Behandlungsbeginn nach meinem Urlaub Mitte Januar mit Neujahrswünschen. Ich frage ihn nach seiner Versichertenkarte. Vor seiner Versichertenkarte bietet er mir zuerst seine BahnCard an. Wir sprechen über ein kleines Versäumnis meinerseits: ich hatte wohl vergessen, seine Karte im letzten Quartal einzulesen. Er meint, das sei meine Sache und fügt noch an, dass es ein Erfolg sei, dass er meine Aufgabe nicht sofort zu seiner eigenen gemacht habe (wie er es sonst von sich kennt).

Im Liegen berichtet er von seinem veränderten Verhalten gegenüber seinem Kollegen, von dem er sich Ende des Jahres trennen wird – ein Erfolg unserer Arbeit: er könne warten, mache sich nicht mehr so viele Gedanken, wie die Trennung über die Bühne gehe. Der Kollege ist sein Angstgegner, wir hingegen haben eine angenehm-wohltuende und nahe Form der gemeinsamen Arbeit. Diese Aufspaltung fällt mir auf: dort der angstauslösende Kollege, hier unsere gemeinsame nahe und warme Art, miteinander umzugehen. Ich frage nach einer Verbindung zwischen diesen beiden so gegensätzlichen Aspekten. Ihm fällt dazu nichts ein, mir zunächst auch nicht.

Dann kommt mir überraschend der Einfall, es könnte wie mit dem »steinernen Gast« in Mozarts Don Giovanni sein: Don Giovanni wird eingeholt von seinen abgespaltenen Schuldgefühlen, die ihn in der Gestalt des von ihm ermordeten Komturs verfolgen. Dieser Komtur tritt als »steinerner Gast« auf und nimmt schließlich Don Giovanni in die Hölle mit. Eine Oper, die mich anregt und in unserer Stadt aktuell gespielt wird. Zunächst befrage ich mich wie üblich, inwieweit meine Einfälle durch meine »private« Gedankentätigkeit bestimmt sein könnten. Wenn ich – wie es in diesem Beispiel der Fall war – meine Neigung zur Oper erkenne, jedoch auch die Vermutung habe, dass mein Einfall von Don Giovanni und seinem »steinernen Gast« mit der Spaltung zu tun hat, die ich empfand, erwäge ich, welche Auswirkung es hat, wenn ich meinen Einfall ausspreche: ob ich unserer Interaktion dadurch eine falsche Richtung geben könnte. Dann frage ich mich, ob ein Aussprechen nützen könnte, um Unzugängliches, Unbewusstes bewusst zu machen.

Nach der Beantwortung der oben genannten Punkte im Stillen frage ich schließlich meinen Patienten, ob er sich mit Opern auskenne, was er heftig bejaht. Daraufhin erwähne ich die Geschichte des »steinernen Gasts«. Zu meiner Überraschung führt mein Patient daraufhin aus, dass von diesem Komtur zwischen ihm und seiner Frau häufig die Rede ist: in Miloš Formans Film *Amadeus* bricht der Komtur einmal durch die Wand. Genauso brechen manchmal aus ihm, erklärt er mir, Seiten seines toten Vaters heraus, seine Frau sagt dann dazu: »Das ist der Komtur!«

Mein Einfall ermöglicht in diesem Moment meine Teilhabe an seinen ihm – und uns – unerklärlichen Spaltungsprozessen. Die Benennung des Komturs durch mich schafft Teilhabe. In mir entsteht ein Minisymptom: ich habe im Verlauf der Stunde ausgeblendet und regelrecht vergessen, dass mein Patient mir die allererste Stunde des Jahres nach einem längeren Urlaub meinerseits abgesagt hatte – deshalb noch Neujahrswünsche Mitte Januar. Seine feine, leicht aggressiv getönte Fehlleistung, zunächst die BahnCard zu zücken, mit der ich ja gleich wieder »abfahren« könnte (gleich bis in die Hölle?), machte zunächst keinen Sinn für mich: Ich hatte die Abwehr übernommen, bin von ihr ergriffen und »vergesse« sowohl meinen langen Weihnachtsurlaub als auch die Tatsache der abgesagten Stunde.

Eine Woche später in der zweistündigen Behandlung im Liegen: Der Patient äußert allgemeinen Unwillen, was er bisher von sich in unserer Arbeit so nicht kenne. Er spricht differenzierend: sein Vater, mit dem der Patient im gemeinsamen Büro zusammengearbeitet hatte, sei wohl schweigsam gewesen, als damals die Beendigung dieser Zusammenarbeit bevorstand. Sonst aber habe der Vater warmherziges Interesse für seine Entwicklung gezeigt. Schweigen. Der Patient beginnt in einem reflektierenden Tonfall, halb zu sich, halb zu mir: »Vielleicht stellen Sie mir ein paar Fragen. Das könnten wir doch so machen, Sie fragen, ich antworte.« Auf dieses Ansinnen reagiere ich einen Moment innerlich abwehrend, weil ich nicht in eine oberflächliche Frage-Antwort-Interaktion gehen möchte. Ich komme dann zu dem Schluss, dass mein Patient gar nicht in einem auffordernden Tonfall spricht: es könnte sich im Schweigen zwischen uns jene Sprachlosigkeit abgebildet haben, von der der Patient zwischen sich und seinem Vater sprach. Mir geht auch durch den Sinn, ob sich der Suizid des Großvaters, des Vaters des Vaters, in dem Schweigen abbilden könnte.

Zwischen uns, intersubjektiv, regt der Patient eine Fortsetzung oder Wiederholung an: ich solle mich wie vor einer Woche auch heute wieder aktiv äußern und ihn dadurch teilhaben lassen. Er hat den befreienden Vorgang um meine Nachfrage zum »steinernen Gast« übernommen und schlägt vor, dass ich doch das Schweigen brechen und ihn an meinen Überlegungen teilhaben lassen könnte. Seine weiteren Assoziationen führen ihn zu den venezianischen Doppelmasken mit einem heiteren Gesicht vorne und einer Fratze hinten. Eine solche Maske trage ein Besucher Mozarts im Film *Amadeus* von Miloš Forman: als der Besucher sich umdreht und geht, glotzt die grausame Fratze Amadeus an.

Deutend ziehe ich nun die Verbindung zwischen seinem Vater, der sich im Schweigen abwendet, seiner abgesagten Stunde und seiner Reaktion, mir zuerst die BahnCard anzubieten: »fahr ab, mit oder ohne BahnCard«. Daraufhin wandelt sich die Atmosphäre, in der Stunde taucht ein anderes Bild auf, das sich ebenfalls hinter der Janusköpfigkeit der Maske verborgen hatte: das Bild der unberechenbaren, stimmungslabilen Mutter. Die Maske ist das verbindende Moment und bildet die Brücke zwischen den beiden Elternfiguren. Der durch Traumatisierung schweigsam gewordene Vater und eine stimmungslabil-unberechenbare Mutter ließen meinen Patienten überfürsorglich werden: er fühlte sich selbst da zuständig, wo er keine Verantwortung trug. Am Ende der Sequenz wird auch der mögliche, heilende Ausweg durch die Redekur, die Psychoanalyse, klar: Sprechen, Ausdruck auf allen Ebenen und in allen Modi, inklusive Musik.

Zusammenfassend verstehe ich die beschriebene Sequenz folgendermaßen: Das kleine Enactment zu Beginn deutet auf einen unbewussten Konflikt hin. Bald darauf erlebe ich selbst ein mir unangenehmes Vergessen, was ich als Teilhabe am Konfliktgeschehen und an der Abwehr auffasse. Ich finde zurück zum Sprechen. Mein Patient spürt, dass er von der Teilhabe an meinen Überlegungen profitiert und wünscht sich mehr davon – Ausdruck seiner Identifikation mit dem gemeinsamen Projekt Psychoanalyse.

Ich möchte mit dieser Vignette zeigen, dass Transparenz und wechselseitige Teilhabe unseren psychoanalytischen Prozess wirkungsvoll positiv beeinflussen können: auf die Metaebene des Sprechens als heilendem Vorgang bezieht sich die anregende Bitte meines Patienten (»Vielleicht stellen Sie mir ein paar Fragen. Das könnten wir doch so machen, Sie fragen, ich antworte«).

In ähnliche Richtungen führen die Gedankengänge anderer Autoren: Mertens (2013) legt in seinem Aufsatz »Das Zwei-Personen-Unbewusste – unbewusste Wahrnehmungsprozesse in der analytischen Situation« den Schwerpunkt auf die unbewusste wechselseitige Einstimmung, Ogden (2006) betont in »Das analytische Dritte, das intersubjektive Subjekt der Analyse und das Konzept der projektiven Identifizierung« die Bedeutung beiläufiger, scheinbar unverbundener Assoziationen mit dem psychoanalytischen Prozess. Bolognini (2014) demonstriert an einer Stunde seine Arbeitsweise, in der quasi beide in den unbewussten Pool der Assoziationen eintauchen.

Die Bedeutung der Gegenübertragungsanalyse für diese Fragen wird von Jacobs (2001) betont. Er misst dem Aufspüren verborgener Informationen große Bedeutung bei, durch die erschlossen werden kann, welches Bild der Patient von seinem Analytiker hat. Jacobs unterstreicht, dass auf diesem Wege bisweilen auch die Abwehrwünsche des Analytikers erschlossen werden können. Bedeutungsvoll ist, welche Auffassung von Intersubjektivität einer Veröffentlichung zu diesem Thema zugrundeliegt: ein objektbeziehungstheoretischer, intersubjektiver oder relationaler Ansatz der Psychoanalyse.

Intersubjektivität, aber welche?

Wir arbeiten psychoanalytisch heute oft in einer Haltung der Intersubjektivität. Das große Feld der intersubjektiven und relationalen Psychoanalyse präsentiert sich vielgestaltig. Wenn wir versuchen, es genauer zu fassen, entzieht es sich bisweilen: der Gegenstand wird nicht präziser, sondern vager.

Die Frage stellt sich, woraus wir Intersubjektivität psychoanalytisch ableiten und in welcher geistesgeschichtlichen Tradition wir Intersubjektivität begreifen. Altmeyer und Thomä (2006) nennen ihr Buch *Die vernetzte Seele* im Untertitel *die intersubjektive Wende in der Psychoanalyse*. Die beiden Autoren gehen davon aus, dass es die Ergebnisse der Säuglingsforscher sind, die der Intersubjektivität letztlich zum Durchbruch verholfen haben. Aus einer anderen Perspektive sieht hingegen Bohleber (2014) in der Kritischen Gesellschaftstheorie der 1960er Jahre einen Ausgangspunkt dafür, dass sich die intersubjektive Sicht letztlich durchgesetzt hat. Ebenso lässt sich eine psychoanalytisch-intersubjektive Sicht auf dem theoretischen Fundament von M. Klein und Bion gründen (vgl. Böhme, 2014). Aber auch die Perspektive des psychoanalytischen Feldes mit sich in dieses Feld hinein auflösender Individualität, wie von M. und W. Baranger (2008) sowie von Ferro (2005) vertreten, kann als theoretische Begründung einer intersubjektiven Betrachtung gewählt werden.

Da es in diesem Rahmen nicht möglich ist, die sich zum Teil ergänzenden, zum Teil widersprechenden intersubjektiven Theorien umfassend zu diskutieren (vgl. hierzu Potthoff & Wollnik, 2014), möchte ich entlang möglicher historischer Linien versuchen, voneinander abgrenzbare Entwicklungen paradigmatisch darzustellen:

1. Die Linie Freud – Ferenczi – Balint – Gill – Thomä: In ihrem Buch *Die vernetzte Seele* weisen Altmeyer und Thomä (2006) auf die vielfältigen verborgenen intersubjektiven Einsprengsel in Freuds Werk hin. Thomä (1981, S. 10) selbst weist darauf hin, dass seine Begegnung mit Michael Balint in seinem Denken eine große Rolle spielt, der seinerseits wiederum stark von Ferenczi beeinflusst war. In regem wissenschaftlichem Austausch befand sich Thomä mit Gill. Mit ihm gemeinsam entwickelte er die detailgenaue Betrachtung des psychoanalytischen Dialogs, des Übertragungsgeschehens und insbesondere des Anteils und des Beitrags des Psychoanalytikers am sich entwickelnden psychoanalytischen Prozess.

2. Die Linie Freud – Loewald – Binswanger – Lorenzer – Argelander – Klüwer: Ausgehend von Freud, das betont Bohleber (2014), wird – unter dem Einfluss der Kritischen Gesellschaftstheorie von Max Horkheimer und Theodor W. Adorno in den 1960er Jahren und ausgehend von einer Betrachtungsebene des hermeneutischen Sinnverstehens – das »szenische Verstehen« von Lorenzer (1983) und Argelander (1970) entwickelt. Hieraus erwächst ein neues Verständnis für Phänomene des Agierens. Klüwer (1983) bezieht Agieren und Mitagieren insbesondere auch auf die niederfrequenten Anwendungen, in denen der »Handlungsdialog« in den Mittelpunkt rückt. Den genannten Autoren kommt das Verdienst zu, die Psychoanalyse für sehr viel breitere Anwendungen geöffnet zu haben, insbesondere für den niederfrequenten Bereich mit seiner Betonung auf handelnde, szenisch darstellende Elemente.

3. Die Linie Freud – M. Klein – Winnicott – Bion: Melanie Klein entwickelt ihre Objektbeziehungstheorie über die projektive und introjektive Identifizierung aus ihrer Perspektive des Intrapsychischen. Böhme (2014, S. 84) weist darauf und auf die weitere Entwicklung hin:

»Bion erweitert die projektive Identifizierung, die Klein als Urbild einer aggressiven Objektbeziehung gefasst hatte, zur frühesten Kommunikationsform zwischen Mutter und Kind und zwischen Analytiker und Analysand. Mit den inneren Objekten befasst, ist für Klein der Vorgang rein intrapsychisch, während er für Bion eine intrapsychische und eine intersubjektive Dimension hat. Brenman Picks Formulierung trifft seinen [Bions; Anm. K.-A. D.] Gedanken recht genau: ›Tatsächlich können wir das Erleben des Patienten nicht in uns aufnehmen, ohne dabei selbst etwas zu erleben. [...]‹ (Brenman Pick, 1985 [2013], S. 38).«

In dieser Linie weitet sich die bisweilen eng intrapsychisch geführte kleinianisch-psychoanalytische Betrachtung wieder aus in Richtung einer interpersonell-intersubjektiven Sicht. Böhme arbeitet diesen Gesichtspunkt heraus.

4. Die Linie Bateson – Lidz – Fromm-Reichmann – Searles – Sullivan – Laing – M. Baranger und W. Baranger – Ferro: In frühen, psychoanalytisch-psychiatrischen Theorien zur Schizophrenie-Entstehung ist die Betrachtungsebene des gesamten Familiensystems als Interaktionssystem vorrangig. In dem heute weitgehend in Vergessenheit geratenen Band *Schizophrenie und Familie* (Bateson et al., 1969) werden detailliert Interaktionen und intersubjektive Felder beschrieben, die eine schizophrene Erkrankung nach Ansicht der Autoren befördern, unterhalten und verursachen. Viele der darin beschriebenen Familiensysteme funktionieren wie ein Feld, in dem sich Gewichte, Kräfte und Konflikte vom einen zum anderen hin verschieben. Theorien des Feldes wurden von M. Baranger und W. Baranger in ihrer Feldtheorie benannt und von Ferro weiterentwickelt. Wenn auch seit den 1970er Jahren unser Verständnis schizophrener Erkrankungen von einer Einengung auf beispielsweise die »schizophrenogene Mutter« weggeführt hat, ist im Rahmen der Entwicklung intersubjektiver Theorien das Interesse an den Denkmöglichkeiten und den Folgen der beschriebenen Interaktionen (beispielsweise dem »double-bind«) unverändert groß. Aus diesem Grunde und aufgrund der gedanklichen Nähe zu den Feldtheorien der Barangers fasse ich diese Ansätze zu einer Linie zusammen. Autoren wie Laing (1972) können auch heute noch unser psychoanalytisches Denken bereichern.

5. Die Linie Spitz – Bowlby – Stern – Fonagy & Target: Die Ergebnisse der Säuglingsforschung und der Bindungstheorie münden in eine Konzeptualisierung von Interaktion, die sich auf das Modell einer ursprünglichen Mutter-Kind-Interaktion stützt, in der die Mechanismen der Introjektion, introjektiven Identifizierung, Projektion und projektiven Identifizierung grundlegend sind. Dies sind zugleich die Mechanismen der grundlegenden Austauschprozesse zwischen Menschen. Durch die Ergebnisse der Säuglingsforschung lässt sich die menschliche

Entwicklung als von Beginn an interaktiv begreifen. Altmeyer und Thomä (2006) weisen darauf hin, dass damit Freuds Amöbenmodell, in dem er Phylogenese und Ontogenese gleichgesetzt hatte, endgültig überholt und durch angemessenere Modelle ersetzt ist. Diese Absage an den primären Narzissmus und der Betonung der Bedeutung von Interaktion vom Beginn des menschlichen Lebens an stellt die psychoanalytische Entwicklungsgeschichte vom Kopf auf die Füße und erlaubt ein psychoanalytisches Verständnis, das an Bindung und deren Schicksal orientiert ist.

6. Die Linie Freud – Ferenczi – Balint – Fairbairn – Winnicott – Mitchell – Benjamin – Ogden: Dieser weit gespannte Bogen der intersubjektiv-relational orientierten Psychoanalytiker begreift sich als ein Netzwerk zahlreicher, zum Teil auch divergierender Theorien, denen drei Dimensionen gemeinsam sind: ein Pol des Selbst, einer des Objekts und schließlich ein interaktiver Pol. Im Selbstverständnis seiner Protagonisten handelt es sich dabei eher um ein offenes System, das weitere Theorien integrieren kann, die dieselben Grundannahmen teilen (vgl. hierzu Aron & Harris, 2012). Dadurch ergibt sich ein vielgestaltiges und vielfarbiges Gebilde, das keine klar definierten (oder klar umrissenen) Grenzen mehr hat. Gleichwohl besteht sein Reichtum gerade darin, offen für viele unterschiedliche Theorien und Theorieteile zu sein und diese integrieren zu wollen, was eine breite klinische Diskussion ermöglicht.

Die Reihe der Entwicklungslinien intersubjektiver Theorien ließe sich fortsetzen. Die Absicht meiner Aufzählung ist nicht, Vollständigkeit herzustellen, sondern vielmehr aufzuzeigen, dass es je nach Perspektive unterschiedliche Aspekte, Schwerpunkte, Zielrichtungen und Ergebnisse sind, auf die hin eine Theorie konstruiert wird und natürlich jede klinische Darstellung eingefärbt ist. Fokussiert habe ich auf

➤ die Übertragung und das Agieren (vgl. Kapitel 1);
➤ die Gegenübertragung und das Gegenübertragungsenactment (vgl. Kapitel 2);
➤ die intersubjektive Bedeutung von Frequenzwechseln (vgl. Kapitel 3);
➤ das intersubjektive Wechselspiel von kontinuierlichen und diskontinuierlichen Prozesselementen (vgl. Kapitel 4);
➤ die Weiterentwicklung der introjektiven Mechanismen ausgehend von Ferenczi über kleinianische und postkleinianische Auffassungen bis zur aktuellen intersubjektiven Haltung (vgl. Kapitel 5);
➤ das Zusammenspiel von Agieren, Gegenübertragungsanalyse, diskontinuierlichen Elementen und introjektiver Identifizierung am Beispiel einer Fallgeschichte (vgl. Kapitel 6);

➤ eine Neubegründung der psychoanalytischen Entwicklungstheorie vor dem Hintergrund eines Verständnisses, das den Menschen als ein von Anbeginn an interagierendes Wesen begreift (vgl. Kapitel 5);
➤ das Resümee meiner technischen Überlegungen (vgl. Kapitel 7) unter dem Blickwinkel von Empathie und Reverie.

Peter Potthoff (2014, S. 45) formuliert deshalb auch angesichts der divergenten Theorien in der Intersubjektivität: »Die relationale Psychoanalyse bietet kein in sich geschlossenes Theoriegebäude, sie entspricht eher einem locker geknüpften Netz unterschiedlicher Perspektiven mit einigen gemeinsamen Grundannahmen«, und meint später (S. 57f.):

>»Das intersubjektiv-relationale Paradigma [bietet] neue und wegweisende Perspektiven für die Psychoanalyse. Möglicherweise kann dieses Paradigma so etwas wie einen gemeinsamen Boden für viele psychoanalytische Schulen bilden, ohne deren Eigenständigkeit zu zerstören, was auch dem relationalen Denken zuwiderlaufen würde.«

Potthoff beschreibt damit zugleich auch das Dilemma, in dem sich die unterschiedlichen intersubjektiv-relationalen Theorien befinden: ihre Offenheit für zahlreiche unterschiedliche Theorien und Gedankensysteme ist Stärke und Schwäche zugleich. Intersubjektivität bleibt ein vielschichtiges, in sich spannungsreiches Theoriegebäude.

Meine Position, intersubjektiv zu denken und zu analysieren

Helmut Thomä (1981) gebührt das Verdienst, im deutschen Sprachraum durch seine Aufsatzsammlung *Schriften zur Psychoanalyse: Vom spiegelnden zum aktiven Psychoanalytiker* als Erster auf die Notwendigkeit hingewiesen zu haben, die eigene Aktivität bewusst wahrzunehmen und im Sinne der Analyse zu verwenden. Er pflegte eine selbstkritische Fehlerkultur und wies darauf hin, dass sich der Patient in erster Linie mit den Funktionen des Analytikers und nicht mit dem Analytiker selbst identifiziert.

Gegen eine ausschließlich im Hier und Jetzt der Übertragungsbeziehung angelegte Psychoanalyse wendet sich Bollas (2006) – meines Erachtens zu Recht – in seinem kurzen und wirkungsvollen Artikel und verteidigt die Bedeutung der psychoanalytischen Grundregel, während Thomä bisweilen zu früh zu wissen glaubte, wohin die Assoziationen seines Patienten gehen (müssten). Bollas (1997, S. 211f.) betont, »dass wir, um den Patienten zu finden, ihn in uns selbst suchen müssen. Dies macht unmissverständlich deutlich, dass es in der Sitzung zwei ›Patienten‹ und daher zwei einander ergänzende Quellen der freien Assoziation gibt«. Wir stoßen hier auf weitreichende Unterschiede zu Thomä in der theoretischen Betrachtung und in der Konzeption der psychoanalytischen Behandlung.

Die Dialektik zwischen Thomäs und Bollas' Auffassungen ergänze ich um kleinianische Aspekte: Böhme (2014) unterstreicht in ihrem Beitrag in Potthoff und Wollnik (2014), dass die projektive Identifizierung nach Melanie Klein als Prototyp der aggressiven Übertragung zu verstehen ist. Entsprechend gefärbt sind bisweilen dann auch kleinianische Darstellungen. Eine wesentliche, auch korrektive Ergänzung hierzu stellt aus meiner Sicht die introjektive Identifizierung dar, die theoretisch auf Ferenczi zurückgeht und sehr viel stärker die positiv besetzte, von libidinösen Empfindungen getragene Beziehungsaufnahme betont. Die zwei nahe beieinanderliegenden Abwehrvorgänge, projektive und introjektive Identifizierung, sind doch sehr unterschiedlich. Sie bilden auf ihrer Ebene den aggressiven Pol (projektive Identifizierung) und den libidinösen Pol (introjektive Identifizierung) psychoanalytischen Arbeitens. Um einem Missverständnis vorzubeugen: Damit ist nicht gemeint, dass der eine Abwehrmechanismus gut und der andere schlecht sei. Wir können aber davon ausgehen, wie ich später ausführen werde, dass die introjektive Identifizierung die Vorform einer späteren, reifen Beziehungsaufnahme darstellen kann.

Schließlich trägt Bohleber (2014, S. 67f.; Hervorhebung im Original) einen wesentlichen Aspekt zu meiner Sichtweise bei:

> »Vor allem in den radikaleren intersubjektiven Theorien wächst die Gefahr, das individuelle Subjekt begrifflich zu verwässern und es letztlich im intersubjektiven Kontext aufzulösen. Man kann sich bei manchen dieser Theorien des Eindrucks nicht erwehren, dass sie Genesis und Geltung verwechseln. Die intersubjektive Genesis selbst ist heute wissenschaftlich akzeptiert. Daraus aber zu folgern, dass das Subjekt *immer* in intersubjektive Bedingungen eingebunden bleibt, verdunkelt die Fähigkeit des Selbst, sich reflexiv aus diesen Bindungen herauszubewegen. Eine Fähigkeit, die dem Selbst erlaubt, ein begrenztes Maß an Autonomie zu entwickeln sowie ein gewisses Maß an Freiheit von der Einbindung in die Beziehungswelt zu erlangen.«

Intersubjektive Theorien müssen also immer auch einbeziehen können, dass das Subjekt aus der intersubjektiven Matrix heraustritt.

Dies geschieht insbesondere nach Abschluss einer Behandlung; hier tritt der Analysand oder Patient aus der Beziehung zu seinem Analytiker oder Psychotherapeuten hinaus in sein weiteres Leben. Nach der Phase des Abschieds beginnen im Patienten die Dinge weiterzuwirken, die er sich in der Analyse erarbeitet hat. Natürlich spielen dann all die Erfahrungen aus der gemeinsamen Arbeit die entscheidende Rolle. Im Hinblick darauf stellen sich die Anforderungen an die Gestaltung des therapeutischen Prozesses neu und anders: je mehr wir unseren Patienten und Analysanden auf allen Ebenen vermittelt haben, aus einem umso reichhaltigeren Fundus können Sie dann später in ihrem Leben schöpfen. Ich bin der Meinung, dass hierin ein entscheidendes Argument für die Haltung von Transparenz und Teilhabe liegt: in der Zeit, in der der analytische Prozess andauert, also solange Patienten und Analysanden zu uns zu ihren Stunden kommen, können wir transparent unsere Methode vermitteln und unsere Patienten teilhaben lassen. Je besser es uns gelingt zu vermitteln, auf welche Weise der innere Prozess auch nach der Behandlung weitergeführt werden kann, umso eher wird der Erfolg nachhaltig wirken können.

Die von Zimmermann und Kollegen (2015) durchgeführte Follow-up-Studie zeigt, dass die Anwendung spezifisch psychoanalytischer Techniken im Vergleich zu anderen Therapieverfahren über einen Dreijahreszeitraum hinweg die nachhaltigsten Erfolge zeitigt. Wenngleich daraus natürlich nicht abzuleiten ist, in welcher Form die analytische Behandlung durchgeführt wurde und ob insbesondere die transparent-teilhabende Haltung erfolgreich war, so sind die Ergebnisse als Ermutigung dafür aufzufassen, die spätere Weiterführung als Selbstanalyse bereits während der Behandlung anzulegen und unsere Patienten über unsere Haltung von Transparenz und Teilhabe dazu zu befähigen.

Beispiele zu »Transparenz« und »Teilhabe« in der Literatur

In der psychoanalytischen Literatur tauchen die Begriffe »Transparenz« und »Teilhabe« in unterschiedlichen Zusammenhängen auf. Während die Formulierungen »Transparenz« und »größere Transparenz« häufig im Zusammenhang mit der Feststellung von wünschenswerter, erforderlicher oder zwingend notwendiger Veränderung der Ausbildungspraxis stehen, die je nach Autor mit unterschiedlichem Gefühlsgehalt aufgeladen ist (vgl. Kapitel 7; Brearley, 2010; Brodbeck, 2008; Kernberg, 2010; Lebiger-Vogel, 2015; Tuckett, 2005; Will, 2006), entstammt der Begriff »Teilhabe« im deutschsprachigen Raum der Wirkungsweise des szenischen Verstehens nach Argelander (R. Klein, 2014, S. 31;

Hervorhebungen im Original): »Sie [die szenische Evidenz] wird durch einen besonderen Erkenntnisschritt *via szenisches Verstehen* der *szenischen Teilhabe* an der Situation des Patienten möglich.«

Karl König veröffentlicht unter dem Titel *Abstinenz, Neutralität und Transparenz in psychoanalytisch orientierten Therapien* 2013 eine Monographie, in der er ausführlich auf die Frage von Transparenz in psychoanalytischen Behandlungen eingeht und betont, wie sehr diese sich einordnet zwischen Begriffe wie Gegenübertragung, Intersubjektivität und Abstinenz. Er geht weniger auf die unbewusste Dimension des Begriffes Transparenz ein und hält fest:

> »*Insgesamt dienen die Mitteilungen des Analytikers über sein Fühlen und Denken dabei dem Bearbeiten von Übertragung.* [...] Transparenz in einer therapeutischen Situation vermittelt insgesamt die Realität des Analytikers *in seiner therapeutischen Rolle.* [...] Es ist nicht wünschenswert, dass der Therapeut seine Transparenz unreflektiert und damit auch unabgestuft erhöht« (König, 2013, S. 139, 141f.; Hervorhebungen im Original).

Im englischen Sprachraum entfaltet sich die relationale Psychoanalyse, die sich aus ihren interpersonalen Ursprüngen Anfang der 1980er Jahre des letzten Jahrhunderts entwickelt, im unmissverständlichen Bewusstsein der Teilhabe *(participation)* des Analytikers am gemeinsamen analytischen Prozess. Darauf weisen Harris und Bass (2011) ebenso wie Mitchell (2004, S. 540) hin: »The analyst has to keep a focus on the patient's experience of the analyst's participation – for Levenson, through Sullivan's ›detailed inquiry‹, and for Gill, through continual interpretation of allusions and resistances to the transference.«

Renik und Spillius (2004, S. 1053; Übersetzung K.-A.D.) äußern zu den brennenden Fragen der Intersubjektivität, der Transparenz und der Teilhabe:

> »Psychoanalytiker haben sich immer klargemacht, dass sich die Subjektivität der Patienten in der klinischen Situation zumeist auf eine Weise ausdrückt, die ihnen nicht bewusst ist. Andererseits machen wir uns erst in jüngerer Zeit ebenso klar, dass das Gleiche auch für den Analytiker in der klinischen Situation gilt. Während Psychoanalytiker sich schon lange über die Bedeutung der Gegenübertragung klar sind, wird, was die Teilhabe des Analytikers mit seiner Subjektivität an klinischen Ereignissen anbetrifft, dieses Konzept selbst kompromisshaft verstanden und reflektiert.«

Die Autoren weisen darauf hin, wie stark die Subjektivität des Psychoanalytikers am psychoanalytischen Prozess teilhat und ihn mitbestimmt. Zu diesen

Fragen gibt Gabbard (1995) einen Überblick und führt aus, dass – wenn auch in unterschiedlicher Ausrichtung, je nach theoretischer Orientierung – insgesamt Konsens darüber besteht und sich weiter entwickelt, dass die Gegenübertragung im Analytiker gemeinsam erschaffen wird, sowohl vom Analysanden als auch vom Analytiker. Gabbard schließt in diese Sicht klassische Psychoanalytiker, moderne Kleinianer, relational orientierte Analytiker und konstruktivistisch orientierte Analytiker mit ein; er sieht die Gegenübertragung als neuen »common ground«. Er betont neben der Gegenübertragung und den Gegenübertragungsenactments auch die projektive Identifizierung als gemeinsames, wenngleich unterschiedlich gesehenes Gut der Psychoanalyse und der Psychoanalytiker. Auf die Bedeutung subtiler, verborgener Gegenübertragungsenactments weist insbesondere Jacobs (1986) hin.

Renik (1999) betont zu Recht, dass wir uns immer wieder fragen und überprüfen müssen, inwieweit die in uns auftauchenden Assoziationen und Phantasien tatsächlich der Erlebniswelt unserer Patienten entstammen, inwieweit sie unserer eigenen, persönlichen Reaktion auf das vom Patienten dargestellte Material entsprechen und welche Mischung aus dem ersten und dem zweiten jeweils vorliegt.

Zu der Frage der Teilhabe kommen in dem Band von Altmeyer und Thomä (2006) auch Ogden und Benjamin mit eigenen Beiträgen zu Wort. Für Jessica Benjamin (2016, S. 71) steht Teilhabe in enger Verbindung zu grundlegenden Kommunikationsstrukturen. Sie formuliert dazu durchaus scharf: »Erst nachdem wir den eigenen Beitrag [im engl. Original: »participation«] zum Zerfall der therapeutischen Beziehung (und die Unvermeidlichkeit dieses Beitrags) innerlich akzeptiert haben, erleben wir am eigenen Leib, dass Interaktion tatsächlich keine Einbahnstraße ist, sondern nach beiden Richtungen verläuft.«

Der Begriff der Teilhabe ist in der psychoanalytischen Diskussion jedoch nicht nur positiv besetzt: Pollak (2014) weist in seiner kritischen Bestandsaufnahme der psychoanalytischen Verfasstheit in Vereinen und Verbänden auf das Bedürfnis nach Teilhabe an einer religionsgleichen Heilsgemeinschaft hin, mit Dogmen und all den nachteiligen Effekten für eine offene, teilhabende Wissenschaftlichkeit.

Die Begriffe »Teilhabe«, »Mitwirkung«, »Partizipation« spielen also in sehr vielen psychoanalytischen Gedanken und Theorien – bisweilen implizit – eine Rolle. Unser Handeln als Psychoanalytiker ist auf Teilhabe, Mitwirkung und Partizipation ausgerichtet. Transparenz und Teilhabe werden in der Literatur häufig als selbstverständlich vorausgesetzt – so selbstverständlich, dass Autoren sie nicht gesondert erwähnen. Dieser impliziten Selbstverständlichkeit möchte ich in diesem Buch deren explizite Erörterung gegenüberstellen.

Klinische Beispiele – Schweigepflicht, Veröffentlichung von Vignetten und Fallgeschichten

In wegweisenden Veröffentlichungen haben sich verschiedene Autoren (Gabbard, 2000; Tuckett, 2000) mit der Frage beschäftigt, in welcher Form Fallmaterial veröffentlicht werden kann, und haben dabei die Möglichkeiten der Anonymisierung, des Unkenntlichmachens und/oder der Zustimmung des Betroffenen diskutiert. Seitdem hat sich der Umgang mit den Daten grundlegend gewandelt: 16 Jahre nach Erscheinen der oben genannten Artikel müssen wir inzwischen davon ausgehen, dass jede Veröffentlichung von jeder Person jederzeit aufgefunden werden kann und auch gesucht wird. Internetportale, die heute schon eine Suche ohne Rücksicht auf Urheberrechtsschutz zulassen und die Tatsache, dass wir – in die Zukunft blickend – von einer ständig wachsenden Verfügbarkeit aller wissenschaftlichen Veröffentlichungen ausgehen müssen, haben erhebliche Auswirkungen auf unsere Haltung gegenüber Fallmaterial, das wir veröffentlichen: wir können und müssen davon ausgehen, dass jeder Text demjenigen zugänglich ist, der darin beschrieben wird. Und wir müssen davon ausgehen, dass diese Verfügbarkeit und damit leichte Zugänglichkeit unserer Texte weiter zunimmt. Daraus ergeben sich Rückwirkungen auf die Wahrung von Vertraulichkeit in Veröffentlichungen, die Gabbard nicht voraussehen konnte. Noch viel entscheidender wird dadurch die dokumentierte Zustimmung unserer Patienten zur Veröffentlichung ihres Fallmaterials.

Gabbard unterstreicht insbesondere, dass es in einer Falldarstellung weniger um lebensgeschichtliche Details als vielmehr um Innenweltaspekte, Wünsche, Phantasien und Konflikte geht. Sich darauf soweit als möglich zu beschränken, macht auch noch aus einem anderen Grund Sinn, nämlich dem wissenschaftstheoretischen: Schülein (2003, S. 270) betont, dass konnotative Theorien wie die Psychoanalyse aus den Nebenbedeutungen von Aussagen leben, aus denen Hauptbedeutungen werden können. Diese erkenntnistheoretische Situation der Psychoanalyse, nach der zunächst unscheinbar erscheinende Aspekte gewaltig an Bedeutung gewinnen können, führt dazu, dass Aussagen zwangsläufig unabgeschlossen, offen, unscharf und in ihrem Bedeutungsgehalt dynamisch bleiben – ich gehe weiter unten näher darauf ein. Dieser wissenschaftstheoretische Gesichtspunkt führt dazu, dass eine Anhäufung von Zusammenhängen zugleich auch eine mögliche Vermehrung von Nebenbedeutungen beinhaltet, die dann verschiedene »neue« Hauptbedeutungen schaffen können. Mit anderen Worten: ab einer gewissen Informationsfülle führen weitere Informationen nicht mehr zu einer Präzisierung und leichteren Überprüfbarkeit der Aussage, sondern zu einem eher ausufernden Verwässern der Intention. Dies gilt besonders für klinisches Material. Ich möchte daher für dieses Buch davon ausgehen, dass es ein Optimum an Information in Relation zum Darstellungszweck gibt. Die Festlegung darauf, was ich für dieses Optimum halte, ist zwangsläufig subjektiv und relativ, der Dynamik eines von Zufällen bestimmten Diskussionsverlaufs unterworfen.

Schüleins Gedanken führen zu einer veränderten Auffassung, was die »Beweiskraft« von Aussagen anbetrifft: es geht nicht um klinische »Beweise«, sondern um die Plausibilität und Überzeugungskraft der Illustration klinischer Hypothesen. Am ehesten plausibel wirkt die optimale Textmenge, zu viel Text verwirrt und kann den Eindruck erwecken, der Darstellende weiß selbst nicht so genau, was er vermitteln möchte. Zu wenig Text ergibt auf der anderen Seite keine ausreichende Plausibilität. Die Ausführungen Schüleins unterstützen Gabbards Empfehlung: eine Vignette kann demnach – auch unter Verschwiegenheitsaspekten – auf ein Optimum reduziert werden. Die Gefahr, sich eine Vignette als Autor »zurechtzuschnitzen«, kann durch externe Überprüfung verringert werden. Patienten sowie Kollegen können hierzu beitragen und aus der Außenperspektive beispielsweise unentdeckte Idealisierungen identifizieren. Das Angebot von Gesprächen, das wir nach Abschluss einer Behandlung und vor einer Veröffentlichung machen können, löst nicht das Problem einer möglichen iatrogenen Beeinflussung. Gespräche, die durch eine Handlung des Analytikers, seine Veröffentlichungsabsicht, induziert und notwendig werden, gleichen in ihrer Eigengesetzlichkeit nicht mehr dem uns vertrauten psychoanalytischen Dialog, der vom Analysanden intendiert und gesucht wurde. Spätere Termine bleiben ein angehängter Fremdkörper, wir wissen wenig über deren Auswirkungen und können uns nicht auf ihre Wirkung verlassen.

Auch die andere Frage, was wir bewirken und in welchem Umfang wir Einfluss nehmen, wenn wir unseren Patienten Material aus ihrer laufenden Analyse zu lesen geben, kann nicht eindeutig beantwortet werden. Die Frage ist: ziehen wir die Einflussnahme direkt im Prozess und ihre mögliche sofortige Bearbeitung vor oder wählen wir die andere Möglichkeit, dass ein Patient (unter Umständen lange) nach Abschluss seiner Therapie oder Analyse erneut mit Gedanken und Gefühlen konfrontiert wird, die er vielleicht beiseitegelegt haben wollte? Auch im ersten Fall, einer Bearbeitung während der laufenden Behandlung, werden durch die Veröffentlichungsabsicht des Analytikers analysefremde Sachverhalte eingeführt, können jedoch in einem laufenden psychoanalytischen Prozess (mit-)bearbeitet werden.

Ich habe mich angesichts der vielen offenen Fragen zu dem folgenden Vorgehen entschlossen:

In Anlehnung an Stoller (1988) haben meine Patienten die Vignetten im Entstehungsprozess des Buches mitverfolgt, gelesen, kommentiert und deren

Veröffentlichung genehmigt. Es ist mir wichtig, dass genügend Zeit für den Zustimmungsprozess zur Verfügung steht: ich betrachte das von mir schriftlich niedergelegte klinische Material als einen Teil des analytischen Materials, das gleichwohl in einem anderen Kontext steht, weil es meinem Interesse dient. Ich gehe mit dieser Tatsache transparent um, lege dem zur Veröffentlichung vorgesehenen Material immer auch diese Zeilen (»Klinische Beispiele – Schweigepflicht, Veröffentlichung von Vignetten und Fallgeschichten«) bei, suche das Gespräch darüber außerhalb der dem Patienten zur Verfügung stehenden Behandlungszeit und teile meinen Patienten mit, dass sie kommentierend teilhaben können. In den jeweiligen Fallbeispielen füge ich Ergänzungen, Korrekturen, Umformulierungen usw. auf folgende Weise ein: *[in Kursivschrift und eckigen Klammern wird der Beitrag/Kommentar meines Patienten eingefügt].*

Mein Patient oder Analysand muss der Veröffentlichung des Textes schließlich vor der Veröffentlichung endgültig zustimmen, damit sie möglich wird. Ich arbeite in der Überzeugung, dass – wenn Anonymisierung und Reduzierung ausreichend sind – die von mir schriftlich dargelegte Interaktion für meinen Patienten oder Analysanden hilfreich werden kann, wenn wir Gelegenheit haben, sie in unseren noch laufenden Reflexionsprozess dynamisch einzubeziehen. Ich folge Gabbard darin, dass nicht äußere Lebenstatsachen, sondern Gefühle, Phantasien, Interpretationen und Träume für meine Darstellung entscheidend sind. Keinen Einfluss habe ich natürlich auf die Tatsache, dass ich über Behandlungen schreibe, die ich selbst durchführe. Ich folge Gabbard auch darin, dass Vignetten Falldarstellungen vorzuziehen sind, wo dies möglich ist.

In meinem Vorgehen muss ich mir – wenn es sich um eine noch laufende Behandlung handelt – immer bewusst bleiben, dass ich durch mein Vorgehen den analytischen Prozess beeinflusse. Diese Auswirkungen sind ihrerseits vielgestaltig in Abhängigkeit von der Psychodynamik des Patienten und der spezifischen Art der dyadischen Bezogenheit. Sie müssen aber in jedem einzelnen Fall bearbeitet werden.

Zur wissenschaftstheoretischen Einordnung der Psychoanalyse und der »Beweiskraft« klinischer Darstellungen

Schülein (2002) verortet die Psychoanalyse in den Bereich der Sozialwissenschaften, deren Theorien er eine autopoietische Qualität zumisst. Das bedeutet: in der sozialen Realität ist es nicht möglich, eine unveränderliche, alternativlose

Realität zu beschreiben (das wäre laut Schülein eine nomologische Realität). Vielmehr müssen die sozialwissenschaftlichen und damit auch die psychoanalytischen Theorien flexibel sein, Allgemeines und Besonderes vermitteln können und können deshalb nur begrenzt algorithmisch reduziert sein. Die Psychoanalyse zählt somit laut Schülein zu den Wissenschaften mit konnotativen Theorien. Schülein (2003) betont, dass konnotative Theorien, also Theorien, in denen Nebenbedeutungen eine zentrale Rolle gewinnen können, zwangsläufig unabgeschlossen, offen und unscharf bleiben müssen. Was für die Theorie gilt, gilt natürlich auch für klinisches Material, mit dessen Hilfe theoretische Überlegungen veranschaulicht werden sollen: sachimmanent bleibt unser klinisches Material immer offen und mehrdeutig.

Schüleins Gedanken führen daher in der Bewertung klinischer Darstellungen zu einer veränderten Auffassung, was deren »Beweiskraft« betrifft: es kann in einer konnotativen, offenen Wissenschaft keinen (klinischen) »Beweis« geben. Bestenfalls wird die Plausibilität einer überzeugenden Illustration erreicht. Dabei macht es keinen Unterschied, ob es sich um eine umfangreiche Falldarstellung oder eine kurze Vignette handelt: der Spielraum möglicher Interpretationen verringert sich durch mehr Text nicht, mehr klinisches Material führt vielmehr – durch Assoziationen getriggert – zu noch mehr Interpretationsmöglichkeiten. Gerade dann, wenn sich ein großer Bereich der Darstellung auf Gegenübertragungsgefühle bezieht, bleiben diese notwendigerweise subjektiv. Eine eventuell mögliche Bestätigung durch eine Katamnese schafft auch nicht die erhoffte Sicherheit; sie kann lediglich bestätigen, was vielleicht am Ende der Behandlung als Weiterentwicklung vermutet oder erhofft wurde.

Die Plausibilität von Falldarstellungen und Vignetten hat also immer eine begrenzte Reichweite und umfasst eine »optimale« Textmenge: stimmig mögen sie besonders dann empfunden werden, wenn sich die theoretischen Positionen von Autor und Leser nahe sind. Kritik wird eher dort laut, wo sich die theoretischen Positionen und damit sowohl die Betrachtungsweise als auch die klinischen Handlungsoptionen deutlich unterscheiden. Ebenso ist denkbar, dass es falsch positive Bewertungen oder falsch negative Einschätzungen der klinischen Beschreibungen gibt. Zusammenfassend: Fallberichte und Vignetten sind gut geeignet, theoretische und technische Überlegungen zu illustrieren, sie plausibel zu machen, sie können aber kein Beweis für deren Richtigkeit sein.

Klinisches Material erhält seine Bedeutung und seinen Wert aus einem anderen wissenschaftstheoretischen Zusammenhang, den der Philosoph und Wissenschaftstheoretiker Hampe und der Facharzt für Psychiatrie und Psychotherapie Strassberg folgendermaßen beschreiben:

»Die Psychoanalyse ist weder eine quantifizierende Naturwissenschaft noch eine Pseudowissenschaft. Sie ist auch keine hermeneutische Disziplin, sondern ein thinking in cases, wie es John Forrester genannt hat. Es geht um die Erkenntnis von Individuen und Allgemeinheiten, die noch nicht einmal als Gesetzesannahmen oder Theorien, sondern als Fälle vorliegen. Die Psychoanalyse bedient sich ›allgemeiner‹ Fälle, so wie sich die Jurisprudenz der Präzedenzfälle bedient. Diese Fälle mögen entweder aus der Mythologie oder der Literatur stammen, wie der Mythos vom Ödipus oder Fallgeschichten sein wie der Rattenmann oder der kleine Hans bei Freud. Die einzelne neurotische Person wird dann als eine auf spezifische Weise von dem zu ihr passenden Fall abweichende Lebens- und Leidensgeschichte erkannt. In diesem Verfahren ergibt sich eine individuelle, nicht verallgemeinerbare Kausalerklärung eines bestimmten Leidens, jedoch nie und genauso wenig wie in der Rechtswissenschaft eine Prognose« (Hampe & Strassberg, 2015, S. 280f.).

Hampe und Strassberg diskutieren Grünbaums (1985) Kritik, dass die Psychoanalyse keine Wissenschaft sei, weil sie keine Voraussagen machen könne, und setzen dieser Kritik das Beispiel der Jurisprudenz entgegen, die ebenso wenig Voraussagen produziere, jedoch deswegen nicht schon als unwissenschaftlich kritisiert werden würde. Hampe und Strassberg stellen damit klar, dass das Kriterium Grünbaums, eine Wissenschaft müsse Voraussagen treffen können, so nicht haltbar ist. Sie fahren in ihren wissenschaftstheoretischen Überlegungen fort:

»Das Denken in Fällen hat sich in der Psychoanalyse aus dem medizinischen und nicht aus dem juristischen Falldenken entwickelt. Freud ist jedoch sofort mit dem Rückbezug auf den Mythos von Ödipus vom medizinischen Falldenken abgewichen. Denn es gibt in der medizinischen Wissenschaft keine Mythen als Fallgeschichten. Dadurch wird die Psychoanalyse zu einem eigenständigen, von der Medizin und der Jurisprudenz zu unterscheidenden Falldenken. Weil in der naturwissenschaftlichen Medizin Fallgeschichten auf Syndrome, die in Theorien erfasst sind, bezogen werden, in der Psychoanalyse die Fallgeschichte jedoch auf eine weitere, vielleicht sogar mythische Erzählung zurückgeführt wird, unterscheiden sich der Umgang mit dem Einzelfall in der somatischen Medizin und der Psychoanalyse grundlegend voneinander. In der Psychoanalyse geht es um Erkenntnis des individuellen Leidens durch Abweichungsbestimmung vom allgemeinen Fall. In der somatischen Medizin um die Zuordnung individuellen Leidens zu einem Syndrom.

Die psychoanalytische Couch ist also kein Labor, in dem ein Einzelwesen durch Messung erkannt würde, um eine allgemeine Theorie zu testen. Sie ist auch kein Gerichtssaal und kein Röntgenraum, in dem das Einzelne vor dem Hintergrund eines realen Gesetzes oder eines wirklichen Präzedenz- und Krankenfalles untersucht wird. Sie ist eine Disziplin, die Mythen und Geschichten aus der Literatur zu Entwicklungsschemata formalisiert und sie zusammen mit wirklich erhobenen Fallgeschichten aus der psychoanalytischen Praxis zum Erkenntnishintergrund individueller Geschichten macht. Die Erkenntnis dieser individuellen Entwicklungen ist das Ziel der Psychoanalyse, das wiederum dem therapeutischen Zweck dient, das neurotische Elend in gemeines zu überführen« (Hampe & Strassberg, 2015, S. 281).

Bezogen auf die Bewertung einer Fallgeschichte können wir deshalb Schülein relativieren und mit Hampe und Strassberg (S. 277; Hervorhebung im Original) sagen:

»Die psychoanalytische Singularität ist also keine Abweichung von der ödipalen Normalität, doch darf sie auch nicht als Defizit gegenüber einer Idealgeschichte oder einem Idealtypus begriffen werden, denn der psychoanalytisch gedeutete Mythos des Ödipus oder die psychoanalytisch konstruierte Geschlechtsdifferenz stellt kein Entwicklungs- oder Verhaltens*ideal* dar, sondern ein Erkenntnisinstrument zur Einsicht in individuelle Leidensgeschichten. Der einzelne Fall bestimmt sich nämlich durch eine je individuelle Abweichung von der spezifischen Allgemeinheit.«

Zusammengefasst lässt sich damit der Wert sowohl von Einzelfalldarstellungen, Vignetten als auch von deren Diskussion in der psychoanalytischen Gemeinschaft durchaus als ein Fortschreiben der wissenschaftlichen Diskussion verstehen. Überraschenderweise wurde bisher diese Sichtweise auf die Psychoanalyse als eine Wissenschaft, die in Fällen denkt und damit eine breite wissenschaftstheoretische Tradition fortsetzt, von den Psychoanalytikern selbst nicht rezipiert: John Forrester (2014), oben von Hampe und Strassberg erwähnt, veröffentlichte den in der wissenschaftlichen Diskussion vielbeachteten Aufsatz »Wenn p, was dann? In Fällen denken«, in dem er in den sechs Argumentationsstilen nach Hacking (1990) einen siebten einfügt.

Die sechs Argumentationsstile sind (Hacking, 1990; zit. n. Forrester, 2014):
1. Postulieren und Deduzieren
2. experimentelle Forschung
3. die hypothetische Konstruktion analoger Modelle
4. die Ordnung von Varianzen durch Vergleich und Klassifikation
5. die statistische Analyse von Gesetzmäßigkeiten in einer Bevölkerung
6. die historische Ableitung genetischer Entwicklungen

Und neu der Vorschlag von John Forrester:
7. das Argumentieren mit Fällen

Forrester (S. 140f.) fügt an: »Einer der Gründe für diesen Zusatz – aber tatsächlich nur einer – ist der Versuch, den in der Psychoanalyse und verwandten Disziplinen dominanten Argumentationsstil zu beschreiben.« Zu den verwandten Disziplinen gehört vor allem die Jurisprudenz, wie er später in seinem Artikel ausführt. Die Psychoanalyse folgt also dem Beispiel der Jurisprudenz, in der der Einzelfall unter dem Aspekt betrachtet werden muss, inwieweit er die allgemeine Gesetzmäßigkeit entweder widerlegt oder sie gerade dadurch unterstützt, dass eben der Einzelfall als besonderer Einzelfall vom festgefügten Rechtsverständnis abweichend abgegrenzt werden muss.

Unter diesem Blickwinkel gewinnt der einzelne Fall seine Bedeutung aus der Nähe oder der Entfernung zur allgemeinen Theorie: entweder schränkt er die bestehende Theorie ein, oder aber er erweitert oder bestätigt sie selbst dann, wenn der aktuell diskutierte Fall der Theorie zu widersprechen scheint, jedoch weitere, neu hinzutretende Aspekte oder Erwägungen einen Widerspruch aufzulösen in der Lage sind, der zuvor die Theorie belastet hat. Auf diese Weise kann die Praxis dazu beitragen, Spannungsmomente in der Theorie aufzulösen und die Theorie mit der Praxis zu harmonisieren. Im Prozess der Erarbeitung seiner Fallgeschichte kann der Patient im günstigen Fall zum Partner auf Augenhöhe werden. Augenhöhe bedeutet gemäß seines Auftrages an den Analytiker, über den Fortgang der für ihn wichtigen Entwicklungen und in seiner Sprache auf dem Laufenden gehalten zu werden. Dies erfolgt in einer Haltung der Transparenz und Teilhabe.

Für den vorliegenden Band sind diese aktuellen Entwicklungen der Wissenschaftstheorie mit ihrer Neubewertung des Falles und der Bedeutung, die dem Denken in Fällen und Fallgeschichten zukommt, von großer Bedeutung. Sie bilden den wissenschaftstheoretischen Rahmen, in den sich das Oszillieren dieses Buches zwischen theoretischen Erwägungen und klinischer Anschauung einfügt. Ich lege in diesem Buch das wissenschaftstheoretische Paradigma zugrunde, das mir als das dem Gegenstand angemessenstes erscheint: die zahlreichen Darstellungen von Vignetten und Behandlungen folgen der Logik des Denkens in Fällen, wie sie von Hampe und Strassberg mit Bezug auf Forrester entwickelt werden.

Dass die psychoanalytische Tradition des Denkens in Fällen in diesen Überlegungen einen wissenschaftstheoretischen Standort erhält, stärkt auch den Status unseres dreigegliederten Ausbildungssystems der Psychoanalyse: der eigene »Fall« in der Selbsterfahrung, die Theorie, die sich aus den Fällen ableitet, und die Diskussion der eigenen Fälle in technischen Seminaren gehören aufgrund dieser wissenschaftstheoretischen Überlegungen in genau der Form zusammen, wie sie auch tatsächlich gelehrt werden.

1. Übertragung und Agieren

Im ersten Teil dieses Kapitels beschreibe ich, wie sich eine Haltung von Transparenz und Teilhabe bereits in den Abläufen auswirkt, die dem eigentlichen Beginn der Behandlung vorausgehen, also auf den ersten Telefonkontakt, das Erstinterview, die Behandlungsvereinbarung etc. Im zweiten Teil beschäftige ich mich mit einem klinischen Beispiel von Agieren in der Stunde und stelle die anschließende Bearbeitung in der Übertragung dar. Ich erläutere, welche besonderen Aspekte sich aus meiner Haltung von Transparenz und Teilhabe ergeben.

Erstgespräch und Behandlungsvereinbarung

In unseren psychoanalytisch-psychotherapeutischen Praxen findet der erste Kontakt in der Regel telefonisch statt: der potenzielle Patient fragt nach einem Termin für ein Gespräch. In vielen Fällen entsteht damit bereits die erste Schwierigkeit: da wir völlig anders arbeiten, als es sonst im Medizinbetrieb üblich ist, hängt unsere Behandlungskapazität von der Zahl der Stunden ab, die zu belegen wir uns vorgenommen haben. In Abhängigkeit davon, wie groß unsere frei werdende Kapazität ist, können wir Vorgespräche anbieten oder müssen erklären, warum zwar Vorgespräche zur diagnostischen Abklärung, zur Indikationsstellung und zu einer kurzen Beratung möglich sind, eine Behandlung aber nicht begonnen werden kann. Diese unerfreuliche Tatsache bestimmt häufig die ersten Minuten des telefonischen Erstkontakts.

Wir achten auch auf Hinweise, ob die geschilderte Problematik zu dem Behandlungsspektrum gehört, für das wir uns aufgrund unserer Ausbildung und Erfahrung besonders zuständig fühlen. Eine Schwierigkeit ergibt sich, wenn wir zwar vielleicht für eine einstündige Behandlung die Kapazität hätten, der Bedarf jedoch erkennbar größer ist. In einer solchen Situation bietet sich die Möglichkeit an, zunächst niederfrequent zu beginnen (vgl. zur Frequenz Kapitel 3). Häufig entstehen aus diesen Überlegungen am Telefon Erklärungen, die sich zwangsläufig nur auf ein kurzes, intuitives Abwägen stützen können. Wer in Not ist, wird unter Umständen schon für die Zusage eines Erstgesprächs dankbar sein. Schwierig wird es im Telefonkontakt, erläutern zu müssen, dass gegebenenfalls dann Enttäuschung folgt, wenn der Patient sich im Erstgespräch verstanden fühlt und es als hilfreich erlebt, diese Erfahrung aber nicht in eine Behandlung münden kann. Es liegt uns daran, diese als Zurückweisung empfundene Enttäuschung möglichst gering zu halten, jedoch spüren wir dann immer sehr deutlich die Folgen der restriktiven, viel zu knappen Bedarfsplanung durch Gesetzgeber und zulassende Institutionen.

Bereits vor dem Beginn eines Erstinterviews, in der Kontaktaufnahme, ist es oftmals hilfreich, *transparent* über die Rahmenbedingungen von Psychotherapie, den gesundheitspolitischen Zusammenhang und seine Einschränkungen zu sprechen, um den interessierten Patienten vor ungünstigen Einflüssen zu bewahren. Nicht selten ergibt sich aus diesen Erläuterungen und Nachfragen bereits ein beratendes, psychodynamisch orientiertes Gespräch, in dessen Verlauf wir den völlig anderen Behandlungscharakter in der Psychotherapie im Gegensatz zu somatischen Behandlungen darstellen können. Auch teilen wir die Tatsache mit, dass unsere Behandlungen häufig langfristig angelegt sind, oft mehrere Jahre dauern, weil nur auf diese Weise die angestrebten Ziele zu erreichen sind. Ich verstehe unser Verhalten am Telefon als Angebot zur Teilhabe von Anfang an.

Da wir die Erfahrung machen, dass Patienten häufig zahlreiche Kollegen kontaktieren, bevor sie Vorgespräche und einen Therapieplatz finden, bewirken diese Anrufe im günstigen Falle eine Art Miniprozess, aufgrund dessen der Patient herausfinden kann, was er für sich anstrebt. Auch ist jede unserer Antworten eine Antwort in eine Öffentlichkeit hinein, mit der wir das Bild prägen, das die Öffentlichkeit von uns hat. Dieser Aspekt darf angesichts der oft negativen gesellschaftlichen Urteile und Vorurteile über Psychoanalyse nicht aus dem Blick geraten.

Vorgespräche

Der besondere Moment des Beginns mit Begrüßung, der Bitte einzutreten und Platz zu nehmen, der Beginn des Erstinterviews, bietet viel Material für szenisches Verstehen (vgl. R. Klein, 2014). Nicht selten kommt es bereits hier zur ersten Darstellung der Themen langjähriger Analysen (vgl. Beginn der Vignette in Kap. 5,

S. 129ff.), wenn es gelingt, die unbewussten Handlungselemente, den Handlungsdialog (vgl. Klüwer, 2002) richtig zu verstehen. Was sich blitzartig vor unseren Augen entrollt, verstehen wir aus den unbewussten Zusammenhängen, die sich aus den Handlungen und Erläuterungen unserer Patienten erschließen lassen. Bereits hier stellen wir die Weichen für die Atmosphäre, in der eine Behandlung später verläuft. In ersten Stunden kann bereits ein Wechselspiel entstehen, das entscheidend zum Gelingen unserer Aufgabe beiträgt.

Vor Behandlungsbeginn: Das Gutachterverfahren

Sind wir mit dem Patienten übereingekommen, eine Behandlung zu beginnen, treffen wir mit ihm Vereinbarungen bezüglich Frequenz, Bezahlung (Kassenfinanzierung), Vertraulichkeit usw. Die Regularien der Kassenfinanzierung bedürfen immer einer Klärung: wir erläutern gegebenenfalls das Sachleistungsprinzip und das Gutachterverfahren im deutschen System von Psychotherapie als Kassenleistung – ein System, das weltweit wohl am besten funktioniert. Wir erläutern, auf welche Weise und in welchem Zeitraum wir unseren Bericht an den Kassengutachter zum Antrag des Patienten fertigen.

Der Umgang mit dem Bericht an den Gutachter der Krankenkasse wird auf unterschiedliche Weise gehandhabt. Wir müssen entscheiden, wie viel und in welcher Form wir unseren Patienten darüber Mitteilung machen: informieren wir unsere Patienten darüber, fordern wir sie auf, ihre Fragen zu stellen, wünschen wir, dass sie den Inhalt des Berichtes kennen, ihn gelesen haben? Spätestens seit Inkrafttreten des Patientenrechtegesetzes 2013 stehen wir vor der Frage, wie wir unsere Aufklärung im Einklang mit diesem Gesetz konzipieren. In Wikipedia – und damit jedem Patienten zugänglich – ist der Zweck des Gesetzes folgendermaßen zusammengefasst: Das Gesetz zur Verbesserung der Rechte von Patientinnen und Patienten (vgl. Bundesanzeiger, 2013) versucht, Transparenz und Rechtssicherheit bezüglich der Rechte von Patienten herzustellen. Beabsichtigt ist damit letztlich, die Gesundheitsversorgung zu verbessern.

Sicherlich gibt es viele Möglichkeiten und Stile, als Psychotherapeut und Psychoanalytiker dem Anspruch des Gesetzes Genüge zu leisten und Patienten im Sinne des Gesetzes zu informieren. Wir können unsere Patienten den Bericht lesen lassen oder wir können sie mündlich informieren. Beide Modelle lassen sich gegeneinander stellen.

Das Modell des Erläuterns: Der Vorteil liegt in der Tatsache, dass die Aufklärung im Dialog aufgehoben bleibt. Über die Erläuterung wird der Inhalt in

1. Übertragung und Agieren

den psychoanalytischen Prozess eingeführt und bleibt dort der weiteren Bearbeitung zugänglich, die Schwelle zum Agieren wird dadurch nicht überschritten. Der Nachteil besteht darin, dass ein Rest an Unsicherheit darüber bleibt, ob sich unser Patient ausreichend informiert fühlt, solange er den Text nicht schwarz auf weiß in Händen hält.

Das Modell des Offenlegens des Textes: Der Nachteil besteht im agierenden Charakter, Handeln ist notwendig. Unsere psychoanalytische Fachsprache kann Anlass zu Missverständnissen geben. Der Vorteil wiederum besteht darin, dass kein Zweifel an der Vollständigkeit der Aufklärung bestehen kann. Eine weitergehende Frage entsteht: Soll der Text beim Patienten verbleiben?

Im Umgang mit den Berichten verdient Rotmanns Äußerung Beachtung, die er bereits 1992 formuliert hat. Er schreibt (S. 182): »Nach langer Erfahrung mit dem Gutachterverfahren bin ich zu folgenden Überzeugungen gekommen: [...] die unbewußten Bedeutungen der verschiedenen Aspekte dieses Verfahrens sind nicht analysierbar, wenn der Patient, wie in der üblicherweise durchgeführten Form, vom Verfahren ausgeschlossen wird.« In Teilen folge ich in meiner Praxis der Ansicht von Rotmann. Für mich erwies sich die Möglichkeit, den Bericht meinen Patienten zu lesen zu geben, als eine Chance: ich habe die Erfahrung gemacht, dass Patienten nicht etwa überrascht oder empört von dem sind, was sie lesen, sondern in der Regel angetan, erfreut, bisweilen erschüttert und bewegt von der Fürsorge und der Tiefe, in der wir uns um sie Gedanken machen. Sie spüren, dass zum ersten Mal in ihrem Leben die Zusammenhänge zwischen ihren ihnen unbekannten, unbewussten Seiten und den Problemen oder Schwierigkeiten plausibel werden, die sie leiden gemacht und zu uns geführt haben. Ich weiche in einem Punkt von Rotmanns Verfahren ab: mir ist wichtig, dass mein Bericht Teil des psychoanalytischen Prozesses werden kann, jedoch keine unkalkulierbaren Wirkungen außerhalb unserer Stunde entfaltet. Deshalb fordere ich meine Patienten auf, den Bericht in meinem Beisein zu lesen und ihre Fragen dazu zu stellen. Ich erläutere, dass der Bericht natürlich auch weiterhin meinen Patienten zugänglich bleibt, dass ich es aber vorziehe, dass er bei mir in der Akte bleibt, weil unkalkulierbar ist, wohin Informationen ihren Weg nehmen können. Wenn mein Patient es dennoch ausdrücklich wünscht, gebe ich ihm meinen Bericht in Kopie mit.

Zusammenfassend bin ich der Meinung, dass es Transparenz und Teilhabe verlangen, dem »begutachteten« Patienten unseren Bericht an den Gutachter zugänglich zu machen und die Grundsätze der Begutachtung zu erläutern. Ich handle auch deswegen so, um spätere, unkalkulierbare Projektionen auf das Gutachterverfahren zu vermeiden. Bibring (1954) wies darauf hin, dass jede, wirklich jede Art der Settingvereinbarung immer auch schon das Moment der Suggestion enthält, weil wir zum Beispiel empfehlen, im Liegen zu arbeiten, ohne dass der Patient über eigene Anschauung verfügt. Es macht meines Erachtens Sinn, die unvermeidlichen suggestiven Einflüsse durch Transparenz und Teilhabe so weit als möglich zu begrenzen und diesen Einfluss – wo sinnvoll und notwendig – anzusprechen. Projektionen des Patienten auf den Gutachter können am ehesten dann bearbeitet werden, wenn die Person des berichtenden Therapeuten vom Gutachter der Kasse klar abgegrenzt wird. Dies geschieht meines Erachtens am einfachsten dadurch, dass der Patient meinen Bericht ebenso in den Händen hält wie das im Auftrag der Kasse gefertigte Gutachten.

Aus einem klärenden Dialog entsteht bereits Therapie: natürlich erfahren wir vom Patienten, welche Fragen ihn brennend interessieren. Später erfahren wir vielleicht auch, welche Fragen ihn zwar außerordentlich interessiert hätten, die er aber vielleicht genau deshalb nicht gestellt hat, weil sie ihm unangenehm, schwer zu stellen, peinlich oder unbewusst waren. Im Grunde genommen verhandeln wir wichtige Aspekte des Behandlungsvertrags, indem wir über unseren Bericht zu seinem Antrag sprechen. Jederzeit im späteren Verlauf der Behandlung ist es bei Bedarf möglich, auf diese Diskussion und unseren Bericht zurückzukehren. Wir können so einen offenen Dialog darüber führen, was sich von unserem ersten Eindruck, von unseren ersten Hypothesen und Vermutungen bewahrheitet, was sich aber vielleicht auch als Irrtum herausgestellt hat. Auf diese Weise können wir den Hypothesencharakter unseres Vorgehens unseren Patienten erfahrbar machen. Es wirkt entidealisierend, wenn wir vermitteln, dass wir mit Hypothesen arbeiten. Mit unserem Vorgehen regen wir die reflektierende Fähigkeit des Patienten an. Mit Gill (1979) kann festgehalten werden, dass die Übertragungsentwicklung dadurch nicht beeinträchtigt wird, wenn wir Informationen offen bereitstellen.

Der Verlauf der Behandlung und unsere Haltung

Im Rahmen der wiederkehrenden Berichtspflicht in Fortführungsanträgen lassen wir unsere Patienten an unserem Blick auf ihre Entwicklung teilhaben und beziehen sie auf die Art und Weise weiterhin ein, zu der wir uns zu Beginn entschlossen haben.

Nach dem Modell, das ich oben vorschlage, entsteht eine Transparenz, die es Patienten erlaubt, mein Denken und Deuten mitzuverfolgen. Sie können sich beteiligen und sind umfassend eingebunden. Wenn wir von einer intersubjektiven Perspektive ausgehen, wie ich es in meiner Einleitung erläutert habe, gehört diese Möglichkeit dazu: die beiden Subjekte, die in der Dyade interagieren, müssen – jeder für sich und ebenso gemeinsam – die Möglichkeit zur wechselseitigen Wahrnehmung erhalten. Ein angenehmer Nebeneffekt ist, dass hierdurch der psychoanalytische Prozess, soweit dies die Bewusstheit und die Rollenaufteilung zulässt, zu einer gemeinsam verantworteten Aufgabe wird. All diese Vorgehensweisen leiten sich unmittelbar aus einer Haltung von Transparenz und Teilhabe ab. Diese Haltung sehe ich in großer inhaltlicher Nähe zu anderen Konzepten wie dem von Mertens, dem »Zwei-Personen-Unbewussten« (2013). Transparenz und Teilhabe gehören auch zu einer feldorientierten Betrachtung wie zum Beispiel von M. Baranger (2012) und Ferro (2012) ebenso wie zum prozessorientierten Analysieren (Plassmann, 2016), zum Arbeiten in Resonanz (Buchholz & Gödde, 2013), zu Ogdens (2006) Auffassung der Analyse als dem Dritten und natürlich ebenso zu den relationalen Ansätzen. Aron (1991, S. 29) gibt hierzu ein eindrückliches Beispiel, in dem er allerdings den Analysanden zum Kind macht:

> »Patients seek to connect to their analysts, to know them, to probe beneath their professional facade, and to reach their psychic centers much in the same way that children seek to connect to and penetrate their parents ›inner world‹. The exploration of the patient's experience of the analyst's subjectivity represents one underemphasized aspect of the analysis of transference, and it is an essential aspect of a detailed and thorough explication and articulation of the therapeutic relationship.«

Seit Gill sind Analytiker aufmerksam darauf geworden, was sie selbst – Gill nennt die Auffassung des Patienten von seinem Analytiker »plausibel« – in die Interaktion hineingeben und damit zu deren Veränderung beitragen. Das obige Zitat lässt sich so interpretieren, dass nicht selten die Metaphorik vom Kind den Patienten in eine bestimmte Rolle bringt, wenn ihm aufgrund übertriebener Abstinenz nur ein schlüssellochgroßer Blick auf die reale Person seines Analytikers gelassen wird. Nachforschendes, drängend-eindrückliches Fragen mag die Reaktion des Analysanden darauf sein. Diese affektiv stark aufgeladenen Elemente könnten – wenn noch eine negative Gegenübertragung des Analytikers hinzukommt – »penetrierend« empfunden werden.

Auf Aron trifft diese Interpretation allerdings nicht zu, denn er stellt weiter unten mit Bezug auf ein Zitat aus einem Vortrag Mitchells[1] klar, wie er über eine vermeintliche »Objektivität« des Analytikers denkt:

---

1 »Changing Concepts of the analytic process: a method in search of new meanings«, gehalten 1988, New York University.

»As Mitchell has recently stated, ›If the analytic situation is not regarded as one subjectivity and one objectivity, or one subjectivity and one facilitating environment, but two subjectivities – the participation in and inquiry into this interpersonal dialectic becomes a central focus on the work‹. It should be clear that it is not only the classical drive/structure metapsychology that narrows our view of people, deprives them of subjectivity, and reduces them to objects« (Aron, 1991, S. 44).

Wir können für unsere Praxis lernen, einen aufmerksamen Blick auf uns selbst zu haben. Helmut Thomä (1981) hat als erster im deutschsprachigen Raum die Wandlung vom »spiegelnden zum aktiven Analytiker« ausgearbeitet. Seine Begeisterung für das Eingestehen und Auflösen von Fehlern des Analytikers ging so weit, dass vom sogenannten »Ulmer Fehler« gesprochen wurde: einmal entdeckt, wurde der Fehler des Analytikers, die Reaktion des Patienten darauf und wiederum die weitere Verwicklung des Analytikers selbst sorgfältig aufgedröselt. Der große Gewinn dieses Vorgehens bestand darin, dass eine wertvolle Fehlerkultur entstand, weil einem jeden klar war, dass er

1. Fehler macht und, wenn sie entdeckt werden konnten,
2. die Chance hat, diese mit seinem Patienten gemeinsam aufzulösen, sie meist zu heilen.

Thomä selbst schritt dabei mit der Diskussion seiner mit Tonband aufgezeichneten Sitzungen, die er im Beisein des ganzen Instituts von Gill supervidieren ließ, mutig voran. Grundmann und Kächele (2011) setzen die Ulmer Tradition mit der Herausgabe ihres Bandes zur Fehlerkultur in verschiedenen Therapierichtungen fort.

Schließlich fasst Herrmann (2016, S. 610f.) in Anlehnung an Zwiebel (2014) in acht Punkten Kriterien zusammen, die wir besonders im Blick haben sollten, um Fehler möglichst zu vermeiden. Sie sind gut in Einklang zu bringen mit der von mir vertretenen Haltung von Transparenz und Teilhabe, in der wir unseren Analysanden und Patienten begegnen sollten.
Wir müssen anerkennen, dass

1. wir nicht Herr im eigenen Hause sind
2. es zu schwierigen Situationen kommen kann
3. jeder einen eigenen Stil hat, auszuhalten oder zu intervenieren
4. Fehlerbearbeitung entscheidend ist
5. gemeinsame und die dyadenspezifische Selbsttäuschungen möglich sind
6. vermeidendes Verhalten gegenüber unangenehmen Affekten entstehen kann

7. wir zwischen Gelingen/Scheitern und Objektivem versus Subjektivem hin und her pendeln
8. Offenheit gegenüber Irrtümern, Täuschungen und Fehlern nötig ist

Diese Punkte können uns den Weg zu einer im Sinne von Herrmann aufgeklärten Fehlerkultur erleichtern.

Dagegen müssen wir nicht befürchten, dass unsere Patienten keine Übertragung oder Übertragungsneurose mehr entwickeln könnten, wenn wir als Person in Erscheinung treten. Die frühere Auffassung, von der Übertragung als einem scheuen Reh auszugehen, das bei der kleinsten Störung vertrieben und verjagt würde, wird heute kaum noch geteilt. Vielmehr ist das Unbewusste unserer Patienten – und damit ihre Übertragungsbereitschaft – der starke Motivator, der sie zu uns führt, der die Reinszenierung der unbewussten Konflikte in Wort und gegebenenfalls Tat voranbringt und der auf deutende, klärende und empathische Kommentare reagiert. Wir haben es mit einer ausgesprochen starken Kraft zu tun, die sich durch das ganze Leben des Patienten immer wieder – schmerzlich – gemeldet, ihn davon abgehalten hat, sich effiziente Hilfe zu suchen, ihn an vertrauten, insuffizienten Lösungsversuchen festhalten und sich selbst bestrafen ließ und ihn schließlich dann doch zu uns geführt hat.

Dadurch, dass wir die konstruktiven Kräfte unserer Patienten und Analysanden, mit denen wir ein Arbeitsbündnis eingehen möchten, unterstützen und bekräftigen, entsteht eine Zusammenarbeit, die auch starke Irritationen oder Verwerfungen auszuhalten in der Lage ist. Wir können darauf vertrauen und uns darauf verlassen, dass Übertragung durch immer neue Wiederholungen erkennbar wird. Aus unserer Haltung der Transparenz, mit deren Hilfe wir auch das Nichtgewahrwerden, das Falschverstehen für korrigierbar halten, entsteht Erleichterung im Umgang mit den Äußerungen unserer Patienten: wenn wir etwas nicht beim ersten Mal erkennen oder verstehen können, dürfen wir darauf warten, dass eine Wiederholung uns eine weitere Chance zuspielt. Durch die Allgegenwärtigkeit der Übertragung lassen sich die auftretenden Phänomene von beiden an der Therapie beteiligten Personen am wirkungsvollsten in Transparenz und Teilhabe beobachten, beschreiben, verstehen und schließlich auflösen.

Der Verlauf der Behandlung und die Wahl der Frequenz

Unsere Patienten spüren in der Regel gut, was sie benötigen, wann sie eine ausreichend gute Lösung ihrer Probleme gefunden haben und deshalb eine Beendigung der Behandlung ins Auge fassen möchten, auch wenn *uns* noch weitere, vielleicht sogar noch lange gemeinsame Arbeit vorschwebt. Bisweilen müssen wir unseren Analysanden und Patienten in ihrem Wunsch folgen, die Behandlung zu beenden. Ein transparenter Umgang mit Vereinbarungen, der unsere Patienten und Analysanden mit einbindet und an der Entscheidungsfindung teilhaben lässt, ermöglicht eine offenere Handhabung auch der Beendigung. Dazu gehört auch die Möglichkeit für unsere Patienten, später wieder zu uns zurückzukehren.

Zu Fragen der Frequenz weist die Frankfurter Analytikerinnen-Gruppe um Döll-Hentschker, Reerink, Schlierf und Wildberger (2006, 2008), die sich mit der Frequenzwahl beschäftigt hat, darauf hin, dass es das Privileg des Analytikers (verglichen mit anderen Psychotherapeuten) ist, die Frequenz in einem breiten Spektrum frei mit seinen Patienten vereinbaren zu können (vgl. Döll-Hentschker et al., 2008). Von diesem besonderen Anrecht wird dann wenig Gebrauch gemacht, wenn fixierte Frequenzen als Standard vorgegeben werden. Döll-Hentschker und Kollegen schildern sehr eindrücklich und nachvollziehbar, wie wertvoll es ist, wenn diese Fragen zum Gegenstand eines Aushandlungsprozesses werden, in dessen Verlauf alle denkbaren Möglichkeiten einer Einigung und Entwicklung möglich sind.

An dieser Stelle entsteht die Verbindung zu den Arbeiten von Dreyer und Schmidt (2008) über die Bedeutung der Niederfrequenz und zur Frage, was wir aus der Niederfrequenz für die Hochfrequenz lernen können: wir erfahren in der dialektischen Gegenüberstellung der Vor- und Nachteile verschiedener Frequenzen einen Möglichkeitsraum, den es zu nutzen gilt und mit dem wir verantwortlich umgehen müssen.

Zur Vereinbarung einer bestimmten Frequenz tragen aufseiten des Patienten die Indikationsstellung, seine Belastung und Belastbarkeit, seine Regressionsneigung, die therapeutische Notwendigkeit der Regressionsförderung oder Auflösung bestehender Regression, die Leistungen der Krankenversicherung und seine Bereitschaft zur Eigenleistung sowie seine Phantasien, Hindernisse und Ängste bei. Aufseiten des Analytikers spielen die Zahl der zur Verfügung stehenden Stunden sowie seine bevorzugte Frequenz für ein bestimmtes Störungsbild eine wesentliche Rolle.

Der Verlauf der Behandlung: Agieren

Meinen Ausgangspunkt nehme ich von Ralph R. Greenson (1981 [1967], S. 80), der noch in den 1960er Jahren in seiner freundlichen, eindrücklichen Art und Weise schrieb:

1. Übertragung und Agieren

»Das Agieren (Ausagieren) ist während der Psychoanalyse ein häufiges und wichtiges Geschehen. Gleichgültig, was es sonst noch bedeutet, es erfüllt immer den Zweck des Widerstands. Es ist ein Widerstand insofern, als das Agieren ein Wiederholen im Handeln ist, anstatt in Worten, Erinnerungen und Affekten. Außerdem ist am Agieren immer eine gewisse Verzerrung beteiligt. Das Agieren dient vielfachen Zwecken, aber seine Widerstandsfunktion muss am Ende analysiert werden, denn wenn man das unterlässt, kann man die ganze Analyse gefährden.«

Aus ich-psychologischer Sicht erscheint Agieren unweigerlich als Widerstand. Die Erweiterung unserer Perspektive, die sich in den 50 Jahren seit Greensons Veröffentlichung durchgesetzt hat, ergibt sich insbesondere aus zwei Quellen:

1. Aus der Erweiterung des entwicklungspsychologischen Wissens. Christian-Widmaier (2008, S. 62) schreibt zusammenfassend:

»So wurde festgestellt, dass emotional und sensomotorisch vermittelte Beziehungserfahrungen lange vor dem Beginn der Sprache zu Interaktionsrepräsentanzen führen, die als prä- und nonverbale Kommunikationsmuster gespeichert werden. Sie sind dem sprachlichen Erinnern daher nicht ohne weiteres zugänglich, wohl aber der nichtsprachlichen Wiederholung und Mitteilung im Agieren. Vorsprachliche, nie bewusst gewordene Erfahrungen, insbesondere traumatischer Art, entziehen sich einer diskursiven sprachlichen Darstellung, setzen sich aber handelnd in Szene und teilen sich nonverbal mit.«

Damit wird der große Bereich impliziten oder prozeduralen Wissens, der nicht von vorneherein dem Bewusstsein zugänglich, aber für die Lebenspraxis und auch für die Psychoanalyse von größter Bedeutung ist, dem analytischen Zugang und Diskurs geöffnet. Die dem impliziten oder prozeduralen Anteil an der Kommunikation entsprechende Ausdrucksweise ist nun einmal das Agieren, das – als solches entdeckt – nach und nach dem Prozess des Analysierens zugänglich gemacht werden kann.

2. Durch die Integration niederfrequenter psychoanalytischer Verfahren, in denen agierende und suggestive Elemente von Anbeginn an stärker beachtet wurden, wie von Ferenczi und Rank (1924), Bibring (1954), Rangell (1954, 1981). In der Nachfolge von Ferenczi hat insbesondere M. Balint mit seinem Begriff des Neubeginns die mögliche kreative Seite des Agierens herausgearbeitet (Christian-Widmaier, 2008, S. 63, in Bezugnahme auf Bilger, 1986). Insbesondere auch Klüwer (2002) hat im deutschsprachigen Raum auf den Zusammenhang zwischen niederer Frequenz und Beachtung des Agierens hingewiesen.

Die Veränderung der Technik in der Niederfrequenz fassen Dreyer und Schmidt (2008, S. 28; Hervorhebung im Original) zusammen:

»In der niederfrequenten psychoanalytischen Psychotherapie erhält die große zeitliche Verdichtung bisweilen die Qualität von Vertiefung. [...] Anstelle von glücklichem Verharren im Augenblick wächst der Druck auf Handeln, auf Inter-*Aktion*. Weil die Zeit zur Reflexion (zu) knapp bemessen ist, wächst der Druck in Richtung auf Enactment oder Agieren, die Psychopathologie des Patienten mag hinzukommen. Enactment oder Handlungsdialoge prägen unter Umständen den Verlauf von Stunden. Die Dyade ist in höherem Maße auf das sich (scheinbar nur) außen Ereignende zentriert und reflektiert es erst in zweiter Linie in Bezug zur inneren Situation des Patienten.«

Auf den Bedeutungswandel von Agieren oder Enactment in den letzten 20 Jahren haben insbesondere Bohleber und Kollegen (2013, S. 1215) hingewiesen:

»Im Laufe der vergangenen zwanzig Jahre ist ›Enactment‹ im Zusammenhang mit der Aktualisierung unbewusster Prozesse zu einem zentralen Konzept avanciert. Enactments sind ein unvermeidliches Phänomen psychoanalytischer Behandlungen, und fast alle psychoanalytischen Schulen/Traditionen haben entsprechende Konzeptualisierungen formuliert. Analytiker und Analysand verstricken sich in ein unbewusstes Interaktions- und Kommunikationsmuster – ein Muster, das sich innerhalb einer Szene realisieren muss, weil der Analysand es nur so und nicht anders ausdrücken kann. In einem Gegenübertragungsenactment geschieht etwas Unerwartetes und deshalb mit den einschlägigen Regeln der therapeutischen Technik Unvereinbares. Weil der Analytiker auf der affektiven Ebene mitmacht, gehen seine eigene Vulnerabilität und Persönlichkeit direkt in die Behandlung ein.«

In Erweiterung und Ergänzung dieses Zitats hebt Ermann (2014, S. 107) in seiner kompakten Darstellung der Intersubjektivität hervor, dass es sich im Agieren des Patienten zumeist um ein »nicht reflektiertes Verhalten handelt, das überwiegend aus dem prozeduralen Unbewussten stammt«.

Wir stellen fest, dass Agieren von noch nicht Bewusstem, möglicherweise allmählich bewusstseinsfähig werdendem Material ausgeht und bisweilen einschneidend die Begegnung zwischen Analytiker und Analysand, zwischen Therapeut und Patient bestimmt. Die Autoren betonen dabei den Anteil des Analytikers oder Therapeuten, einschließlich seiner eigenen, möglicherweise nicht ausreichend reflektierten Persönlichkeitsanteile.

1. Übertragung und Agieren

Gerade in Bezug auf letztere ist davon auszugehen, dass Analytiker und Therapeuten umsichtig, vorsichtig und reflektiert mit möglichen eigenen Anteilen und daraus entspringenden Gegenübertragungsenactments umgehen. Da wir uns in einem Bereich bewegen, in dem die Qualität des Noch-Nicht (des noch nicht Verstandenen oder noch nicht Bewussten) die entscheidende Rolle spielt, halten wir uns offen, wie wir die Dinge verstehen lernen. Wir befinden uns zunächst in einem Reflexions- und Aushandlungsprozess darüber, welche Anteile von uns selbst, welche Anteile möglicherweise von unserem Patienten beigetragen wurden und welche Anteile möglicherweise aus divergierenden Verstehenshorizonten stammen.

Solange wir dabei sind, erst noch zu verstehen und zu entschlüsseln, wie es zum Agieren kam, welchen Anteil wir selbst dazu beigetragen haben und wodurch wir möglicherweise zu Agieren ermuntert oder es mitausgelöst haben könnten, bleibt uns nur der Weg, transparent und offen die verschiedenen Möglichkeiten zu erwägen. Wir befinden uns mit unseren Patienten so lange in einem offenen Aushandlungsprozess, bis wir eine gültige Erklärung gefunden haben. Dieser Klärungsprozess verläuft dann umso besser und erfolgreicher, je offener für alternative Sichtweisen wir sein können. Das heißt: Agieren steht in enger Beziehung zu Transparenz und Teilhabe. Die Auflösung durch die Analyse agierender Momente gelingt am ehesten, wenn wir in dieser Phase transparent sind.

Bisweilen gefährdet Agieren aber die Behandlung selbst. Auch in diesem Fall gelingt die Bearbeitung durch eine Haltung der Transparenz, in der durch den Therapeuten oder Analytiker seinem Patienten eindeutig vermittelt wird, dass und warum er gerade dabei ist, die Grundlage der Behandlung zu gefährden (vgl. hierzu Clarkin et al., 2001). Da wir als Therapeut oder Analytiker die Gefährdung und Zerstörung der Behandlung nicht tatenlos hinnehmen, werden wir – im äußersten Fall – Schritte einleiten, die zu einer Beendigung der Behandlung führen. Damit wir die Chancen für eine Rückkehr zur therapeutischen Arbeit offen halten, müssen wir andererseits klar und transparent auf die Gefährdung und die Konsequenzen hinweisen.

Dies gilt natürlich ebenso für den Fall, dass aus unserer Sicht das Leben des Patienten oder Analysanden gefährdet ist: auch dann verlangen Offenheit und Transparenz der Maßnahmen, die wir für erforderlich halten, nicht nur die Aufklärung über die Gründe unserer Sichtweise, sondern auch die Erläuterung der von uns notwendigerweise einzuleitenden Maßnahmen. Eine nicht sicher im Rahmen unserer therapeutischen Bemühungen gehaltene Suizidalität verlangt die Hinzuziehung weiterer Personen (Ärzte, Angehörige). Der Übergang hinaus aus der im engeren Sinne analytischen Situation muss selbst sorgfältig transparent kommuniziert werden: sowohl unsere Entschiedenheit als auch die Bereitschaft, uns in unserer Einschätzung durch eindeutig andere Signale unseres Patienten oder Analysanden gegebenenfalls umstimmen zu lassen.

Übertragung und Agieren

Die Verwobenheit von Übertragung und Agieren möchte ich an einer kurzen Interaktionssequenz illustrieren, die aus einer Behandlung stammt, über die ich ausführlich in Kapitel 6 berichte. In einem Moment dieser Analyse, der gesättigt ist von Übertragungsanteilen, beginne ich in meiner Intervention mit der allgemeinen Erläuterung, dass wir Phantasien nicht nur über Träume, Tagträume oder sonstige Ideen und Assoziationen erschließen können, sondern mitunter auch aus Szenen entnehmen können, die von außerhalb der Analyse berichtet werden. Ich beabsichtige also, einen nach außen projizierten Selbstanteil zu deuten und sage: »Sie wissen ja, wir können das, was Sie hier berichten, auch als Phantasie verstehen ...« Weiter komme ich nicht, mein Patient setzt sich abrupt auf, dreht sich zu mir um und sagt empört: »Herr Dreyer, wie können Sie behaupten, dass alles, was ich sage, Phantasie sei?!« Ich überlege kurz, in welche Richtung ich sein kleines Agieren aufgreife, und beginne vorsichtig aus unserem Analysekontext zu erläutern, dass er meine Worte so verstanden haben könnte, als hätte schlussendlich nun auch noch ich zu ihm gesagt: »Du bist nicht gut, Du phantasierst!« »Treffer!« kommentiert er darauf lapidar und legt sich zufrieden wieder hin. Wenige Tage später berichtet er einen Traum/hypnagogen Zustand. Verbunden mit einer Lichtempfindung und tiefem Glücksempfinden entstand in ihm der Satz: »Ich bin gut, weil du mich liebst.« Dieses »Du« sind nach seinem Einfall sowohl seine Frau und der Analytiker als auch er selbst, aber auch Gott und die anderen ganz allgemein.

Es liegt nahe, davon auszugehen, dass der Patient aufgrund der Übertragung erwartet hatte, dass meine Äußerung ihn als Lügner abstempelt. Da dies gar nicht seiner Überzeugung entspricht, hebt er das Setting für einen Moment auf, setzt sich hin, dreht sich um und konfrontiert mich. In meiner anschließenden Erläuterung nehme ich sein Handeln auf, unterlege diesem Handeln den Sinn, den ich mir erschließen konnte, und erreiche damit ganz unmittelbar meinen Patienten. In meiner Deutung mache ich transparent, von welcher Annahme über ihn ich ausgehe. Dadurch, dass ich dies ohne Umschweife erkläre und damit auch deutlich mache, dass es gar nicht meine Absicht war, ihn als Lügner zu bezeichnen, verschwindet schlagartig die für ihn unerträgliche Spannung, er kann meinen Gedanken bestätigen und sich erneut auf die Couch legen, ins Setting zurückkehren. Darüber hinaus wird durch die kleine Interaktion eine bedeutende Entwicklung angestoßen: ein in der Übertragung entstandenes Spannungsmoment explodiert am Beispiel einer Formulierung, die missverstanden werden konnte. Durch das Moment des Agierens wird die zuvor unbewusste Spannung offenkundig und kann bearbeitet werden. Diese erste Lösung des unbewussten Konflikts ist für die Analyse eine wichtige Weichenstellung.

In der geschilderten Begegnung sind Übertragung und Agieren miteinander verwoben: erst durch die Annahme seiner unbewussten Erwartung, er werde auch hier wieder lediglich zum Lügner gemacht statt verstanden zu werden, entsteht das Ausmaß unerträglicher Spannung, das ihn zwingt, sich aufzusetzen. Als nächstes hätte er aufstehen und hinausgehen können. Im ungünstigsten Falle folgte das Ende der Analyse, das hier vermieden werden konnte. Ein kurzer, direkter und für uns beide gleichermaßen bewegender Moment.

Nicht immer ist eine so rasche Klärung wie in meinem klinischen Beispiel realisierbar. Jedoch bleibt uns immer die Möglichkeit, auch wenn eine Auflösung eines Agierens erst sehr viel später gelingen mag, durch ein Offenhalten der Situation eine spätere Auflösung zu intendieren. Dafür ist es hilfreich, wenn wir uns in Offenheit und reflektierter Offenheit unser eigenes, transparentes Vorgehen bewusst machen. Der Versuch einer Klärung, die ihr Ziel nicht erreicht, ist noch kein Grund dafür, daran zu zweifeln, dass sich ein Erklärungszusammenhang zu einem späteren Zeitpunkt finden lässt.

Zusammenfassung

Eine Haltung der Transparenz und Teilhabe öffnet ein Fenster zu einer offenen und flexiblen Behandlungsatmosphäre. Auf diese Weise wächst nicht nur das Vertrauen der Patienten in die Behandlung, sondern auch wir gewinnen Zuversicht und vertrauen auf das Gelingen. Wenn wir es fertig bringen, gleichzeitig die Ängste unserer Patienten erträglich zu halten, sie zu containen und selbst in der Lage zu bleiben, in uns aufkommende Gefühle von Angst oder Bedrohung wahrzunehmen, zu reflektieren und aufzulösen, wird Veränderung möglich.

In einer Atmosphäre der Offenheit stellen dann Patienten die Szene her, die ihren unbewussten Konflikt zum Ausdruck bringt. Die Möglichkeit, sich im analytischen Prozess auch als Analytiker dieser Szene so auszusetzen, dass sie gemeinsam erlebt, beobachtet und anschließend analysiert werden kann, vertieft das wechselseitige Vertrauen.

Zusammenfassung

In der Vignette dieses Kapitels habe ich gezeigt, dass für den Analytiker die Klärung seiner Gegenübertragung mitunter entscheidend ist. Auf welche Weise der Analytiker aus seiner Gegenübertragung heraus reagieren kann, wird im nächsten Kapitel untersucht werden.

2. Gegenübertragung und Gegenübertragungsenactment

In diesem Kapitel konzentriere ich mich auf Aspekte der Gegenübertragung und des Gegenübertragungsenactments, denen in Verbindung mit Transparenz und Teilhabe eine besondere Bedeutung zukommt. Beide Begriffe, Gegenübertragung und Gegenübertragungsenactment, sind vielschichtig. Um sie im begrenzten Rahmen eines Kapitels zu entfalten und den Bezug zu dem Thema dieses Buches, Transparenz und Teilhabe, herzustellen, wähle ich deshalb den folgenden Weg: Die Entwicklung des psychoanalytischen Denkens und Handelns erfasse ich über den Vergleich zwischen frühen Sichtweisen dieser Thematik mit der gegenwärtigen Auffassung. Der Zeitraum dazwischen wird durch herausragende Arbeiten zusammengefasst. Ich werde die folgenden drei Linien betrachten:

1. Linie: *Sigmund Freuds* Entwicklung der Psychoanalyse in der Zeit zwischen 1900, der Veröffentlichung der *Traumdeutung* (1900a), und 1930 (1930e), seinem Vortrag zur Verleihung des Goethepreises. Augenfällig wird der Punkt, um den es mir geht, an einer Aussage Freuds von 1900 zu einem Zitat aus Goethes Faust, die Freud 1930 wieder aufgreift: er nimmt dieses Zitat als Aufhänger dafür, warum es seiner Meinung nach angebracht ist, sich mit Äußerungen zurückzuhalten und der Öffentlichkeit nicht zu viel von sich mitzuteilen. Es sind Gedanken über den Schutz seiner Person, wie sie uns in ähnlicher Weise auch heute noch als Analytiker bewegen.

2. Linie: *Paula Heimann* eröffnete der Psychoanalyse die Gegenübertragung als Mittel der Erkenntnis. Sie geht von einer Kommunikation von unbewusst zu unbewusst, vom Analysanden zum Analytiker, aber auch in umgekehrter Reihenfolge, vom Analytiker zum Analysanden, aus: in einem klinischen Beispiel von 1950 schwingt das Schicksal von Heimann in einem Traum ihres Patienten mit, es muss sich ihm unbewusst mitgeteilt haben. Dieser Bezug wird von ihr im Text

jedoch nicht aufgegriffen (vgl. Heimann, 2016a [1950], S. 111–117). Knapp 30 Jahre später geht sie mit solchen Vorkommnissen anders um. Sie schildert in »Über die Notwendigkeit für den Analytiker, mit seinem Patienten natürlich zu sein« (2016b [1978]), wie sie ihre Patientin in einer Intuitivdeutung auf eine Weise anpackt, die sie selbst als »regelwidrig« bezeichnet, sie gleichzeitig aber gutheißt. Heimanns Deutung kann als Gegenübertragungsenactment verstanden werden. Solches Vorgehen ist auch heute noch für unser Thema aktuell.

3. Linie: Ausgehend von *Sándor Ferenczis* mutigem, bezogen auf die mutuelle Analyse allzu mutigem, technischem Vorgehen spanne ich den Bogen zur aktuellen Betrachtung von Gegenübertragungsenactments in Psychoanalysen: sie überraschen bisweilen, sind manchmal unbewusst-unvermeidlich, in jedem Fall aber auch noch nachträglich analysierbar und bisweilen sehr wertvoll für den Fortgang der Analyse. Heute werden die Ansätze von Ferenczi wieder von vielen Autoren aufgegriffen und weiterentwickelt.

Den Bogen zwischen den Auffassungen der Gegenübertragung von Beginn der Psychoanalyse an bis zur Jahrtausendwende schlägt Jacobs (1999) in seinem umfassenden Aufsatz »Countertransference Past and Present: a Review of the Concept«. Auf diesen Beitrag sei an dieser Stelle ausdrücklich verwiesen. Jacobs stellt das Konzept der Gegenübertragung und seiner Entwicklung in den ersten 100 Jahren der Psychoanalyse dar.

Ich komme nun zu Freuds Haltung, die geprägt war von den intensiven Kontroversen und Vorurteilen, die in der damaligen Zeit gegenüber der Psychoanalyse herrschten.

Zur 1. Linie: Ein Beispiel Freuds

> »Das Beste, was du wissen kannst,
> Darfst du den Buben doch nicht sagen.«
> *Goethe (1971 [1808], Faust: Eine Tragödie,*
> *Studierzimmer, Verse 1840–1841)*

Dieses Zitat aus Goethes *Faust* benutzt Sigmund Freud in seinen Werken dreimal: zweimal in der *Traumdeutung* (1900a, S. 147) und einmal sehr viel später, 1930, am Schluss seiner Ansprache im Frankfurter Goethehaus aus Anlass der Verleihung des Goethepreises (1930e, S. 550). Über 30 Jahre hinweg hat ihn Goethes Gedanke bewegt, wie Mephisto die Dinge wohl sieht, als er – als Faust verkleidet – den etwas unterwürfigen Neuankömmling (»Ich bin allhier erst kurze Zeit und komme voll Ergebenheit ...« [Goethe, 1971 (1808), Verse 1868ff.]) an der Nase herumführt. Der eintretende Schüler hat kein gutes Gefühl, er möchte wieder fort, bleibt aber und behält sein Ziel vor Augen, »denn was man schwarz auf weiß besitzt, kann man getrost nach Hause tragen« (ebd., Verse 1966f.).

Ich möchte die Szene psychoanalytisch deuten. Faust und Mephisto betrachte ich – janusköpfig – als zwei Seiten einer Person. Der Ärger über den einfältigen Schüler, vielleicht auch der Unwillen des Lehrers über die sich anbahnende unterwürfige und idealisierende Übertragung reizen zu mephistophelischer Provokation. Sigmund Freud lässt 1930 seine Tochter Anna im Goethehaus sagen (1930e, S. 550): »Unsere Einstellung zu Vätern und Lehrern ist nun einmal eine ambivalente, denn unsere Verehrung für sie deckt regelmäßig eine Komponente von feindseliger Auflehnung.« Freud thematisiert hier nicht, dass die Feindseligkeit durchaus beidseitig sein kann und auch von den Lehrern ausgehen mag, die mit Verachtung auf die entgegengebrachte Idealisierung reagieren, wenn sie sie nicht – narzisstisch bedürftig – als Wahrheit missverstehen.[2] Auch dafür steht das obige Motto. Fest steht wohl: Mephisto lässt wenig Raum für Transparenz oder Teilhabe, er *spielt* nur den Faust und führt seinen Schüler an der Nase herum. Vor allem aber: dieser Mephisto-Faust verstellt sich kein bisschen! Er zieht aggressiv vom Leder. Es kostet Mephisto nichts, es läuft ja alles auf Fausts Rechnung, in dessen Mantel und Haut er steckt und agiert!

Als Freud das Zitat in der *Traumdeutung* (1900a) das erste Mal verwendet, möchte er damit erläutern und begründen, warum er es bisweilen für unumgänglich hält, sich zu verstellen. Das tue, so Freuds Beispiel, »der politische Schriftsteller, der den Machthabern unangenehme Wahrheiten zu sagen hat« (1900a, S. 147). Auch Freud selbst fühlt sich zu solchen »Entstellungen« genötigt, sieht sich, was die Psychoanalyse anbetrifft, auch als »politischer Schriftsteller«, der im Besitz unangenehmer Wahrheiten ist. In diesem Bild sind die anderen die Mächtigen. Die Träume so zu deuten, wie dies Freud tat, war revolutionär und traf auf heftige Zurückweisung. Wenn Freud dann noch dazu seine eigenen Träume für den Leser deutet (1900a, S. 147f., 456f.), setzt er sich damit natürlich vermehrt Angriffen und Entwertungen aus und muss sich schützen. Selbstschutz war damals angesichts der Ablehnung der Psychoanalyse in der Öffentlichkeit wohl unverzichtbar. Er war der Machtlose, fühlte sich 1900 wahrscheinlich so und begründet aus dieser Position nachvollziehbar sein Schweigen.

---

2 Anhand der Tatsache, dass Anna Freud den Text ihres Vaters Sigmund Freud vorträgt, wird sowohl das Vater-Tochter-Verhältnis als auch das Lehrer-Schüler-Verhältnis sichtbar: Sigmund Freud war Vater und Lehranalytiker seiner Tochter Anna (!).

2. Gegenübertragung und Gegenübertragungsenactment

Transparenz und Teilhabe hätten anders ausgesehen, hätten allerdings auch – wissenschaftshistorisch betrachtet – 1900 nicht in die Landschaft gepasst. Freilich spricht darüber hinaus auch vieles dafür, dass es wohl nicht in Freuds Interesse lag, sich transparent zu verhalten. Freud zeigte auch noch 1930 sein ambivalentes Verhältnis zur Öffentlichkeit und – so möchte ich anfügen – auch eine gewisse Ambivalenz gegenüber dem Lehrer-Schüler-Verhältnis. 1930 war Freud anerkannt und preiswürdig, der Goethepreis unterstrich die schriftstellerische Fähigkeit, die er in seinem umfangreichen Werk unter Beweis gestellt hatte. Gleichwohl behielt er seine Zurückhaltung. Das Verhältnis aber hatte sich gedreht: war es 1900 notwendiger Schutz vor Angriffen, so handelte es sich 1930 um die Bewertung des erfahrenen Lehrers. Freuds Position in der Hierarchie hatte sich vollkommen gewandelt, nun war er der Mächtige. Das gleiche Zitat dient unterschiedlichen Zwecken, die sich aus Freuds veränderter Stellung in der Gesellschaft ergeben.

Heute, über 85 Jahre nach der Preisverleihung, ist die Frage unverändert aktuell: als Psychoanalytiker wägen wir bis auf den heutigen Tag immer wieder ab, welches Maß an Aufdeckung eigener Anteile zuträglich, vielleicht sogar notwendig ist, und welches Maß an Verhülltbleiben am besten dem psychoanalytischen Prozess dient. Diese Frage stellt sich nicht nur im Hinblick auf unsere Patienten und Analysanden, sondern nicht zuletzt auch bezogen auf uns selbst. Zuerst achten wir auf den Schutz unserer Patienten, sie nicht mit Themen zu belasten, die nur uns betreffen. Wir lassen Zusammenhänge im Verborgenen, soweit dies die Phantasien unserer Patienten und Analysanden schützen und entfalten hilft: unsere Behandlungen sind persönlich, jedoch nicht privat. Manchmal verschieben und projizieren wir jedoch unser eigenes Schutzbedürfnis auf unsere Patienten und Analysanden. Kluge Patienten stellen dann Rückfragen und weisen uns – bisweilen diskret – darauf hin, dass wir vielleicht gerade dabei sind, aus eigenem Schutzbedürfnis heraus zu handeln.

Ich habe die Erfahrung gemacht, dass meine Patienten *mein* Schutzbedürfnis in der Regel gut verstehen und es mir auch zubilligen. Patienten verstehen in der Regel sehr wohl, welcher Anteil an einer Antwort des Analytikers seinem Bedürfnis geschuldet ist, sich selbst zu schützen. Und natürlich schätzen und billigen sie dieses Schutzbedürfnis gerade auch deshalb, weil sie intuitiv davon ausgehen, dass ihr Analytiker, wenn er sich selbst zu schützen versteht, ebenso auch sie, die Analysanden, zu schützen vermag. Patienten schätzen diese Form von Sensibilität: sie wissen, ihr Privatestes ist bei einem Menschen gut aufgehoben, der auch *sein eigenes Privates* schützen kann.

Wir zeigen in unserer Offenheit und dem, wie und was wir schützen, unseren Patienten nicht nur unsere Sicht, sondern gehen ihnen auch mit gutem Beispiel darin voran, wie sie sich selbst schützen und bewahren können. Dieser Teil unserer Arbeit bietet unseren Patienten wertvolles Anschauungsmaterial für ihr eigenes Verhalten, begründet einen Teil unserer Abstinenz, ist aber auch manchmal eine Begründung dafür, warum wir unseren Patienten Zusammenhänge *erläutern*: damit sie selbst einen flexiblen Umgang mit Schutzbedürfnis und Transparenz an unserem Beispiel erfahren können.

Wir gelangen damit zu einer weiteren Interpretationsmöglichkeit von Freuds Goethe-Zitat aus Fausts Studierstube. Wenn der Teufel selbst hier für Abstinenz plädiert und sagt: »Das Beste, was du wissen kannst, darfst du den Buben doch nicht sagen« (Goethe, 1971 [1808], Verse 1840f.), dann tut er dies vielleicht noch aus einem anderen Grunde: analytisch verstanden könnte es genau dann durchaus Sinn machen zu schweigen, wenn wir fürchten, dass der »Teufel« aus uns spricht. Es ist unsere ureigene Analytikerangst, wir könnten »teuflisch« agieren, die uns oftmals zurückhaltend, abstinent reagieren lässt. Unsere Ängste lassen uns verstummen, wenn wir nicht ausschließen können, dass unsere Introjekte unseren Patienten schaden. Es macht durchaus Sinn, zuerst unsere eigene Motivationslage zu prüfen: wie viel Faust, wie viel Mephisto und wie viel Ambivalenz (vgl. Freud, 1930e) stecken an dieser Stelle in uns? Sind in uns die faustischen von den mephistophelischen Seiten abgespalten? Oder können wir uns darauf verlassen, dass unsere mephistophelischen Phantasien zum wertvollen Instrument werden können, wenn sie zum Beispiel konkordant zu ähnlichen, vielleicht noch unbewussten Phantasien in unseren Analysanden ablaufen? Ist unser faustisch-analytischer Forscherdrang Ausdruck unserer eigenen wissbegierigen, gesunden Psyche? Können wir darin sicher sein oder befürchten wir, heimlich eigene, perverse Gelüste zu befriedigen, und müssen wir uns deswegen vor uns selbst fürchten und schützen?

Vielleicht aber nehmen wir, wenn uns all diese Gedanken kommen, gerade auch das auf, was als gesunde Neugierde – Neugierde auch auf vielleicht bisher ängstlich vermiedene mephistophelische Seiten – in unseren Analysanden erwacht und was sich davon auf dem Weg von unbewusst zu unbewusst in uns in entsprechenden Phantasien, Befürchtungen und Empfindungen niederschlägt. Mit anderen Worten: wir bewegen uns an der Grenze unserer eigenen Möglichkeiten, reflektieren diese und sind unter Umständen gerade dabei, sie zu erweitern.

Freud hat mit seinem Zitat ein Schachtel-in-der-Schachtel-in-der-Schachtel-Motiv – ich meine damit: Freud hüllt sich in Goethes Zitat, Goethe lässt Mephisto sprechen, Mephisto hüllt sich in Fausts Mantel – gewählt, ohne dieses Vorgehen näher zu erläutern. Wir können wohl davon ausgehen, dass er damit zugleich das Verhältnis von bewusstem zu unbewusstem oder vorbewusstem Material ausgedrückt hat. Für das Thema, mit dem wir uns hier beschäftigen, ist bedeutsam, zu welch unterschiedlichen Ergebnissen wir kommen, je nachdem, wie viele Schachteln wir auspacken und vor welcher wir dann ängstlich-untätig, vielleicht verzagt, verharren.

Wir intervenieren sehr unterschiedlich, je nachdem, ob wir uns vor dem fürchten, was in uns an Gedanken und Gefühlen entsteht, und uns aus Furcht davor, zum Teufel zu werden, zurückhalten oder ob wir das »Teuflische« gemeinsam mit unserem Analysanden entdecken und auflösen wollen. Freuds Zitate lassen den Weg in all diese Richtungen offen. Heimann dagegen reagiert sehr eindeutig.

Zur 2. Linie:
Paula Heimann in einer teuflisch-direkten Deutung

Ein Beispiel solch »teuflischen« Agierens findet sich bei Paula Heimann (2016b [1978]). In ihrem Vortrag schlägt sie einen Bogen über 30 Jahre ihrer psychoanalytischen Arbeit hinweg, beginnend mit ihrem Vortrag »Zur Gegenübertragung« von 1950 (2016a, S. 113), in dem sie eine entscheidend neue Auffassung formulierte:

> »Unsere Grundannahme besagt, dass das Unbewusste des Analytikers das Unbewusste des Patienten versteht. Dieser Rapport auf der tiefen Ebene tritt in Gestalt von Gefühlen an die Oberfläche, die der Analytiker in Reaktion auf seinen Patienten empfindet, in seiner ›Gegenübertragung‹, welche Ausdruck einer in höchstem Maß dynamischen Rezeption der Stimme des Patienten ist.«

Heimann (2016a [1950], S. 114f.) gibt ein Beispiel, das sie jedoch in seiner Bezogenheit auf sie selbst (ihre Flucht aus Deutschland) offen lässt: sie berichtet, dass ihr Patient im Zusammenhang mit seiner Freundin

> »die Formulierung benutzte, sie habe ›schwere Zeiten‹ [›a rough passage‹, wörtlich: raue Überfahrt] hinter sich. [...] Der Traum offenbarte den Wunsch des Patienten, dass ich beschädigt sei (er pochte darauf, dass ich der Flüchtling sei, auf den die Formulierung ›rauhe Überfahrt‹, die er für seine Freundin benutzt hatte, zuträfe). Die Schuldgefühle wegen seiner sadistischen Impulse zwangen ihn zur Wiedergutmachung, doch diese Wiedergutmachung war masochistischer Natur: sie verlangte, dass er die Stimme der Vernunft und Vorsicht ausblendete. [...] Wenn sich eine Wiedergutmachung in einen masochistischen Akt verwandelt, weckt sie erneut Hassgefühle. Der Konflikt zwischen Destruktivität und Schuldgefühl bleibt ungelöst und setzt einen Teufelskreis in Gang.«

Heimanns Bearbeitung dieses klinischen Materials konzentriert sich auf die unbewussten Konflikte des Patienten. Mit Gill und im Hinblick auf Heimanns eigene Geschichte könnte durchaus eine Plausibilität der Wahrnehmung des Patienten insofern angenommen werden, als Heimann tatsächlich Belastungen im Sinne einer »rauen Überfahrt«, ihre Flucht aus Deutschland nach England, auszuhalten hatte. Heimann zog es 1950 (2016a) vor, ganz bei der Schilderung der Psychodynamik ihres Patienten zu bleiben. Dem Insistieren ihres Patienten, auf die Analytikerin träfe die »rauen Überfahrt« ebenso zu, folgt Heimann nicht.

Ganz anders in Heimanns Vortrag knapp 30 Jahre später. Die Autorin warnt uns gleich zu Beginn ihres Beitrags vor ihren »mephistophelischen« Seiten und entlastet sich damit ein wenig:

> »Durch eine ungeschickte Verknüpfung von Umständen wurde ich des Datums für meinen Beitrag erst gewahr, als es eigentlich bereits zu spät war. So ist bei meinen Formulierungen der wissenschaftliche Sekundärprozess, der das ursprünglich private Denken druckreif macht, etwas zu kurz gekommen. Die Gedanken, die ich nun zu Papier bringe, sind jedoch nicht von kurzfristiger Existenz« (Heimann, 2016b [1978], S. 416).

Also: einerseits entschuldigt sich Heimann dafür, dass sie dem Primärprozess freien Lauf lässt, andererseits liefert sie gleich im folgenden Satz eine Rechtfertigung dafür: offenbar war sie der Meinung, dass das, was sie zu Papier bringt, durchaus für die Nachwelt von Interesse sein wird, auch oder gerade weil sie sich mit ihren eigenen primärprozesshaften Reaktionen beschäftigt, die in diesem Fall in zunächst durchaus aggressiver Weise in die Behandlung gelangen. Sie berichtet aus der Analyse einer 65-jährigen Frau und unterstreicht, dass sie selbst noch älter ist. Interessant ist außerdem, zu welchem Anlass sie vorträgt, nämlich zum 70. Geburtstag von Alexander Mitscherlich, ihrem eigenen Lehranalysanden, vier Jahre vor sowohl ihrem als auch seinem Tod. Fast 40 Jahre, bis 2016, brauchte es, bis Heimanns denkwürdiger Vortrag, der in der Festschrift verborgen blieb, auf Deutsch der breiten Öffentlichkeit zugänglich gemacht wurde.

Heimann schreibt über die Wahrnehmung ihrer Patientin (2016b [1978], S. 422f.):

> »Wenige Wochen nach Beginn ihrer Analyse fiel mir die Wölbung ihres Abdomens besonders auf, während ihre Bemerkungen nichtssagend waren. Ich weiß nicht, ob sie gewollt oder ungewollt, bewusst oder unbewusst eine solche Position auf der Couch gewählt hatte, sodass der visuelle Eindruck geradezu überwältigend war.

2. Gegenübertragung und Gegenübertragungsenactment

Aber so empfand ich ihn. Ich erinnerte mich daran, dass sie sich vor einiger Zeit darüber beklagt hatte, sie könne nicht schlanker werden, was in der Tat nötig war. So sagte ich: ›Natürlich können Sie keine Diät halten, Sie sind ja im 5. Monat.‹ Die Patientin begann mit echter Entrüstung: ›Aber, Frau Doktor!‹ Es war klar, sie wollte den Satz mit der Kritik, ›Sie sind ja verrückt‹, vervollständigen. Aber sie kam nicht so weit. Sie verstummte, weil ihr plötzlich eine lang verdrängte Erinnerung kam. Das Erlebnis lag 37 Jahre zurück. Sie hatte eine Liaison mit einem Mann, den sie implicite als einen völlig unzuverlässigen Charmeur beschrieb. Sie hatte vor einiger Zeit eine Abtreibung gehabt, weil ihr Liebhaber der Ansicht war, es sei Unrecht, während des Krieges Kinder zu haben. [Es folgt eine Schilderung der unregelmäßigen Periode dieser Frau mit dem folgenden Ergebnis:] Sie konsultierte eine Ärztin, die sie für schwanger im 5. Monat erklärte und diese Schwangerschaft mit einer ganz entsetzlichen Operation beendete. [...]

Sie hatte diese Abtreibung nicht erwähnt, als sie bei einer früheren Gelegenheit von den vier Abtreibungen sprach, die sie durch diesen Mann erlebt hatte. [...] In meiner Deutung folgte ich regelwidrig meinem Gefühl, die verbalen Mitteilungen zu vernachlässigen und das Bild ihres Abdomens als wichtiger zu behandeln. Ich kann es natürlich nicht beweisen, aber ich bin davon überzeugt, dass die Patientin spontan nicht von dieser brennend wichtigen Abtreibung gesprochen hätte, und dass wir die Entwicklung der Analyse aufgehalten hätten. Ich bin auch davon überzeugt, dass das Klima der analytischen Situation durch mein Gefühl, ich dürfte einer natürlichen Beobachtung nicht folgen, sondern müsste mich in das Prokrustesbett der Regeln zwingen, schwer beeinträchtigt worden wäre.

Ein weiterer wichtiger Gesichtspunkt betrifft unser Alter. Die Patientin war 65 ½ Jahre alt und ich noch älter. Wir konnten uns beide den Luxus der Zeitverschwendung nicht leisten. [...] Wir können das Tempo der Analyse nicht willkürlich beschleunigen wie wir in der Tat nichts erzwingen können. Aber wir haben auch nicht das Recht, es willkürlich zu verlangsamen. Eine rasche Intuitivdeutung, die ins Schwarze trifft, ist sehr eindrucksvoll, muss aber mit Vorsicht beurteilt werden. Ihre Gefahren sind größer als die einer langsam erarbeiteten Deutung, die den Assoziationen des Patienten sorgfältig folgt. Für jede Deutung ist natürlich die Reaktion des Patienten der Prüfstein.«

In ihrer Deutungsarbeit entscheidet sich Heimann in diesem Fall eindeutig für den mephistophelisch-aggressiven Pol. Sie rechtfertigt ihr Vorgehen mit dem fortgeschrittenen Alter sowohl der Patientin als auch ihrer selbst: es war keine Zeit mehr, langfristig und allmählich Deutungsstrategien zu erarbeiten angesichts des Todes, der am Horizont erscheint. Ihrem knapp zehn Jahre jüngeren Lehranalysanden teilt sie in ihrem Vortrag etwas von ihren Gedanken zu Alter und Endlichkeit mit. Sie lässt gedanklich und analytisch »die Zügel schießen« und versucht zugleich auch immer wieder, diese erneut zu fassen. Ein spannendes Wechselspiel und wirklich bedeutungsvoll, angesichts ihres auch nicht mehr fernen Todes. Im Vergleich zu ihrer Haltung von 1950 können wir einen bedeutungsvollen Wandel beobachten: direkt und ohne Umschweife weist sie auf das Alter und die Endlichkeit ihres und des Lebens anderer hin. Sie erkennt diese Grundtatsache an, wohl ein triftiger Grund dafür, über die Notwendigkeit der Natürlichkeit als Analytikerin zu sprechen: ungeschminkt und ungeschützt und zu Ehren ihres Lehreranalysanden, also eines Schülers. Wie anders ist doch dieser Frankfurter Vortrag von Heimann im Vergleich zu Sigmund bzw. Anna Freuds Frankfurter Dankesworte anlässlich der Verleihung des Goethepreises knapp 50 Jahre zuvor!

Heimann hatte offenbar keine Angst, sich diesen Gedanken zu nähern, sie deutend auszusprechen, und auch wenig Bedenken, sie vor größerem Publikum vorzutragen und zu veröffentlichen. Implizit spricht sie mit dem Text aus: Wenn die Zeit knapp wird, muss die Etikette zurücktreten! Es gelingt ihr in dem Beispiel, den unbewussten Prozess ihrer Analysandin zu erreichen und durch ihre gewagte Deutung der Analyse eine Wendung zu geben. Immer wieder befinden wir uns in analytischen Situationen, in denen Kontinuität nicht weiter hilft, weil sich uns der entscheidende Punkt immer wieder entzieht. Plötzlich, unerwartet und dann meist zu unserer großen Überraschung taucht manchmal vor uns eine Ausgestaltung des Problems aus dem Unbewussten in Form von Agieren oder in einem Gegenübertragungsenactment auf. Nicht selten reagieren wir dann intuitiv und fragen uns erst danach, ob wir – angesichts eines Fauxpas – peinlich berührt sein müssen und ob wir nicht besser alles hätten für uns behalten und schweigen sollen.

Heimann plädiert mit Sätzen wie »In meiner Deutung folgte ich regelwidrig meinem Gefühl, die verbalen Mitteilungen zu vernachlässigen und das Bild ihres Abdomens als wichtiger zu behandeln« (2016b [1978], S. 423) oder »Eine rasche Intuitivdeutung, die ins Schwarze trifft, ist sehr eindrucksvoll, muss aber mit Vorsicht beurteilt werden« (ebd.) für ihr Vorgehen. Bereits in ihrer These von 1950 zur Kommunikation von unbewusst zu unbewusst, die wir über die Gegenübertragung erschließen und verstehen können, hat sie dies niedergelegt. Bedeutsam ist, dass sie unter der Zeitknappheit ihres zu Ende gehenden Lebens noch deutlich entschiedener, radikaler vorgeht. In ihrer unverhüllt zupackenden Deutungsstrategie, die sie zugleich »regelwidrig« empfindet, findet sie gleichwohl den entscheidenden Weg, den Zugang zum Unbewussten zu öffnen. Die Umstände dieser Analyse, Heimanns Kommentare dazu und ihr mit Ende 70 fortgeschrittenes Alter sprechen doch sehr dafür, dass sie die knappe Zeit auch wirklich nutzen wollte. Sie stellt damit sich und uns die Frage: Wie viel Zeit haben wir?

Implizit steckt in Heimanns Vortrag eine Entwicklung, die eine sich erst später wirklich durchsetzende aktive Technik vorwegnimmt. Es entwickeln sich aus dieser Quelle sowohl eine veränderte Auffassung von Abstinenz als funktionalem Prinzip als auch eine veränderte Haltung zu Gegenübertragungsenactments: diese werden als zunächst unbewusste Äußerung des Analytikers in Analogie zur zunächst unbewussten Äußerung des Analysanden verstanden. Gegenübertragungsgefühle einzuräumen, kann ebenfalls zu einem technischen Mittel werden, das Ermann (2014, S. 121) als »selektive Selbstenthüllung« begrüßt:

> »Aus der Außenperspektive ist die kontrollierte selektive Selbstenthüllung zum Inbegriff des intersubjektiven Ansatzes und insbesondere der relationalen Psychoanalyse geworden und hat viel Kritik hervorgerufen. Faktisch geht es aber um nicht mehr als ein behandlungstechnisches Konzept, das aus einem intersubjektiven Prozessverständnis heraus gut zu begründen ist.«

Wir müssen unsere Entscheidung für Aufklärung oder Verhüllung in jedem Moment der Analyse unter dem übergeordneten Blickpunkt von Transparenz, Teilhabe, Empathie und Schutz für unsere Analysanden und uns selbst neu treffen, neu bestimmen, damit es unseren Analysanden nicht so ergeht wie dem Schüler in Goethes Faust, der frustriert bemerkt: »Kann Euch nicht eben ganz verstehen.« Mephisto genügt noch ein »Das wird nächstens schon besser gehen, wenn ihr lernt alles reduzieren und gehörig klassifizieren.« Der Schüler gibt auf: »Mir wird von alledem so dumm, als ging' mir ein Mühlrad im Kopf herum« (Goethe (1971 [1808], Verse 1941–47).

Zur 3. Linie:
Ferenczi und die »Bewältigung der Gegenübertragung«

Sándor Ferenczis Auffassung von Gegenübertragung und (womit er seinen psychoanalytischen Zeitgenossen weit voraus war) Gegenübertragungsenactments formuliert er in seiner Arbeit von 1919 (S. 282f.):

> »Die übergroße Ängstlichkeit [...] ist nicht die richtige Einstellung des Arztes und erst nach Überwindung dieses Stadiums erreicht man vielleicht das dritte: nämlich

das der Bewältigung der Gegenübertragung. [...] Diese fortwährende Oszillation zwischen freiem Spiel der Phantasie und kritischer Prüfung setzt aber beim Arzt eine Freiheit und ungehemmte Beweglichkeit der psychischen Besetzungen voraus, wie sie auf einem anderen Gebiete kaum gefordert wird.«

Von dieser Äußerung ist es nicht weit bis zur Beschäftigung mit Ereignissen, in denen sich das Unbewusste des Analytikers ausdrückt. Die »ungehemmte Beweglichkeit« befördert den unbewussten Austausch, den Heimann beschreibt (2016a [1950], S. 113): »Unsere Grundannahme besagt, dass das Unbewusste des Analytikers das Unbewusste des Patienten versteht.« Dieser Austausch zwischen dem Unbewussten des Patienten und dem des Analytikers kann bisweilen auch in Gestalt von eigenem Agieren des Analytikers erfolgen, das dieser erst nachträglich reflektieren kann, eben weil Agieren zunächst unbewusst ist. Da es sich dann nicht selten um für die Behandlung relevante Gegenübertragungsenactments handelt, ist der Analytiker aufgerufen, diese für sich zu verstehen und davon, soweit es für die Transparenz in der Behandlung erforderlich ist, auch seinem Analysanden Mitteilung zu machen. Am Anfang steht jedoch das Überraschende, Überwältigende. Solche überraschenden, diskontinuierlichen Momente (zur Bedeutung von Diskontinuität vgl. Kapitel 4) treten oft an Schnittstellen zwischen der äußeren Realität einer Unterbrechung und der Bearbeitung der Phantasien dazu in der Analyse auf, zum Beispiel in letzten Stunden vor Unterbrechungen. Wulf Hübner (2012, S. 25f.) entwickelt, nachdem er überrascht wurde, eine – wie ich finde – gültige Klärung aus einem klinischen Beispiel, das ich hier wiedergeben möchte:

> »Es ist die letzte Stunde vor den Sommerferien (einer schon lange andauernden analytischen Psychotherapie); die Patientin und ich waren dabei, uns zu verabschieden; während wir uns die Hand geben, sagt sie plötzlich: ›Wo fahren Sie eigentlich hin?‹ – Nun geschieht mit mir Merkwürdiges. Ich habe das Gefühl, mir habe sich der Boden unter meinen Füßen entzogen, ich fühle mich in einem leeren Raum; die Wirklichkeit war hereingebrochen an dieser Grenze zwischen analytischer Situation und ›Draußen‹. Ich fühle die dringende Notwendigkeit, etwas zu tun. Ohne zu erwägen, antwortete ich: ›Erst nach Südfrankreich, wandern, dann nach Italien.‹ Sie strahlt mich an: ›Jetzt habe ich mich das erste Mal getraut, Ihnen eine Frage zu stellen.‹«

Hübner führt aus, dass es der Patientin durch diese Interaktion möglich wurde, sich – gemeinsam mit ihrem Therapeuten und an der Grenze nach »draußen« – wirklich zu fühlen, lebendig, aktiv und authentisch. Auf seine theoretischen

2. Gegenübertragung und Gegenübertragungsenactment

Überlegungen, die er im Rückblick, also nach dem Urlaub, anstellt und durch die er nachträglich seine hier wiedergegebene, direkte Antwort erläutert, gehe ich unten ein. Für Hübner geht von dieser Sequenz eine entscheidende Wendung in der Behandlung aus. Auch nachträglich, nach gebührender Reflexion, ist er mit sich im Einklang, diese ihn selbst komplett überraschende Antwort so gegeben zu haben, und erläutert seine Gründe für sein intuitives und direktes Vorgehen. Intuitiv war er an dieser Stelle der Behandlung, am Übergang in die längere Unterbrechung, sehr offen. An dieser Schnittstelle sind er und seine Patientin beide beteiligt, beide gleichermaßen und gleichzeitig außen und innen, bezogen auf die Behandlungssituation.

Hübner geht auf die Besonderheit und die Auswirkung eines solchen Gegenübertragungsenactments ein. Er schreibt (2012, S. 25; Hervorhebung im Original):

> »Gegenübertragungsenactments hatten wegen der darin unbewusst verwirklichten Triebbefriedigung als skandalös und unerwünscht gegolten. Anerkennungsakte sind weniger umstritten als Berührungen. Denn dem Akt der Anerkennung der eigenen Subjektivität und damit auch der des Patienten ist Triebhaftes fern, so fern wie Hoffart beim Gebet um Demut. Nur einer, der, salopp ausgedrückt, zu sich und den Äußerungen seines Unbewussten steht, sich anerkennt, kann den Anderen im emphatischen Sinn anerkennen. [...] Anerkennungsakte können engagiert, aber nicht unsublimiert Triebkraft sein (man denke an das Gebet um Demut), Gegenübertragungsenactments dagegen sind es immer. Sie führen immer *auch* eine rätselhafte, unbewusste sexuelle Botschaft mit sich. Es sind Berührungen, prekäre Gefühlsgeschenke vom Anderen.«

Hübner diskutiert danach, dass es für besonders schwer gestörte Patienten und Analysanden unabdingbar notwendig werden kann, dass der Analytiker seine Gegenübertragungsreaktionen sehr sorgfältig erforscht. Auch Heimann (2016b [1978], S. 423) wies darauf hin: »Für jede Deutung ist natürlich die Reaktion des Patienten der Prüfstein.« Nun aber sind Gegenübertragungsenactments per definitionem zunächst unbewusst. Sie können aus diesem Grunde auch nicht bewusst intendiert werden oder gar die analytische Regel sein. Allerdings lässt sich eine Gesetzmäßigkeit dergestalt formulieren, dass einmal eingetretene Enactments sorgfältig auf ihren Gehalt hin untersucht werden müssen. Dies schließt durchaus die unangenehmen Seiten bezüglich einer Selbsterforschung des Analytikers ein.

Enactments bleiben unbewusst gesteuert, auch die Gegenübertragungsenactments des Analytikers entziehen sich der bewussten Kontrolle. Sie bleiben unbewusst motiviert und tauchen quasi aus dem »Nichts« des Unbewussten auf. Anders steht es um die nachträglichen Bearbeitungsmöglichkeiten, bei denen die Aufklärung der unbewussten Zusammenhänge ganz im Vordergrund steht. Die Ergebnisse der gemeinsamen Analyse müssen ausreichend transparent gemacht werden, weil sie für den Patienten von Bedeutung sind. Hierbei gewinnen Irrtümer eine besondere Bedeutung im Dialog. Ogden (2006, S. 42) unterstreicht dies mit den Worten seines Patienten: »Am nächsten fühle er sich mir nicht dann, wenn meine Deutungen zuträfen, sondern wenn ich im Unrecht sei und daneben liege.«

Modifikationen unserer Behandlungstechnik können aus der Nacharbeit nach überraschenden, diskontinuierlichen, irritierenden Gegenübertragungsenactments unsererseits entwickelt werden. In sorgfältiger analytischer Arbeit entdecken wir bisweilen neue, zuvor lange Zeit verborgene Übertragungsmomente oder abgewehrte Gegenübertragungsempfindungen (vgl. Kapitel 3: Mein Gegenübertragungswiderstand dagegen, in der Übertragung zum »Vergewaltiger« zu werden). Wir können dann überlegen, wie wertvoll es für unsere Patienten ist, davon Kenntnis zu erhalten. So weist auch Ermann darauf hin, dass der intersubjektive Ansatz der Psychoanalyse eine Starrheit in ein flexibleres behandlungstechnisches Konzept hinein auflöst. Mitteilungen an den Patienten werden davon abhängig gemacht, welcher klinische Nutzen daraus für ihn entstehen kann. Hierfür gilt natürlich auch, dass eine Überprüfung an der Reaktion des Patienten erfolgt.

Funktionale Abstinenz

Ermann formuliert die Auffassung, dass auch Abstinenz kein Wert an sich sei, sondern funktional aus dem Verlauf der Analyse zu verstehen und anzuwenden bleibe (vgl. hierzu Ermann, 2014, S. 121):

> »Aus intersubjektiver Sicht ist diese Regel [des klassischen Abstinenzprinzips], die oft sehr starr gehandhabt wurde, durch ein funktionales Prinzip ersetzt worden. Danach hat der Analytiker je nach Lage der Dinge zu entscheiden, ob, wie weit und in welcher Form er auf Wünsche und Begehren des Patienten eingeht, um anschließend zu untersuchen, wie der Patient sein Verhalten verarbeitet.«

Abstinenz kann sinnvoll nur vor dem Hintergrund des jeweils spezifischen psychoanalytischen Prozesses definiert werden.

Durch das Prinzip funktionaler Abstinenz verändert sich die Atmosphäre in Therapien oder Analysen erheblich: Patienten fühlen sich gesehen und ermutigt, auch *die* Fragen zu stellen, von denen sie zunächst dachten, sie seien unzumutbar. Es gelingt dadurch, gerade auch die Bereiche zu erreichen, die durch Beschämungsängste versiegelt waren und zu denen durch eine abweisend-abstinente Haltung der Zugang erschwert wurde. In dem kleinen Beispiel von Hübner wird deutlich, wie befreiend es für Patienten sein kann, wenn unsere analytische Technik eine andere Richtung nimmt, wenn wir als Analytiker an dieser Stelle offen vorgehen. Es bleiben Fragen: Welchen Nutzen hat der Patient/Analysand von der Mitteilung, die wir ihm gemacht haben? Wir wissen bisweilen nicht, ob wir auf eine interessierte, überraschte Reaktion stoßen, seinen assoziativen Gang stören, ob wir ihn in seinen Vorstellungen von uns desillusionieren, bisher abgewehrte Affekte bei ihm auslösen oder schlicht erfahren, dass ihm das alles, was wir ihm mitteilen, längst bekannt ist.

Unsere diesbezüglichen Nachfragen beziehen Analysanden und Patienten transparent mit ein. Wir erfahren im Dialog viel über den Stand der gemeinsamen Arbeit und erreichen ein weiteres, wichtiges Ziel der Analyse: Interaktion und Kommunikation bleiben im Bereich des Natürlichen, was eine Voraussetzung dafür ist, dass die unbewussten Regungen unserer Patienten sich hervortrauen und schließlich von uns gemeinsam betrachtet werden können. Wir kennen die unnatürlich-aufgeladene Spannung, die entstehen kann, wenn der Analytiker sich und seine Sicht allzu sehr verbirgt und der Analysand verzweifelt nach der Person dahinter suchen muss.

Transparenz und Teilhabe in Gegenübertragung und Gegenübertragungsenactments

Für Gabbard (1995) galten das Verständnis und die Bearbeitung der Gegenübertragung als ein neuer gemeinsamer Grund, auf den sich die verschiedenen Schulen und Richtungen der Psychoanalyse seiner Meinung nach einigen könnten. Gabbards mittlerweile über 20 Jahre alte Auffassung scheint sehr optimistisch, wenn man betrachtet, wie unterschiedlich Psychoanalytiker aktuell mit der Gegenübertragung und Gegenübertragungsenactments umgehen: die Sichtweisen, wie offen man mit seiner Gegenübertragung verfährt, differieren stark. Das gleiche gilt für Gegenübertragungsenactments: Jacobs' (1993) Ansicht, dass es sich um einen gültigen Weg handelt, die Innenwelt des Patienten zu verstehen, wurde von Renik (1993) unterstützt. Ogden entwickelte daraus eine eigene, weiterführende intersubjektive Sicht, in der gerade auch die Gegenübertragungsgedanken, die aus der *privaten* Welt des Analytikers zu kommen scheinen, in ihrer reflektierten Form von großer Bedeutung für den Patienten sein können (vgl. Ogden, 2006).

Freud (1912e, S. 381f.) spricht in den »Ratschlägen« vom Receiver als Modell für das Funktionieren des Analytikers:

> »[I]n eine Formel gefasst: er soll dem gebenden Unbewussten des Kranken sein eigenes Unbewusstes als empfangendes Organ zuwenden, sich auf den Analysierten einstellen wie der Receiver des Telefons zum Teller eingestellt ist. Wie der Receiver die von Schallwellen angeregten elektrischen Schwankungen der Leitung wieder in Schallwellen verwandelt, so ist das Unbewusste des Arztes befähigt, aus den ihm mitgeteilten Abkömmlingen des Unbewussten dieses Unbewusste, welches die Einfälle des Kranken determiniert hat, wiederherzustellen.«

Die Vielschichtigkeit von Freuds Spiegelmetapher habe ich im einleitenden Kapitel bereits erläutert; die Receiver-Metapher hat ein ähnliches Schicksal erfahren. Die Rezeptionsgeschichte, dies trifft sowohl auf die Spiegel- als auch auf die Receiver-Metapher zu, verwandelte aus einem Bild, das eine gewisse Annährung liefern sollte, eine kanonisierte Verhaltensaufforderung. Ich habe Grubrich-Simitis' (2007) Hinweis aufgegriffen, dass Freuds eigene Behandlungspraxis sich deutlich von dem unterschied, was Freuds Schüler aus den Metaphern glaubten, ableiten zu sollen.

Heimann hat die Gegenübertragung und in gewissem Sinne damit auch das Enactment in der Gegenübertragung vom Kopf auf die Füße gestellt und dabei betont, dass die Natürlichkeit als oberstes Prinzip der Interaktion auch in psychoanalytischen Behandlungen Bestand hat. Hübner (2012) verteidigt diesen Grundsatz gegenüber einer – aus seiner Sicht – einengenden, kleinianischen Auffassung. Zur Charakterisierung dieser kleinianischen Sicht dienen ihm zwei Zitate aus einer Arbeit von Krejci (2009, S. 401): »Dem Analytiker ist es nicht erlaubt, seine Funktion zu verlassen und sich ›einfach als Mensch‹ zu verstehen und zu äußern.« Und an anderer Stelle (S. 400):

> »[Der] Entzug von unmittelbar geäußerter Teilnahme an dem, was der Patient mitteilt, wäre außerhalb des Rahmens eine grobe Unhöflichkeit und Zurückweisung. Innerhalb des Rahmens schafft er jedoch Spielraum für etwas Neues, was außerhalb der Beziehungserwartung des Patienten liegt, dafür aber Licht auf die Vorgänge wirft, die sich im Hier und Jetzt ereignen.«

Hübner stellt Krejcis Ansicht infrage (2012, S. 18): »Ich meine, zur Behandlung frühgestörter Patienten gehört unbedingt die Bereitschaft, Ausnahmen von dieser Regel zuzulassen.« Er äußert sich nicht explizit zu dem Anspruch von Krejci, sich selbst über die üblichen Konventionen menschlicher Kommunikation zu stellen und dies vom vermeintlich höheren Gut der Analyse her zu begründen. Krejcis Formulierung, dass der Analytiker nicht »einfach als Mensch« funktionieren dürfe, führt unmittelbar zur Frage: Als was denn sonst?

Dass es hierzu aber auch unter Kleinianern durchaus unterschiedliche Auffassungen gibt, zeigt eine Formulierung von Irma Brenman Pick (2013, S. 46, Hervorhebung im Original):

»Stellen wir uns einen Patienten vor, der besonders gute oder besonders schlechte Neuigkeiten bringt: sagen wir die Geburt eines Babys oder einen Todesfall in der Familie. Ein solches Ereignis mag zwar vielschichtige Probleme aufwerfen, die eine sorgfältige Analyse erfordern, zunächst jedoch möchte der Patient vielleicht gar keine Deutung, sondern eine Reaktion; Freude und Kummer sollen gemeinsam geteilt werden. Und dies kann genau das sein, was der Analytiker intuitiv auch möchte. Wenn wir nicht in der Lage sind, dies *in* unserer Deutung wirklich anzuerkennen, dann wird aus der Deutung selbst entweder eine frostige Zurückweisung, oder wir verzichten ganz auf sie und fühlen uns gezwungen, nicht-deutend zu agieren und ›menschlich‹ zu sein. In diesem Fall helfen wir dem Patienten nicht, mit dem Analytiker die Erfahrung zu teilen, dass die Deutung selbst kein ideales Objekt darstellt; das heißt, statt dass wir die depressive Position innerhalb des analytischen Rahmens mit ihm gemeinsam teilen, erfolgt eine frostige Reaktion oder eine nicht-deutende Abschweifung.«

Die Offenheit des Analytikers und seine Fähigkeit und Bereitschaft, diese Offenheit zu reflektieren, das heißt transparent zu analysieren, sind unabhängig von seiner theoretischen Ausrichtung die entscheidenden Voraussetzungen dafür, dass er dem Patienten das Geschehen in der Behandlung transparent machen kann. Dies wiederum führt zur Möglichkeit optimaler Teilhabe des Patienten am psychoanalytischen Prozess und verbessert sowohl den Prozess als auch seine Ergebnisse entscheidend. Möglicherweise muss vor diesem Hintergrund auch das Schweigen des Analytikers neu betrachtet werden: durch sein Schweigen verhindert der Analytiker bisweilen Austausch und Offenheit. Wenn und insoweit der Analytiker der Überzeugung ist, dass es besser für den angestrebten analytischen Prozess ist, dass er schweigt, kann er dies in angemessener Form seinem Analysanden oder Patienten auch mitteilen. Ähnliches gilt für Abstinenz, wie ich oben ausgeführt habe. Da diese andere Form der Kommunikation in der Psychoanalyse für Patienten gewöhnungsbedürftig und erklärungsbedürftig ist, macht es Sinn, darauf – besonders zu Beginn einer Behandlung – gegebenenfalls wiederholt einzugehen. Ich habe die Erfahrung gemacht, dass Patienten auf meine Erklärung dankbar und mit verbessertem Verständnis für die Vorgänge in der Analyse reagieren und aktiv daran teilhaben, wenn sie informiert sind.

Das Nachdenken über Transparenz und Teilhabe kann uns zeigen, wie sehr sich über die Jahrzehnte, über ein Jahrhundert hinweg, die Haltung gegenüber den Gefühlen, dem Enactment und den Äußerungen des Analytikers verändert haben. Wofür Freud noch verklausuliert Mephisto zitiert, drückt Heimann (2016b [1978], S. 422) ihre Phantasie der 65-jährigen Patientin gegenüber in brutaler Direktheit aus: »Natürlich können Sie keine Diät halten, Sie sind ja im 5. Monat.« Was zunächst bei ihrer Patientin verständliche Empörung auslöst.

Heimanns durchaus aggressives Vorgehen erscheint gerechtfertigt durch einen Blick auf eine Theorie der Psychoanalyse, nach der sich die Außen-Innen-Dichotomie auflöst. In Heimanns Beispiel (s. »Zur 2. Linie: Paula Heimann in einer teuflisch-direkten Deutung«) wird klar, dass die Analytikerin gleichzeitig sowohl aus der Bewusstheit ihres *eigenen* fortgeschrittenen Alters als auch aus ihrer Kenntnis der unbewussten Prozesse *ihrer Analysandin* spricht. Darin liegt eine Gemeinsamkeit und Gleichzeitigkeit zwischen Analytikerin und Analysandin. Buchholz und Gödde (2013) gehen auf diesen Zusammenhang theoretisch näher ein: sie lösen die Außen-Innen-Dichotomie auf und sprechen von Resonanz. Resonant wären die beiden älteren Damen, die in Heimanns Beispiel beide gleichzeitig heftig verwickelt sind in das Thema »Abschiednehmen im Alter«. Darin liegt vermutlich der Grund dafür, dass sich Heimann traut, so forsch zu deuten, und sich auch traut, diese Deutungen zum 70. Geburtstag ihres Lehranalysanden vorzutragen: beiden, Lehranalytikerin ebenso wie ehemaligem Lehranalysand, bleiben nach dem Vortrag nur noch vier Jahre Lebenszeit!

Meine Auffassung vom psychoanalytischem Prozess, die Transparenz und Teilhabe als wichtige Bestimmungsstücke versteht, führt zu einem offenen Umgang mit Gegenübertragung und Gegenübertragungsenactments. Wenngleich eindeutig ist, dass Gegenübertragungsenactments immer erst im Nachhinein verstanden werden können – und verstanden werden müssen! –, besteht dennoch ein breites Spektrum unterschiedlicher Auffassungen darüber, welchen Stellenwert die Gegenübertragung, deren aktive Verwendung und das Aussprechen von Gegenübertragungsgefühlen und -gedanken in einer analytischen Behandlung haben kann und haben soll. Während es vor allem in der Vergangenheit Auffassungen gab, die verlangt haben, dass die Gegenübertragung vollständig und ausschließlich vom und im Analytiker reflektiert wird, sprechen neuere Überlegungen dafür, flexibel damit umzugehen und durchaus – wenn dies zur Erhellung des Unbewussten unabdingbar ist – Gegenübertragungsgefühle und -gedanken nicht nur wahrzunehmen, sondern sie dem Patienten auch zur Verfügung zu stellen. Manche Selbsterkenntnis wird dem Patienten erst hierdurch möglich. Die entscheidenden Beiträge von Heimann öffnen das Feld für eine Veränderung, die auch die Abstinenz einbezieht und – im Sinne von Ermann – zu einer flexiblen funktionalen Abstinenz führt. Ich meine: Es ist auch ein Gebot der Bescheidenheit, wenn wir davon ausgehen, dass auch unsere Patienten und Analysanden Wichtiges beizutragen haben und wir nicht alles selbst überblicken können.

Im Lichte dieser Überlegungen möchte ich einige Gedanken zu der bisher im Buch vorgestellten und den noch folgenden Vignetten artikulieren: In der Einleitung schreibe ich davon, auf welchem Weg ich zu dem Entschluss gelangt bin, meinem Patienten meine Assoziation vom »steinernen Gast« mitzuteilen. Wir stehen oft vor derartigen Situationen: bevor wir nicht durch nachträgliche Bearbeitung geklärt haben, welche Bedeutung unsere mitgeteilten Assoziationen für unsere Patienten haben, können wir nicht sicher sein, ob es eine weiterführende Verbindung gibt. Es gibt keine Garantie, dass wir uns auf der sicheren Straße der Kommunikation von unbewusst zu unbewusst bewegen; ebenso gut kann sich herausstellen, dass wir uns aus eigenen Abwehrgründen von unserem Patienten entfernt haben. Ich bewegte mich in dem Moment auf dünnem Eis. Die Erfahrung mit uns selbst und unseren Patienten mag uns als Leitlinie hilfreich sein, sie belässt aber ein hohes Maß an Ungewissheit und Unsicherheit auf unserer Seite. Das ist unvermeidlich. In der Vignette vom »steinernen Gast« zeigt die weitere Entwicklung, wie hilfreich es war, dass ich meine Assoziation auch wirklich aussprach.

Anders verhält es sich mit dem Patienten, den ich in Kapitel 6 darstelle, der – an meinem Schreibtisch neben mir stehend – ein Taxi ruft und dabei »Dr. Dreyer« wird: ein Übergriff auf meine Praxiseinrichtung und meine Identität! Wir können es als Gegenübertragungsenactment auffassen, dass ich nicht eingeschritten bin und das Telefonat nicht unterbunden habe. Auch an dieser Stelle gibt es keine Gewähr dafür, welches Vorgehen das zielführende ist: ein Telefonat zu unterbinden würde möglicherweise anderes Agieren des Patienten an anderer Stelle hervorrufen und darüber die dahinterliegende Konflikthaftigkeit darstellen. Ebenso gut könnte der unbewusste Konflikt über andere Formen (Träume, Erzählungen usw.) in die Analyse kommen, wenn die Konfliktspannungen dafür weit genug heruntergeregelt ist. Andererseits zeigt gerade die Impulsivität des Ausbruchs meines Patienten, er war im ganzen Ablauf sehr getrieben und aus dieser Getriebenheit heraus auch bedrängend, die ganze Not seines Innenlebens, die dann aufgenommen, verstanden und dadurch von mir contained werden kann. Auch das würde gegebenenfalls über andere Wege gelingen. Dann würde jedoch viel von der Unmittelbarkeit verloren gehen, auf die es ankommt und die für den weiteren analytischen Prozess entscheidend wird: im Ablauf war es mir hier wichtig, spontan aufzunehmen, was mein Patient mir überträgt. Ich zensiere nicht, bleibe aber offenkundig in meinem Unbehagen bezüglich der Situation für ihn wahrnehmbar. Wichtig erscheint mir auch, dass diese Form von Agieren in diesem Fall nur einmal auftrat und das Agieren insgesamt im Verlauf der Analyse abklingt.

Beide Vignetten lassen, wie wir dies gewohnt sind, verschiedene Lesarten zu, ohne dass zwingend entschieden werden könnte, welche Lesart »richtig« ist. Es geht vielmehr um die für die jeweilige Dyade passende Konstellation, die dem Prozess und seiner Fortführung durch diese beiden Menschen angemessen ist.

Transparenz und Teilhabe sind nach meiner Auffassung Ausdruck einer flexiblen, am Wohl des Patienten oder Analysanden orientierten Haltung. Offenheit einerseits und Zurückhaltung andererseits stehen im analytischen Prozess permanent in einem dialektischen Verhältnis und in jedem Moment der Behandlung ist neu zu klären, welches Maß an Offenheit und Teilhabenlassen dem Fortschritt der Analyse dient. In manchen Fällen, insbesondere nach einem Fehler, ist ein transparenter Umgang mit den eigenen Gegenübertragungsgefühlen der vielleicht einzige Weg, um aus einer schwierigen Situation wieder herauszufinden. Im Zweifel entscheide ich mich für die Transparenz, weil hierdurch in der Regel mehr Wege offen gehalten werden und ich eher darauf hoffen kann, dass der analytische Prozess von meinem Vorgehen profitiert.

Meine Gedanken möchte ich im folgenden Kapitel ausführlicher an einer schwierigen Behandlung erläutern.

3. Die schwierige Behandlung – Transparenz und Teilhabe, Setting und Frequenz

In diesem Kapitel möchte ich darlegen, wie sich eine Haltung von Transparenz und Teilhabe auf die Festlegung der Behandlungsfrequenz und erforderliche Wechsel der Frequenz auswirkt. Ich veranschauliche dies, indem ich die Geschichte der niederfrequenten Behandlungen und die Diskussion um Frequenzwechsel in meinen theoretischen Teil dieses Kapitels aufnehme. Vor dem Hintergrund der dargestellten Theorie lassen sich dann die Möglichkeit des Frequenzwechsels und dessen Implikationen besser diskutieren.

Anlass für mich, diese Überlegungen aufzunehmen, ist das unter Analytikern erfreulich gewachsene Interesse an Behandlungsmöglichkeiten in allen Frequenzen. Im einleitenden Satz zum Buch von Dreyer und Schmidt (2008) formulierten wir noch: »Die niederfrequente psychoanalytische Psychotherapie erfährt in der wissenschaftlichen Diskussion unter Psychoanalytikern nicht die Aufmerksamkeit, die ihrer Bedeutung in der klinischen Praxis entspricht.« Heute ist dagegen festzustellen, dass die Bewusstheit und Aufmerksamkeit für die Leistungsfähigkeit in der niederen Frequenz gewachsen und als Folge davon eine erfreuliche Flexibilisierung in der Frequenzwahl zu beobachten ist.

Ich werde meine Überlegungen nach meinen theoretischen Ausführungen mit dem Beispiel einer schwierigen Behandlung illustrieren, bei der eine Traumatisierung des Patienten starke Auswirkungen auf die Übertragungsentwicklung hat. Die Behandlung, über die ich berichte, gehört zu denjenigen, bei denen sich eine sehr lange einleitende Phase der Behandlung in Niederfrequenz vermutlich nicht abkürzen lässt, weil sich erst allmählich ein erkennbarer Übertragungsprozess entwickelt. In dieser Behandlung haben sich mir meine eigenen inneren Hemmnisse in den Weg gestellt. Es gelang mir schließlich, die Übertragungsangebote anzunehmen, woraufhin in großer Intensität die Dramatik der lebensgeschichtlichen Ereignisse meines Patienten aufleben konnten und wir anschließend die Möglichkeit hatten, sie produktiv zu bearbeiten.

In solchen Behandlungen stellen sich nicht selten schwierige Fragen: Wie lange und wie intensiv können wir psychoanalytisch arbeiten und reicht das zur Behandlung der Krankheit des Patienten? Können wir das Trauma auflösen? Reicht der Rahmen der Kassenfinanzierung aus, um das Behandlungsziel zu erreichen? Wir stehen also vor der Aufgabe, die Erfordernisse einer erfolgreichen Krankenbehandlung in Einklang zu bringen mit den Möglichkeiten und Grenzen unseres Krankenversicherungssystems sowie unseren Vorlieben und Abneigungen in unserer Arbeitsweise als Psychoanalytiker. Wir müssen die Meinung unserer Patienten zu dem vorgeschlagenen Rahmen und die Auswirkungen des Unbewussten auf den psychoanalytischen Prozess unter einen Hut bringen.

Dieses Kapitel ergänzt in gewissem Sinn auch das Buch von Wegner und Henseler (2013), in dem die Autoren Ausschnitte aus hochfrequenten Psychoanalysen durch ausführliches Fallmaterial illustriert haben. Es geht mir hier darum, das Kontinuum und die wechselseitige Ergänzung zwischen niederer und hoher Frequenz in allen Abstufungen zu betrachten und daraus Konsequenzen für unsere Behandlungspraxis, unsere Ausbildung und die Sicht auf unsere Methode zu ziehen: die aktuelle Aufgabe besteht darin, die angemessene und unter den gegebenen Umständen umsetzbare Frequenz herauszufinden und zu diskutieren. Ideologisch eingefärbte Vorgaben treten in der Praxis dann in den Hintergrund: alle Frequenzen – auch der Wechsel innerhalb einer Behandlung – können sinnvoll sein und miteinander kombiniert werden, wenn die Gründe dafür gut reflektiert sind. Einschränkungen der Gesamtbehandlungsmöglichkeit sind von der Beschränkung durch Kassenkontingente zu erwarten, da kaum einer unserer Patienten eine komplette Analyse privat finanzieren kann.

Kurz nennen möchte ich drei Beispiele aus meiner psychoanalytisch-psychotherapeutischen Praxis mit ihren spezifischen Schwierigkeiten, um daran zu zeigen, wie vielgestaltig Frequenzwahl und Behandlungsdauer variieren können:

1. Eine Patientin mit einer lebensbedrohlichen Purpura war bei mir über einen Zeitraum von sechs Jahren und insgesamt 300 Stunden in niederfrequenter Behandlung (für eine ausführliche Darstellung s. Dreyer, 2006). Sie ist mittlerweile seit über zehn Jahren rezidivfrei und verdankt die Tatsache, dass sie überhaupt noch lebt, mit hoher Wahrscheinlichkeit der analytischen Psychotherapie.
2. Seit über zehn Jahren behandle ich zweistündig eine Patientin mit einer bipolaren Ultra-rapid-cycling-Störung, bei der die so schwer beeinflussbare Symptomatik des Ultra-rapid-Cycling (das sich vermutlich bis in die

Transmitterebene hinein körperlich manifestiert) durch die spezifisch psychoanalytische Technik weitgehend aufgelöst und entscheidende Veränderungen ihrer krankmachenden Lebenssituation erreicht werden konnten. Über die gesamte Behandlungszeit blieb die medikamentöse Begleitbehandlung konstant, die nach anfänglichem Experimentieren gefunden wurde und deren Einfluss auf den Behandlungserfolg letztlich fraglich bleibt.

3. Über zwei Jahrzehnte konnte ich in durchgehend hochfrequenter, vierstündiger Behandlung beobachten, wie sich die Persönlichkeit eines Patienten in der Analyse entfaltete. Er litt zu Beginn unter einer basalen depressiven Störung, war in sich eingeschlossen in seiner Tagtraumwelt und psychosegefährdet. Er erreichte schließlich ein erfülltes Leben, eine glückliche Beziehung und erfolgreiche Teilhabe am Leben.

Den drei Behandlungen ist gemeinsam, dass sie zu Beginn nicht erfolgversprechend aussahen und schließlich doch zu einem – auch von mir so nicht erwarteten – Erfolg wurden. Ihnen ist ebenso gemeinsam, dass sie erfolgreich verliefen, nachdem ich meine eigenen Ängste bewältigt hatte, in Hinsicht darauf,
➢ ob meine Patientin im ersten Beispiel die Behandlung überhaupt überlebt,
➢ ob ich dem Störungsbild im zweiten Beispiel gewachsen sein werde,
➢ ob ich im dritten Beispiel überhaupt Veränderung erreichen kann.

Zwei dieser Behandlungen waren niederfrequent, eine hochfrequent; die Zahl der Beispiele für große Variationen in Frequenz und Behandlungsdauer ließe sich beliebig verlängern. Ich schließe daraus für meine psychoanalytische Tätigkeit, dass es sinnvoll und notwendig ist, durch alle Frequenzen hindurch behandeln zu können; das schließt ein, auch junge Kollegen in dieser Fähigkeit auszubilden. Im »Arbeitskreis niederfrequente psychoanalytische Psychotherapie« der Deutschen Psychoanalytischen Vereinigung (2005–2007) konnten wir wesentliche Bestimmungsstücke für eine gelungene niederfrequente psychoanalytische Arbeit zusammentragen und veröffentlichen (vgl. Dreyer & Schmidt, 2008). Immer noch gilt: Die geeignete Frequenz zu finden, ist eine Herausforderung.

Aus einer Untersuchung der Internationalen Psychoanalytischen Vereinigung (2005) geht hervor, dass Behandlungen mit einer Frequenz von zwei Sitzungen in der Woche unter erfahrenen Psychoanalytikern weltweit das am häufigsten angewandte Setting war. Die Internationale Psychoanalytische Vereinigung (IPA) kommentierte damals erstaunt: »These are striking findings, because they show how actual practice differs significantly from espoused norms.« Ähnliche Ergebnisse erbrachte zuvor bereits die sogenannte Prognos-Studie für Deutschland: Nach Schmid (1988) fanden 66,5 Prozent der Therapien von Psychoanalytikern mit einer oder zwei Wochenstunden statt, ein Viertel (25,2%) mit drei oder vier Wochenstunden. In seltsamem Widerspruch zur propagierten Überzeugung, nach der die niederfrequente psychoanalytische Psychotherapie eher als geringer wertig betrachtet wird, erfreut sie sich offenkundig seit Langem uneingeschränkt und weltweit größter Beliebtheit. Diese Fakten tragen dazu bei, einen Graben zuzuschütten, der lange Zeit zwischen hochfrequenter Psychoanalyse und niederfrequenten psychodynamischen Anwendungen bestand, wie zum Beispiel der tiefenpsychologisch fundierten oder der niederfrequenten analytischen Psychotherapie.

Nun möchte ich einen Schritt weiter gehen: In unserem psychoanalytischen Denken und Handeln brauchen wir nicht länger festgeschriebene Referenzmodelle, auf die wir uns in unserer Praxis und in der Ausbildung stützen. Alle Varianten sind – sorgfältige Reflexion natürlich immer vorausgesetzt – gleich valide und sinnvoll: weder eine hochfrequente noch eine niederfrequente psychoanalytische Psychotherapie sind länger als Referenzmodell alleine brauchbar. Die realen Gegebenheiten und Lebensumstände bestimmen häufig die Wahl der Frequenz. Es ist mitunter unvermeidlich, dass große Not dadurch Linderung erfährt, dass der Psychoanalytiker seinem Patienten im verfügbaren Rahmen vielleicht zunächst nur eine Wochenstunde – aber diese wenigstens sicher – anbietet. Die Entwicklung zu höherfrequentem Arbeiten ergibt sich später von selbst, wenn dies indiziert und finanziell sowie vom Gesamtbehandlungsrahmen her sinnvoll und notwendig erscheint. Bezogen auf die Frequenzwahl ergibt sich eine große Bandbreite von Möglichkeiten. Frequenzwechsel sind nicht länger ein Nachteil in Psychoanalysen, sondern Resultat sorgfältiger Überlegungen und Abwägungen.

Zur Geschichte der niederfrequenten psychoanalytischen Psychotherapie

Am ehesten kann die Arbeit *Entwicklungsziele der Psychoanalyse – Zur Wechselbeziehung von Theorie und Praxis* (1924) von Ferenczi und Rank als Ausgangspunkt für die Entwicklung der niederfrequenten psychoanalytischen Verfahren angesehen werden. Darin wurden zum ersten Mal die Unterschiede zur hochfrequenten Psychoanalyse beschrieben. Diese sind:

➢ ein konstruktiver Umgang mit der Zeitbegrenzung

➢ eine aktivere Technik
➢ eine Orientierung an einem Fokus
➢ eine Beschreibung der zentralen Bedeutung der emotionalen Erfahrung

Diese Bestimmungsstücke finden sich auch noch in den späteren und in aktuellen Konzepten niederfrequenter psychoanalytischer Psychotherapie. Aus der Vielzahl der Autoren und Ansätze möchte ich herausgreifen: Alexander und French (1946), M. Balint, Ornstein und E. Balint (1972), Klüwers Fokaltherapie (2005), Küchenhoffs PAKT (2005), Clarkins, Yeomans' und Kernbergs Transferend Focused Psychotherapy (TFP) (2008), Allens und Fonagys Mentalisation-Based Treatment (MBT) (2006).

Neben der schwierigen Geschichte im Verhältnis von Psychoanalyse und Psychotherapie (Eisold, 2005, nennt es »a long and troubled history«) gibt es für die Konzept- und Diskursgeschichte der niederfrequenten psychoanalytischen Psychotherapie in Deutschland einen weiteren Faktor, durch den ein tiefer Einschnitt erfolgte: mit der Einführung der Psychotherapie-Richtlinien 1967 wurden die analytische Psychotherapie und die tiefenpsychologisch fundierte Psychotherapie als zwei abgegrenzte Verfahren beschrieben, die auch getrennt voneinander zu erlernen sind. Diese Aufteilung ist bis heute problematisch geblieben.

Bereits 1954 beschrieben die Autoren Bibring (1954), Gill (1954), Rangell (1954) und Stone (1954) eine Technik in niederfrequenten Behandlungen. Ab diesem Zeitpunkt eröffnete sich ein separater Weg für psychodynamische oder psychoanalytische niederfrequente Psychotherapien. Insbesondere die für die klassische psychoanalytische Behandlung schwer zu erreichenden Borderline-Störungen, Persönlichkeitsstörungen, Traumatisierungen, psychosomatische Erkrankungen, aber auch Psychosen konnten in dem »widening scope«, wie Stone es nannte, behandelt werden. Zahlreiche Autoren haben in der Folge die Leistungsfähigkeit niederfrequenten Arbeitens beschrieben; es waren unter anderem Wallerstein (1986), Gill (1988), Rotmann (1996), Thomä und Kächele (1985), Moser (2001), Schneider (2003), Dreyer und Schmidt (2008) und viele andere mehr.

Ein Gewinn ergab sich aus den niederfrequenten Anwendungen für die Konzeptualisierung von psychoanalytischen Behandlungen: Thomä und Kächele (1985) haben auf die Unterscheidung zwischen Ursachenwissen und Veränderungswissen hingewiesen. Während in der hochfrequenten Psychoanalyse der Schwerpunkt auf Ursachen und deren Kenntnis gelegt wurde, also auf Ursachenwissen, legen die Verfahren der Niederfrequenz den Schwerpunkt auf die Kenntnis von Veränderungsmöglichkeiten, also auf Veränderungswissen. Die wachsende

Erfahrung und Kenntnis von Veränderungen unter Fokusbildung oder Zeitbegrenzung, die Höherbewertung der emotionalen Erfahrung, besonders unter Hinzunahme einer aktiveren Technik, bereichern die Behandlungsmöglichkeiten. Es fand eine Abkehr vom Glauben an die Psychoanalyse als eine urwüchsige, autochthone Methode statt; die Beachtung und Betrachtung der Einflussnahme beider an der Dyade beteiligten Personen führte zu eindrucksvollen Veränderungen der psychoanalytischen Technik. Die Zahl der Autoren, die die Aktivität des Psychoanalytikers in den Blick nahmen und ins Zentrum ihrer Überlegungen stellten, wuchs: sein Schweigen, seine Abstinenz, seine Neutralität – diese drei zentralen Elemente der psychoanalytischen Technik wurden nachhaltig hinterfragt (vgl. Gill, 1954, 1988; Thomä, 1981).

Die Erfahrung und das Wissen im Umgang mit agierten Elementen stammen bevorzugt aus den niederfrequenten Anwendungen der Psychoanalyse: zum Beispiel der »Handlungsdialog« von Klüwer (2002). Dies bedeutet, dass eine der wesentlichsten Entwicklungen der letzten Jahrzehnte in der Psychoanalyse, die Integration von Agieren und Gegenübertragungsenactments, ihren Ausgangspunkt in Beobachtungen hat, die bevorzugt im niederfrequenten Setting gemacht wurden. Entscheidende neue Anregungen für die Arbeit auch in der Hochfrequenz entwickelten sich somit aus Überlegungen in niederfrequentem Arbeiten.

Zur Technik in den verschiedenen Frequenzbereichen

Niederfrequente, psychoanalytisch-psychotherapeutische Behandlungen umfassen einen großen Bereich: von wenigen Beratungsstunden über Kurztherapien (10–25 Stunden), tiefenpsychologisch fundierten Psychotherapien (bis 100 Stunden) bis zu analytischen Psychotherapien (von bis zu 300 Stunden und mehr). Jenseits dieses Spektrums bleibt die hohe Frequenz mit drei, die Hochfrequenz mit vier bis fünf Wochenstunden. Die Auswahl der richtigen Frequenz wirft viele Fragen auf. Es gibt die Blickrichtung auf den Patienten: was erreicht welcher Patient in welcher Frequenz? Und es gibt die Blickrichtung auf das Setting: welche Entwicklung fördert welches Setting bei welchem Patienten? Die Frankfurter Gruppe um Döll-Hentschker, Reerink, Schlierf und Wildberger (2006) hat sich intensiv mit diesen Fragen beschäftigt. Sie kommt zu dem Schluss, dass es ein Aushandlungsprozess ist, welche Frequenz letztendlich gewählt wird. Es bleibt also Aufgabe der Dyade, transparent die Möglichkeiten zu erörtern und danach zu entscheiden.

Eine wichtige Frage in unserer psychoanalytischen Technik bezieht sich darauf, ob gewährleistet ist, dass freie Assoziation und gleichschwebende Aufmerksamkeit im gewählten Setting ihre segensreiche Wirkung entfalten können. Während es Patienten gibt, die in hoher Frequenz und insbesondere im Liegen verstummen und diesen Rahmen als eine Qual erleben, gibt es auf der anderen Seite im niederfrequenten Setting Patienten, die durch die Ausrichtung »face to face« keine ausreichend fruchtbare Regression erreichen.

Selbst Überzeugungen, was die je spezifischen Vorteile einer Behandlung im Liegen bzw. im Sitzen angeht, treffen auf manche Patienten nicht zu: so gibt es Patienten, denen der Sichtkontakt ein inneres Fallenlassen ermöglicht, das im Liegen nicht zu erreichen wäre. Andererseits können sich manche Patienten erst dadurch mit unabweisbaren Realitäten konfrontieren, dass sie die Gelegenheit haben, sich im Liegen und in einem Zeitrahmen, der zahlreiche Wochenstunden umfasst, allmählich den Fragen anzunähern, denen sich zu stellen sie lange Zeit vermieden haben.

In der niederen Frequenz gibt es die große zeitliche Verdichtung hinein in Gegenwartsmomente, Sterns (2010) »now moments«. Unerwartet und überraschend öffnen sich Perspektiven gleichzeitig in Richtung eines Verständnisses sowohl der Biographie als auch des Unbewussten, verbunden im Augenblick. Daraus kann es – quasi auf kleinstem Raum – zu einer unerwarteten, plötzlichen Wendung im Leben des Patienten kommen. Durch Enactment und Agieren werden bisweilen noch nicht im Bewusstsein verfügbare Aspekte sehr rasch dargestellt.

Die größere Variation an Settings zwingt noch mehr dazu, jede Frequenz und jede Frequenzänderung zu reflektieren und zu begründen. Dies gilt auch dann, wenn sie sich zwingend aus äußeren Lebensbedingungen abzuleiten scheinen. Wenn wir uns dieser Maxime verpflichtet fühlen, müssen wir uns vor Veränderungen im Setting nicht fürchten. Dies möchte ich an einer Behandlung zeigen.

Zu meiner Falldarstellung und der Behandlungsfrequenz: Der Patient, eine narzisstisch strukturierte Persönlichkeit, beginnt in einem niederfrequenten, einstündigen Setting. Wir legen damit die Grundlage für die Behandlung. Nachdem dies gelungen ist, ermöglicht eine Erhöhung der Stundenfrequenz und schließlich eine hochfrequente Fortführung der Behandlung die Bearbeitung der zentralen traumatischen Anteile. Es erscheint mir fraglich, ob dies in einer durchgehend niederfrequenten Behandlung erreicht worden wäre. Die höchste traumatische Spannung kann sich in der höchsten Frequenz am intensivsten entfalten und wird dadurch am nachhaltigsten aufgelöst. Danach erscheint es in dieser Behandlung angemessen, einen längeren niederfrequenten Behandlungszeitraum anzuschließen, um die inneren Umwandlungsprozesse noch über einen längeren Zeitraum begleiten zu können. Ein solches Modell entspricht den Möglichkeiten im Rahmen der Kassenfinanzierung, wenn bei notwendiger intensiver Behandlung eine Eigenfinanzierung ausgeschlossen ist, wie es in meinem Beispiel der Fall war.

Der schwierige Fall:
Setting, Frequenzwahl und psychoanalytischer Prozess

Zum Verlauf dieser Behandlung hörte ich in einer Falldiskussion einmal: »Diese Behandlung hat für diesen Patienten wohl genau so verlaufen müssen.« Gemeint war, dass die zahlreichen Settingänderungen zum Problem meines Patienten und dessen Bearbeitung gepasst haben. Ich schildere den Therapieverlauf im Hinblick auf das Setting, die Settingänderungen und die Frequenz mit ihren Wechseln in Abhängigkeit von der Übertragungs- und Gegenübertragungsentwicklung. Es spiegeln sich im Behandlungsverlauf auch Realitätsaspekte der Erkrankung meines Patienten wider: so musste er zum Beispiel Insolvenz anmelden, weil er die Realität seiner Geschäftsentwicklung verkannt hatte. Auf der anderen Seite drücken sich im Behandlungsverlauf meine Gegenübertragung und deren Reflexion aus. Auch die Grenzen der Behandlungsmöglichkeit, in diesem Fall die Grenze ihrer Finanzierbarkeit durch die Krankenkasse, waren zu beachten. Damit trat die Notwendigkeit, einen Kompromiss zu finden zwischen Behandlungsbedürftigkeit und Behandlungsmöglichkeit, zwischen einer ausreichend intensiven und einer ausreichend langen Behandlung in den Vordergrund. Kurz gesagt: es handelt sich um eine typische und in mancher Hinsicht besondere psychoanalytische Behandlung, wie wir sie in unserem Versorgungssystem kennen. Bei aller Beschränktheit der Mittel in Relation zur Schwere der Erkrankung wollen, müssen und können wir eine analytische Behandlung im weltbesten System zur Finanzierung ambulanter analytischer Psychotherapie erreichen, die gut genug ist.

Die Behandlung dauert knapp sechs Jahre, die insgesamt 405 Stunden werden ausschließlich als Kassenleistung erbracht. Das ergibt rechnerisch 67,5 Stunden pro Jahr, durchschnittlich also knapp unter zweistündig pro Woche. Die Frequenzen verteilen sich über die Gesamtbehandlungszeit wie folgt: Knapp zwei Jahre arbeiten wir einstündig im Sitzen, kurz (d. h. 3 Wochen) zwei- und dreistündig, ab da für ein dreiviertel Jahr vierstündig im Liegen (34 Wochen), um danach wieder für drei Jahre zur Niederfrequenz zurückzukehren (48 Wochen zwei-, 56 Wochen ein- bzw. unter einstündig im Liegen). Bildhaft ausgedrückt ähnelt der Frequenzverlauf einer Kurve mit einem langen, flachen Schenkel im Anlauf, steilem Anstieg, einem Plateau und erneutem Abfall zu einem langen, sehr flachen Auslauf. Die lange niederfrequente Beendigungsphase – das sei hier nochmals betont – entsprach dem Wunsch des Patienten.

Mein Patient kommt zu mir wegen Ejakulatio praecox. Er stammt aus einem kleinen Dorf im armen Süden Italiens, das im Schatten eines Weltkulturerbes liegt. Im Erstgespräch fällt mir seine Depressivität auf, die ich anspreche und die er selbst offenbar nicht wahrnahm. Er fragt daraufhin seine Frau, die ihm bestätigt, dass sie ihn eigentlich nicht anders kenne und – im Gegensatz zu ihm – seine Depressivität durchaus wahrgenommen habe. Er fürchtet, seine Frau würde sich von ihm trennen, wenn er sein sexuelles Problem nicht in den Griff bekommt, das bereits seit Jahrzehnten besteht und zur Angst vor der Angst vor dem Auftreten des Symptoms geführt hat. Er kommt in dem Moment zu mir, als sein älterer Sohn ins Internat geht, was – angesichts seiner eigenen Lebens- und Internatsgeschichte – bei ihm Befürchtungen auslöst, dem Sohn könnte ein ähnliches Schicksal drohen wie ihm selbst.

Zentral in seinem Leben ist eine Missbrauchserfahrung, als er gerade fünf Jahre alt ist. An zwei aufeinander folgenden Tagen erleidet er anale Penetration durch einen 16-Jährigen. Dieser hatte ihn unter einen Holunderbusch gelockt, er ging bereitwillig mit und ertrug die Demütigungen mit dem Gedanken: Hoffentlich ist es bald vorbei. Es ist die Zeit vor Ostern und er kann das traditionelle Holundergebäck, das es zu Hause wie immer gibt und das er so sehr liebt, nicht mehr genießen. Jene Ereignisse müssen von ihm mitsamt den dazugehörigen Geruchsempfindungen verleugnet werden. Diese Verleugnung geht so weit, dass er Holunder, der auch in meinem Garten sichtbar wächst, nicht mehr wahrnimmt und olfaktorische (Miss-)Empfindungen mit jenem erdigen Boden verbindet, auf dem er vergewaltigt wurde. Biographisch steht der Missbrauch in enger zeitlicher Verbindung zum Tod seiner zwei Jahre jüngeren Schwester an den Folgen einer Durchfallerkrankung mit zweieinhalb Jahren. Ich gehe davon aus, dass in jenen Tagen seine Mutter von der Trauer um die Tochter okkupiert ist; über seine Not kann er mit niemandem sprechen – auch nicht über wahrscheinlich damals bei ihm vorhandene Schuldgefühle, weil die jüngere Schwester, deren Verschwinden er sich gewünscht haben mag, tatsächlich starb. Von dem Missbrauch erfahre ich in den ersten Wochen unserer Arbeit, von den Begleitumständen des Todes der Schwester erst später in der Analyse.

Die dramatische Auswirkung auf sein Leben spiegelt sich in seiner narzisstischen Abkapselung wider. Sie lässt sich an einem Alltagsbeispiel demonstrieren: Zu Hause liest er häufig und sieht dabei gleichzeitig fern. Familienmitglieder be-

3. Die schwierige Behandlung – Transparenz und Teilhabe, Setting und Frequenz

treten den Raum und wechseln das Programm, ohne dass ein Einwand von ihm kommt – er folgt ohnehin nicht der Handlung. Diese kleine Szene, in der er gleichzeitig mit mehreren Dingen beschäftigt und an nichts wirklich beteiligt ist, aber auch nicht alleine sein kann, vermittelt plastisch, wie in den ersten, niederfrequenten Jahren unsere Arbeit abläuft: mein Patient spricht weit ausgreifend über Zusammenhänge, die für mich weitgehend ohne erkennbaren und deutbaren Bezug zu unserer Situation bleiben. In seinem Ausweichen ist seine zentrale Störung abgebildet und reproduziert: ich nehme wahr, wie er vor den dramatischen und traumatischen Erlebnissen aus seiner Vergangenheit flieht, und glaube, ihm in dieser Zeit diesen Ausweg lassen zu müssen, während in mir neben seiner Erzählung ein anderer »Film« abläuft; ich bemerke, wie ich abschweife. Der Patient will lange, für mein Empfinden sehr lange, an dieser wenig ergiebigen Behandlungsform festhalten – sie gibt ihm die Sicherheit, in der sein Vertrauen langsam und vorsichtig wachsen kann.

Sein Lebensweg war eine Flucht in einem doppelten Sinn. Andererseits ein Fliehen vor dieser Vergangenheit, die er doch nicht wirklich hinter sich lassen kann, und andererseits ein Fliehen hin zu dem Ziel intensiver Beziehungen, das er gleichwohl doch nicht erreicht: er verlässt Süditalien, um ein Priesterseminar zu besuchen. Dahinter ist die Suche nach dem Vater zu vermuten, der schon während der Kindheit des Patienten die Heimat verließ, um als Gastarbeiter nach Süddeutschland zu gehen. Der Kontrast zwischen alter und neuer Umgebung könnte nicht größer sein: aus der ärmsten Gegend im tiefen Süden direkt in die reichste, nördlichste Stadt Italiens, die auf halbem Weg zum Wohnort der Familie liegt. Bald stellt er fest: Er will sein Leben nicht Gott weihen. Er darf, das ist sein Glück, in der Schule bleiben und als Externer sein Abitur machen, in der Stadt des Luxus leben und Freundschaften knüpfen, die sein Leben lang halten.

In seinem Leben folgen weitere »Fluchten«. Er flieht vor seiner Vergangenheit und kann doch seine Zukunft nicht finden. Sein Weg in Stichworten:

➢ Er studiert eine Naturwissenschaft in Süddeutschland und promoviert in einer Stadt, die nahe, aber nicht zu nahe an der Stadt liegt, in der seine Familie lebt, seitdem die Mutter mit den Geschwistern dem Vater nachreiste.
➢ Nach der Promotion nimmt er eine Stelle als Postdoc an einer renommierten Universität in den USA an und wird erneut von einer Vaterfigur, seinem Chef, der weltweiten Koryphäe auf dem Forschungsgebiet, enttäuscht.
➢ Er wählt einen (Flucht-)Ort in den USA genau neben der Stadt, in der – wie er weiß – sein Vergewaltiger lebt.
➢ Er kehrt zurück nach Süddeutschland, heiratet, bekommt zwei Söhne, gründet eine Firma und begibt sich in Therapie.

➤ Seine Firma muss in der Zeit der Analyse bei mir Insolvenz anmelden. Seine Ungewissheit, wie es für ihn weitergehen kann, dauert zum Glück nicht lange:
➤ Er findet eine Anstellung in seinem Arbeitsgebiet und erarbeitet sich in den folgenden Jahren in der Firma Anerkennung und Freiheiten.

Der Angriff auf das World Trade Center vom 11. September 2001, eine weltweit erschütternde Katastrophe, die sich inmitten unserer Behandlungszeit ereignet, rüttelt ihn auf und symbolisiert auch seine eigene, persönliche Katastrophe. Im unermesslichen Unglück von Ground Zero, dem Ort der katastrophischen Hochhauspenetration, findet er ein Symbol für seine eigene Katastrophe; zugleich hat es die Auswirkung, dass er sich plötzlich nicht mehr allein in seinem Unglück fühlt. Ground Zero beendet sein bodenloses Fallen: diese Katastrophe ist für ihn ein grandioser Ausdruck all dessen, was in ihm jahrzehntelang verschlossen war. Der weltweite Aufschrei, der erfolgt, ermutigt ihn, nun auch für sich das zu formulieren, was durch unsere Stunden allmählich die Chance bekam, an die Oberfläche zu gelangen. Er fasst rückblickend die Tragödien in einer prägnanten Formulierung zusammen, in der die Katastrophe der Vergangenheit und die Katastrophe der Gegenwart verschmelzen: »Ich hatte keine Kindheit mehr nach Ground Zero.« Seine Formulierung bringt die introjektive Identifizierung mit der New Yorker Katastrophe auf den Punkt: damit hat seine persönliche Katastrophe einen phantastischen, weltweiten Wiederhall gefunden.

Es ist nach meiner Erfahrung für niederfrequentes Arbeiten charakteristisch, dass äußere Ereignisse – hier die katastrophale, weltverändernde Diskontinuität – einen großen Stellenwert und eine übertragungsbeschleunigende Wirkung bekommen können: in der dritten Stunde nach der Katastrophe, am 27. September 2001, schildert er das erste Mal nach fast zwei Jahren niederfrequenter Arbeit einen Traum. Er träumt, dass er die ganze Nacht bei mir im Haus eingesperrt war. Es bleibt offen, ob er im Traum eher einen Missbrauch oder den Einsturz des Hauses, vielleicht auch den Tod des Peinigers fürchtet oder ob beide Befürchtungen sich auf die gleiche Katastrophe richten. Am Morgen gelingt es ihm, aus dem Haus zu fliehen. Jetzt droht in der Beziehung zu mir die Wiederholung seiner persönlichen Katastrophe, dargestellt im einsturzgefährdeten Haus und in der Vergewaltigungsangst.

Zum Traum assoziiert er den Weggang seiner Mutter damals aus Süditalien – er blieb als Einziger aus der Familie zurück und hatte keine Chance mehr, mit ihr über das Geschehene zu sprechen. Ich kommentiere: »In Ihnen wird es gearbeitet haben, ob Sie Ihrer Mutter die Geschehnisse von damals (also die Vergewaltigung) erzählen sollen.« Daraufhin bricht mein Patient zum ersten Mal in heftiges Weinen aus – sein bisher eingesperrter Affekt ist über die grandiose »Inszenierung« und Aktualisierung von Ground Zero und vor allem durch mein Verstehen befreit worden – und ich wurde in die ganze (Übertragungs-)Geschichte mit hineingenommen.

Das reale äußere Ereignis, die Katastrophe von New York, hat den narzisstischen Rückzug des Patienten endgültig aufgebrochen. Mag sein, dies wurde durch mein langes, geduldiges, manchmal auch genervtes Zuhören über Jahre möglich; mag sein, ich hatte seine leiseren Töne überhört. Möglicherweise wollte ich selbst die Übertragung, die mich zum Vergewaltiger macht, nicht annehmen. Nach den Ereignissen in New York und der damit im Zusammenhang dringlich erscheinenden intensiveren Bearbeitung, konfrontiere ich den Patienten mit meiner Auffassung, dass eine Intensivierung unserer Arbeit nun erforderlich sei. Dies halte ich für einen diskussionswürdigen Punkt: ob wir wirklich die Frequenz steigern müssen und ob die Initiative dazu vom Analytiker ausgehen sollte, wenn in einer niederfrequenten Behandlung der zentrale Konflikt aktualisiert ist. Auf jeden Fall handelt es sich dabei um eine von mir eingebrachte Diskontinuität, in der ich möglicherweise auch meine Schuldgefühle über den schleppenden Gang der Behandlung zum Ausdruck gebracht habe.

Ab Mitte Oktober 2001 arbeiten wir zwei- und ab Mitte November vierstündig, ab da im Liegen. Natürlich wurde dieses Vorgehen in der Behandlung thematisiert und auf seine Bedeutung hin untersucht. Der Patient findet dafür das Wort »Mitgehen«. Sein »Mitgehen« mit meinem Vorschlag, mit meinem Agieren, zeigt, dass wir an der Stelle der Reinszenierung des Traumas in der Übertragung angekommen sind. Der Patient besteht später in Bezug auf unsere Frequenzerhöhung darauf, dass er gehandelt habe und aktiv mit mir mitgegangen ist! Illustrierend bezieht er sich auf das hübsche Stadtteilzentrum in der Nähe meiner Praxis, zu dem er selbstverständlich mit mir mitgehen würde, wenn ich das wünschen würde ... (Februar/März 2002). Darüber wird mir schummerig: ich ahne, dass mein langes Abwarten wohl auch mit dem Problem zu tun hatte, dass ich gerade nicht in die Rolle des vergewaltigenden Peinigers geraten wollte. In der Mikrointeraktion gab es eine symmetrische Verweigerung von uns beiden: mein Patient zögerte, weil er nicht der Aktive in diesem Spiel sein wollte, und ich zögerte, weil ich natürlich auch nicht zum Vergewaltiger werden wollte. Nun war aber offenkundig, dass er mit mir mitgehen würde, bis unter die »Holunderbüsche« ...

Wir sind bei der Wiederholung der Vergewaltigung in der Übertragung angekommen. Ich verstehe meinen Vorschlag zur Frequenzerhöhung als Aufforderung an ihn, er solle mit mir »mitgehen«. Hier aktualisiert sich seine vergangene Geschichte in Übertragung und Gegenübertragung, man könnte sagen, ausgelöst durch mein Agieren. Wir arbeiten nun vierstündig. Die bewegendste Stunde der gesamten Behandlung findet am 11. September 2002 statt, dem ersten Jahrestag des New Yorker Attentats. Ich sitze hinter der Couch, er legt sich hin, und ich höre dann zum ersten Mal die detaillierte Schilderung seiner Vergewaltigung: wie er ein Geschenk bekommt, sich dann hinlegen soll und schließlich der Augenblick, in dem er sich umdreht und den erigierten Penis seines Vergewaltigers vor der Penetration seines Anus sieht. Natürlich fühle ich mich jetzt als dieser Vergewaltiger und bin wie gelähmt – auch ich habe ihm erst das Geschenk meines Verstehens, dann der Vierstündigkeit gemacht und ihn aufgefordert, sich dafür hinzulegen! Dies wird mir bewusst, ich kann die Wiederholungsaspekte an unserer Situation aussprechen. Die Stunde wird zum Wendepunkt der Behandlung. Sie ist natürlich auch ein Beispiel für Bibrings These, dass immer auch Suggestion und Manipulation beteiligt sind, wenn wir unseren Patienten die Analyse im Liegen anbieten (vgl. Bibring, 1954) und sie auffordern, sich hinzulegen. Nun, da es zwischen uns geschehen ist, unser Vertrauen dadurch aber nicht zerstört wurde, kann der Patient beginnen, über das bisher Undenkbare nachzudenken.

Er entdeckt mehr und mehr, dass er nicht nur passives Opfer, sondern auch aktiv Handelnder war und ist und dass er dies alles in seiner Sexualität und im Symptom der Ejaculatio praecox reproduziert, worüber er jetzt mit mir sprechen kann. Nach dieser Bearbeitung tritt das Trauma hinter dem Trauma in den Vordergrund: wie er sich von seiner Mutter wohl aufgrund ihrer Trauer nach dem Tod der Schwester verlassen gefühlt hat und wie er später in Norditalien am dortigen See unendlich viele einsame Stunden verbracht hat. Auch dieses Verlassenheitstrauma wiederholt sich bald darauf zwischen uns, als ich – wie jedes Jahr aber diesmal mit anderer Bedeutung für ihn – im Herbst auf einer Tagung bin.

Nach dem zweiten Fortführungsantrag von den Stunden 241–300 reduzieren wir die Frequenz auf zweimal pro Woche. Auch nach Stunde 300 ist die Weiterbehandlung noch dringend erforderlich. In mehreren Schritten gegen einen zunehmend unwirsch werdenden Gutachter erreichen wir in drei Folgeanträgen insgesamt eine Kassenleistung von 405 Stunden in sechs Jahren.

Das Ergebnis der Behandlung kann ich katamnestisch beurteilen, weil der Patient jedes Jahr zu einem Termin bei mir vorbeikommt und berichtet. In den mehr als zehn Jahren seit Beendigung der Analyse entwickelt er eine große innere Freiheit, um die ihn seine Frau beneidet. Er ist nicht mehr depressiv und für sein neues Leben sehr dankbar. Vor einigen Jahren stellte er sich vorübergehend die Frage, ob er die Geschehnisse von damals überhaupt als Trauma verstehen soll.

Im darauffolgenden Jahr berichtet er mir, für ihn sei die Vergangenheit nun abgeschlossen, er werde nach 34 Jahren zum ersten Mal wieder in sein Heimatdorf reisen. Bei diesem Besuch findet er noch den alten Holunderbusch. Er selbst fasst seine Reaktion auf meine Falldarstellung in den folgenden Worten zusammen: »Ich war sehr berührt, dass ich Jahre danach es noch genauso ›erlebe‹, wie Sie es beschreiben.«

Zusammenfassung

Transparenz und Teilhabe: Patienten profitieren von unserem offenen Umgang mit ihnen; sie können, wenn ihnen die Überprüfung an Realitätsaspekten, zum Beispiel an unseren Berichten, möglich gemacht wird, ihre Entwicklung vergleichend mitverfolgen, quasi oder tatsächlich im Bericht mitlesen, ihr Erleben daran überprüfen und ihr erlebendes Ich stärken. Unsere Transparenz lässt sie am Geschehen, an Analyse und Therapie, teilhaben: die Reinszenierung des Traumas in der Übertragung kann deshalb verstanden und bearbeitet werden, weil Analysand und Analytiker offen und reflektiert in einer Haltung von Transparenz und Teilhabe über das sprechen können, was sich zuvor aktualisiert hat. Dies ist auch in den Bereichen möglich, in denen Beschämung oder ein Gegenübertragungswiderstand den Weg erschweren. Transparenz und Teilhabe wurden in dem Moment der Wiederholung des Traumas sehr körperlich und bedrängend für uns beide.

Agieren und Gegenübertragungsenactment: In der langen, niederfrequenten Anfangsphase dieser Behandlung wurde Widerstand vom Patienten agiert und von mir auf entsprechende Weise gegenagiert. In Anbetracht der Schwere der Traumatisierung wird dies nachvollziehbar. Entscheidend ist, dass in dieser Zeit Vertrauen wächst und wir schließlich in den Prozess der Wiederholung der Traumatisierung in der Übertragung hineinfinden. Darüber wird die Auflösung der Traumatisierung möglich.

Frequenzwechsel: Der Wechsel der Frequenz von einer Wochenstunde bis zu vier Wochenstunden während der Zeit der Bearbeitung des Traumas in der Übertragung und danach wieder zurück zu einer Wochenstunde ermöglicht in diesem Fall über die lange Gesamtbehandlungszeit von knapp sechs Jahren die komplette Bearbeitung der traumatischen Genese. Ohne Frequenzwechsel wäre dies nicht zu erreichen gewesen: entweder hätte der Gesamtbehandlungszeitraum nicht ausgereicht oder die Intensität der Bearbeitung in der Übertragung wäre nicht möglich gewesen. Ohne geeignete Frequenzwechsel lassen sich bestimmte Ziele in analytischen Psychotherapien nicht erreichen.

Teil B

Psychoanalytische Technik

4. Psychoanalytische Technik I: Kontinuität und Diskontinuität

>»Jede Krankheit ist ein musikalisches Problem, die Heilung eine musikalische Auflösung.
>Je kürzer und dennoch vollständiger die Auflösung, desto größer das musikalische Talent des Arztes. Krankheiten lassen mannigfaltige Auflösungen zu.
>Die Wahl der zweckmäßigsten bestimmt das Talent des Arztes.«
>
>*Novalis, 1803: Fragmente, Kap. 11*

Zum Begriff der Diskontinuität

Verweilen wir noch einen Moment in der Frühromantik um 1800: Novalis spannt den Bogen von der Krankheit zur Heilung, die er als eine musikalische Auflösung ansieht. Die Krankheit als ein musikalisches Problem zu verstehen, bedeutet zugleich, Melodie, Rhythmus, Spannungsmomente und deren Auflösung mitzudenken. Auch die Sprache nimmt Novalis dazu (1929, Kap. 26): »Die Sprache ist ein musikalisches Ideen-Instrument.« Novalis Sprache zieht uns auch heute noch in ihren Bann. Die Verbindung von Begriffen aus der Musik mit Elementen psychoanalytischer Heilwirkung, wie wir sie heute verstehen, fasziniert uns unverändert. Die Heilung, eine »musikalische Auflösung«, wird in Prozesstermini beschrieben: eine Auflösung in diesem Sinne löst die Dissonanzen und Spannungen auf.

In diesem Kapitel werde ich die Dynamik von Spannung, Konflikthaftigkeit – also die »Musik« in der Psychoanalyse und der Psychotherapie – an dem grundlegenden Wechselspiel zwischen Kontinuität und Diskontinuität betrachten, das – bisweilen wenig bemerkt – in unseren Behandlungen immer präsent ist. Novalis' obiges Fragment eröffnet nach meinem Verständnis den Weg zu einer »psychoanalytischen Auflösung«, einer Heilung auch nach unserem psychoanalytischen Verständnis: wenn wir die rhythmische Spannung zwischen Kontinuität und Diskontinuität erkennen, benennen und verstehen, eröffnen sich neue Verständnis- und Veränderungsmöglichkeiten: wir gelangen auf eine weitere, neue Ebene, auf der wir Rhythmen, Strukturen, Implizit-Prozedurales erspüren und erkennen können.

4. Psychoanalytische Technik I: Kontinuität und Diskontinuität

Dabei geht es weniger um eine horizontale Erweiterung unseres Verstehens. Verbunden mit diskontinuierlichen Momenten ist häufig auch eine vertikale Öffnung hin zu neuen impliziten, prozeduralen Gedächtnisinhalten, die bis zu diesem Zeitpunkt in ihrer Bedeutung nicht oder nicht vollständig bewusstseinsfähig waren. Im ersten Akt (der dramatischen Inszenierung, der Darstellung, des In-Szene-Setzens, des Agierens oder des Handlungsdialogs) wird Unbewusstes intersubjektiv reinszeniert. Eine solche dramatische Inszenierung beschreibe ich in Kapitel 6 (»Darf ich schnell bei Ihnen telefonieren? Mein Auto ist kaputt, ich brauche um 19:50 Uhr ein Taxi, weil ich in der Stadt um 20:00 Uhr einen Termin habe«). In der Regel werden wir von der Heftigkeit zunächst überrascht (vgl. auch Hübner, 2012). Wir tun gut daran, solche Momente zu gewärtigen, wenngleich oder gerade weil wir von ihnen überrascht werden: die Haltung, uns im Zweifel überraschen zu lassen, sichert die erforderliche Flexibilität.

Wir bearbeiten in der Gegenübertragung und in der Dyade quasi online oder mit geringer Verzögerung dieses Moment des Einbruchs von etwas Drittem, bisher Unbekanntem in unsere Behandlung. Dadurch verwandeln wir uns dieses Fremde, Einbrechende an, schließlich können wir – zunächst hypothetisch – den Zusammenhang zu unserer bisherigen, kontinuierlichen Behandlung herstellen; dies gelang auch in der Analyse, deren Verlauf ich in Kapitel 6 ausführlich beschreibe.

Weil wir durch diskontinuierliche Momente auf eine weitere, neue Ebene in unserem Verständnis der Vorgänge in der Analyse gelangen können, betrachte ich den Begriff »Diskontinuität« und das Begriffspaar »Kontinuität/Diskontinuität«, die ich in diesem Kapitel neu einführe, als unverzichtbar für eine sich öffnende Psychoanalyse. Es kommt mir auf den Hinweis an, dass diese oder ähnliche Begriffe in Überlegungen zu Theorie und Technik existieren (ich werde gleich darauf eingehen), dass sie jedoch meines Wissens bisher nicht in ergänzender Gegenüberstellung gebraucht wurden.

Worum es mir besonders geht, ist die dialektische Ergänzung, Spannung und Gleichzeitigkeit, die sich aus dem Verständnis von

➤ entweder Diskontinuität *oder* Kontinuität
➤ oder Diskontinuität *in* Kontinuität
➤ und schließlich Diskontinuität *gleichzeitig mit* Kontinuität

ergibt. Die zuletzt genannte Möglichkeit ist die fruchtbarste: wenn es uns dämmert, wir ahnen, welche Verbindungen zwischen zuvor vielleicht voneinander abgespaltenen Repräsentanzen existieren. Über die Gleichzeitigkeit, Diskontinuität *gleichzeitig mit* Kontinuität, entsteht ein Moment spannungsreicher Simultanität, der uns auf eine tiefere Ebene führt. In der Vignette, die ich später anführe, frage ich mich beispielsweise, ob nicht ein »Hm« angemessen wäre, entscheide mich aber für – an dieser Stelle diskontinuierliches – Schweigen. In meiner Reflexion treten in diesem Moment Kontinuität und Diskontinuität gleichzeitig als Alternativen auf. Aus dieser unscheinbaren Sequenz entsteht im weiteren Verlauf der Behandlung eine wesentliche Erweiterung unseres psychodynamischen Verständnisses des Falles. Wir benötigen das Begriffspaar »Kontinuität/Diskontinuität«, um überhaupt auf eine Vorstellung in uns zurückgreifen zu können, die den Weg zum Verständnis öffnet.

Wie vielgestaltig die Phänomene werden können, die sich aus »Kontinuität oder Diskontinuität« entwickeln, untersucht F. Dreyer (2016) an einem von ihm sehr differenziert ausgearbeitetem Verbatimtranskript. F. Dreyer kann zeigen, dass und wie aus dem Laut »Hm« in Verbindung mit Pausen und Wiederholungen beispielsweise eine maschinenartig-unlebendige Interaktionssequenz werden kann. Oder aber es entsteht, beispielsweise aus der gemeinsam wahrgenommenen Diskontinuität eines von mir nur gedachten und nicht artikulierten »Hm«, eine entscheidende Wendung in einer Analyse. Das zeige ich an meiner Vignette »Das Schweigen, die Lücke und der Verlust« in diesem Kapitel.

Der Gebrauch des Begriffes »Diskontinuität«

Ich wähle nun einige Beispiele aus der Literatur, in denen die Begriffe »Diskontinuität« oder »diskontinuierlich« vorkommen, um zu zeigen, wie die Begriffe verwendet werden.

Hinz (2004, S. 871) beschreibt beispielsweise den Prozess der »musikalischen Auflösung« in der Sprache der Psychoanalyse:

> »Neue seelische Erfahrungen und seelische Veränderungen finden in vielen kleinen Schritten und immer diskontinuierlich statt, wenn es gelingt, die Kodetermination der analytischen Beziehung durch unbewusste Objektbeziehungsphantasien zu rekonstruieren oder, orientiert am Netzwerk oder bipersonalen Feld, die Details der aktuellen Situation zu konstruieren.«

Zu Diskontinuität im bipersonalen Feld lesen wir bei M. Baranger (1993, S. 31):

> »Ich gebrauche das Wort ›Diskontinuität‹, um auf ein Phänomen hinzuweisen, auf das jeder Analytiker bei seinen Patienten stößt, zuweilen in einem spektakulären, ein anderes Mal in einem geringeren Ausmaß: etwas, was sich mehr oder weniger vorhersehbar entwickelte, scheint seinen Lauf zu ändern. Der Analytiker merkt,

dass er es mit ›jemand anderem‹ zu tun hat. Die Veränderung betrifft nicht nur die offenkundigen Gesprächsthemen des Analysanden, sondern auch die unbewusste Konflikthaftigkeit, die der Analytiker zu interpretieren sucht.«

Ich werde später darauf zurückkommen, dass die diskontinuierlichen Momente im bipersonalen Feld sehr unterschiedlich sein können – von einem einfachen »Hm« bis zu umfangreichem, komplexem Agieren – und dass sie mehr oder weniger spektakulär sind.

In der Psychoanalyse ist »Diskontinuität« – bisher – kein Fachbegriff. Hinz und M. Baranger haben diesen Begriff sowie das Adjektiv »diskontinuierlich« in einem beschreibenden Zusammenhang verwendet; sie nennen entscheidende Eigenschaften des Diskontinuierlichen im psychoanalytischen Prozess:

➢ »Neue seelische Erfahrungen und seelische Veränderungen finden in vielen kleinen Schritten und immer diskontinuierlich statt«, schreibt Hinz (2004, S. 871). Wir tun also gut daran, im psychoanalytischen Prozess aufmerksam auf Diskontinuitäten zu achten, wenngleich der Umkehrschluss nicht gilt: nicht jeder diskontinuierliche Moment signalisiert deswegen schon Veränderung, er kann auch Manifestation von Widerstand sein.

➢ M. Baranger (1993, S. 31) weist darauf hin, dass wir Richtungsänderungen im analytischen Prozess häufig an Diskontinuitäten identifizieren können. Auch sie differenziert: manchmal spektakulär, manchmal unauffällig – ich möchte anfügen: manchmal sogar unbemerkt – durchziehen Diskontinuitäten unsere analytische Arbeit.

Diskontinuitäten können erst auf dem Hintergrund eines kontinuierlichen Prozesses deutlich werden. Die beiden Begriffe »Kontinuität« und »Diskontinuität« sowie die Phänomene, die sie beschreiben, stehen in einem dialektischen Verhältnis zueinander. Diskontinuierliche Momente ragen deswegen bisweilen aus einem kontinuierlich verlaufenden Prozess heraus. Kontinuität erscheint uns als Voraussetzung für einigermaßen ruhiges psychoanalytisches Arbeiten unabdingbar, aber Diskontinuität – in Kontinuität eingebettet – vermag mitunter wie das Salz in der Suppe zu wirken.

Diskontinuität und Rhythmus

Nicht nur in der horizontalen Betrachtungsweise der Interaktion, wie von Hinz (2004) und M. Baranger (1993) beschrieben, sondern ebenso in der vertikalen, lebensgeschichtlichen Betrachtungsweise (zur Unterscheidung von horizontaler und vertikaler Ebene vgl. Buchholz & Gödde, 2013) spielen Diskontinuitäten in ihrer Gestalt als Rhythmus, Sprache, Klang oder Schweigen eine wesentliche Rolle und gestalten die Lebenserfahrung bereits von Anbeginn des Lebens an – das bedeutet: auch schon pränatal. Später gehören sie zumeist dem impliziten Gedächtnis an.

Maiello (1999, S. 137; Hervorhebung im Original) beginnt damit ihren Aufsatz »Das Klangobjekt. Über den pränatalen Ursprung auditiver Gedächtnisspuren«:

> »Die Erforschung des Bereichs möglicher pränataler Erfahrung legt die Vermutung nahe, dass der Klang der Stimme der Mutter im Wechsel mit ihrem Schweigen dem Fötus eine Proto-Erfahrung von Anwesenheit und Abwesenheit vermitteln könnte. [...] Der Ort der gesprochenen Sprache liegt zwischen der Schrift und der Musik. Während das geschriebene Wort ein Text ohne Klang ist, übertragen durch die Zeichen des Alphabets, ist die Kombination von Melodie und Rhythmus, die wir Musik nennen, Klang ohne Text. Verbale Sprache kann als vokalisierter Text wie als Musik verstanden werden, die eine semantische Botschaft übermittelt. Das gesprochene Wort ist beides: Sinn *und* Klang.«

Die dialektische Verwobenheit von Kontinuität und Diskontinuität, in ihrer Ausgestaltung als Rhythmus, Klang, Text, Sprache, Melodie, Wort oder eben auch Stille und Schweigen begleitet uns lebenslang und ist eine der Grundlagen unserer psychoanalytischen Arbeit. In unseren Assoziationen und unserem Denken allgemein pendeln wir unablässig zwischen den Phänomenen, die ich in der Unterscheidung »Kontinuität oder Diskontinuität« fasse.

Wir wissen, dass Störungen auf dieser frühen Ebene der Rhythmus- und Beziehungsentstehung gravierende Folgen nach sich ziehen. Auch darauf weist Maiello hin und bezieht sich dabei auf Borderline-Persönlichkeitsstörungen und Psychosen. Zur Sprache ebenso wie zur Musik gehört nicht nur die Melodie, sondern ebenso der Rhythmus: im Rhythmus drücken sich die Wechsel zwischen kurzen und langen Tönen und Pausen aus. Sowohl in Musik als auch in Sprache kommt es auf den Wechsel zwischen Dauer und Unterbrechung an, dadurch erst entsteht das Kunstwerk der Musik ebenso wie das der Sprache. Auch Psychotherapien und Psychoanalysen werden durch Melodie und Rhythmus gestaltet.

Zum Rhythmus im psychoanalytischen Prozess, seiner Allgegenwärtigkeit, führt Plassmann (2015, S. 190) aus:

> »Was an allen Kernprozessen auffällt, ist die Rhythmizität.

> Die Rhythmizität der Kernprozesse ist klinisch evident: Der Mentalisierungsprozess vollzieht sich schwingend zwischen den einzelnen Repräsentationsklassen, die Regulation der Emotionsstärke pendelt in Rhythmen um den mittleren Bereich, die dem Patienten, dem Analytiker und der jeweiligen Stunde eigen sind, die Balance zwischen positiven und negativen Emotionen pendelt sich rhythmisch aus, die Regulation der Kommunikation kennt Rhythmen und Tempi von Rede und Gegenrede.
>
> Die Wirksamkeit der jeweiligen Kernprozesse kann zweifellos daran abgelesen werden, ob sie ihren eigenen Rhythmus im jeweiligen Abschnitt der Stunde gefunden haben. Eine Stunde könnte also einen zu schnellen Sprech- und Denkrhythmus haben, was die Mentalisierung, die Emotionsregulation und auch die Kommunikation behindert. Zweifellos ist die Rhythmusfindung ein intersubjektiver Vorgang, in dem sich Analytiker und Patient auf die jeweiligen Notwendigkeiten des Transformationsprozesses einschwingen. [...]
>
> Die Rhythmusphänomene können dabei in allen Repräsentanzklassen wahrgenommen und benannt werden, sowohl im Rhythmus der Gedanken, wie auch im Sprechrhythmus, in der Emotionsregulation oder in den körperlich-vegetativen Vorgängen, vor allem der Atmung.«

Ebenso wie die Musik der Sprachmelodie durchziehen die verschiedensten Rhythmen unsere Behandlungen. Die psychoanalytische Arbeit ist voller Diskontinuitäten: auf der Makroebene etwa die Abfolge der Stunden, der Stundenbeginn, das Stundenende, die Unterbrechungen aufgrund von Urlaub, Stundenabsagen, Krankheit usw. Auf der Ebene der Sprache sind es die Sprecherwechsel in variablem Rhythmus, abgebrochene oder unterbrochene Sätze, »Hms« oder unterbleibende »Hms« und andere Artikulationen. Weitere Rhythmen, die in der Analyse eine Rolle spielen können, sind Tagesrhythmen, Atemrhythmen, Bewegungsrhythmen und autonome körperliche Rhythmen. Ein Rhythmus ist gekennzeichnet durch eine gleichförmige Wiederholung über einen gewissen Zeitraum und eine Anzahl von Zyklen, die irgendwann enden oder wechseln. Es ergeben sich Rhythmuswechsel oder ein Abbruch des rhythmischen Vorgangs – der Rhythmus des Herzschlags endet mit dem Tod. Kontinuität ergibt sich auch durch gleichbleibende Rhythmen, ein Rhythmuswechsel weist auf eine Diskontinuität hin.

Ein Teil der Rhythmen wird aktiv hergestellt, gehört zum Setting und ist ein Bestandteil der Methode, zum Beispiel taktgebende »Hms« des Analytikers, ein anderer Teil begleitet unauffällig die Analyse, bis eine Auffälligkeit ihn ins Bewusstsein hebt (zum Beispiel Puls oder Atmung im klinischen Beispiel in Kapitel 6). Nicht beeinflussbare Rhythmen wie die autonomen Funktionen entziehen sich vollständig der Bewusstwerdung, sie gehören zu den impliziten oder prozeduralen Prozessen, die nicht bewusstseinsfähig sind; allenfalls sind sie in ihrem Ablauf spürbar. Die geläufigste Form einer taktgebenden Diskontinuität ist das »Hm« des Analytikers; es kann aber ebenso sein Schweigen an einer Stelle sein, an der ein »Hm« zu erwarten wäre.

Kontinuität und Diskontinuität

Die Diskussion um die Frage der Frequenz, um die Verteilung der einzelnen Stunden über die Woche mit kleineren und größeren Abständen, ist immer schon eine Diskussion von Kontinuität oder Diskontinuität. Bei Mehrstündigkeit wechseln die Stundenabstände über die Woche (z. B. findet eine Stunde bei Zweistündigkeit alle drei und vier Tage statt), über den Monat und das Jahr entsteht Diskontinuität aufgrund von Urlauben, Feiertagen, Krankheit usw. Diskontinuität setzt sich in jeder einzelnen Stunde fort. Und der Ablauf der Stunden wird bestimmt vom ruhig schwingenden Sprecherwechsel, von Pausen und Rhythmuswechseln, die den Grundrhythmus variieren, unterbrechen, zerstören.

Wir sind es gewohnt, in langen, kontinuierlichen Verläufen zu denken, wie sie für Behandlungsformen spezifisch sind, die nicht nur zu einmaligem Ausagieren ermuntern (wie dies beispielsweise in Familienaufstellungen geschieht), sondern auf Veränderung durch Wiederholung und kontinuierliches Durcharbeiten (vgl. Freud, 1914g) setzen. In jüngerer Zeit (Dreyer & Schmidt, 2008) wurde diese Form der kontinuierlichen Bearbeitung ergänzt durch die Variationen der Frequenzen. In diesem Zusammenhang wurde die Bedeutung von Frequenzwahl und Frequenzwechsel verstärkt reflektiert. Die Argumente dazu sind seit 1924 (vgl. Ferenczi & Rank, 1924) und insbesondere seit dem Panel der American Psychoanalytic Association (APsaA) 1954 (vgl. Gill, 1954; Rangell, 1954; Bibring, 1954) bekannt, bisweilen jedoch wenig beachtet worden.

Ich möchte diesen Überlegungen einen weiteren, neuen Aspekt hinzufügen. Während uns die Bedeutung der Kontinuität wohlvertraut ist, haben die Phänomene, die den Gegenpol zur Kontinuität bilden und die ich unter dem Begriff »Diskontinuität« zusammenfasse, bisher nicht im gleichen Umfang Eingang in die Diskussion gefunden. Wir begreifen den Einfluss von Klang und Bewegung, von Kontinuität und Diskontinuität schon in Bezug auf das ungeborene Kind (vgl. Maiello, 1999). Die Ergebnisse der Säuglingsforschung zeigen, dass die Phänomene der Diskontinuität uns seit frühester Kindheit an begleiten. So beschäftigen sich Babys, wo immer sie es können, mit »edging« – mit ihren Augenbewegungen suchen Babys nach Hell-Dunkel-Kontrasten, über die ihre Blicke immer wieder hinweg gleiten. Dies wurde von den Baby-Watchern als Reizsuche interpretiert. Es zeigte sich, dass durch diese Aktivität des Babys das Synapsenwachstum in seinem Gehirn angeregt wird. Wachstum ist also eine Funktion von Kontrast, Diskontinuität.

Vergleichbares mag für die Fähigkeit des Neugeborenen gelten, amodal oder transmodal wahrzunehmen, also den Übergang zu überspringen; dies ist der Fall, wenn zum Beispiel hohe Töne mit hellem Licht verbunden werden. Säuglinge haben also von Geburt an eine Fähigkeit, Sinnesqualitäten, die wir später getrennten Kategorien zuordnen, gemeinsam und verbunden zu erleben. Daniel N. Stern (1985, S. 47) schreibt:

> »In the late 1970s, the findings of several experiments raised profound doubts about how infants learn about the world, that is, how they connect experiences. What was at stake was the long-standing philosophical and psychological problem of perceptual unity – how we come to know that something seen, heard, and touched may in fact be the same thing. How do we coordinate information that comes from several different perceptual modalities but emanates from a single external source? These experiments drew widespread attention to the infant's capacity to transfer perceptual experience from one sensory modality to another and did so in an experimental format open to replication.«

Hier soll nicht der Versuch unternommen werden, die weit auseinanderliegenden Welten der Baby-Watcher und der klinischen Theorie der Psychoanalyse schlüssig zu verbinden und damit vorhandene Gräben zu überspringen. Die geschilderten Ergebnisse liefern jedoch einen Hinweis darauf, dass wir immer schon Sinneseindrücke gleichzeitig als verbunden und getrennt wahrnehmen: der hohe Ton klingt hell, auch wenn wir ihn gar nicht sehen können. Ähnliches gilt in dem komplexen Feld von Sprache, Rhythmus und Melodie. Auch diese Phänomene sind diskontinuierlich, abgrenzbar und gleichzeitig ineinander verwoben. In Sprache, Rhythmus und Melodie drücken sich auch der Gegensatz und die Gleichzeitigkeit von Kontinuität und Diskontinuität in Psychotherapie und Psychoanalyse aus. Dieser grundlegende Zusammenhang spricht dafür, das Begriffspaar »Kontinuität/Diskontinuität« in klinischen Beschreibungen zu nutzen und von einer ebensolchen transmodalen Wahrnehmungsfähigkeit – bezogen auf kontinuierliche Aspekte in der einen und diskontinuierliche Aspekte in einer gleichzeitigen, anderen Sinnesqualität – auszugehen. Das genau macht den Reiz der Musik für uns aus.

Sprache und Musik

Novalis hatte mit dem Wort »musikalisch« keine auf Rhythmus reduzierten Phänomene im Sinn. Er meinte damit wohl die umfassende Qualität von Sprache und Handlungen (er schreibt an anderer Stelle: »Die Sprache ist ein musikalisches Ideen-Instrument«; Novalis (1929, Fragmente Nr. 26). Für ihn waren Sprache und Musik unmittelbar miteinander verbunden, wie sie es – historisch betrachtet – tatsächlich einmal waren, folgt man Picht (2015, S. 1120ff.; Hervorhebungen im Original):

> »Noch in der Gregorianik des Frühmittelalters strebte die Musik weitgehend nach Identität mit der Klanggestalt der Sprache. [...] In der Neuzeit, etwa seit Monteverdi und [...] Schütz begann sich die Musik die Dimension des individuellen Ausdrucks, des persönlichen Sprechaktes zu erobern. [...] Mit der Wiener Klassik ist die instrumentale Musik ›absolute Musik‹, die sich in der Romantik zur *Sprache der Innerlichkeit und der Gefühle* entwickelt. [...]
>
> Heute wird zwischen Sprache und Musik eine tiefer greifende Antinomie verhandelt, die sich am besten am Phänomen der Wiederholung verdeutlichen lässt: die Antinomie von Zeichen und Ereignis.«

Der Begriff »Zeichen« ist statisch gemeint und steht der Sprache nahe. Im Gegensatz dazu »versetzt Musik in eine *fließende, dynamische Zeit*, und nur so ist zu verstehen, dass sie uns bewegt« (ebd., S. 1125; Hervorhebung im Original).

Picht führt anschließend die doppelte Janusköpfigkeit von Sprache und Musik aus; er meint damit, dass sowohl die Sprache als auch die Musik das jeweils andere Element, die Rückseite des Januskopfes, in sich tragen – also die Sprache zugleich auch die Musik und die Musik zugleich auch die Sprache. Analog dazu sehe ich auch das Aufeinanderbezogensein von Kontinuität und Diskontinuität. Picht schreibt (ebd., S. 1126f.; Hervorhebungen im Original):

> »Was bedeutet dies für das Verhältnis von Musik und Sprache? Aus der ursprünglichen Einheit im Klangereignis löst sich Sprache, indem sie die momentane Potenz des Ereignisses in Zeichen und Symbole bannt. Fortan entwickeln sich eine Logik der Identifikation und eine Ebene von Repräsentanzen, die dem Fluss der Zeit enthoben scheinen. Dies führt dazu, dass auch die sprachlichen Zeichen – insbesondere in und mit der Schrift – sich mit ihrem Bedeuten immer weiter von ihrem Klang und damit von der Bindung an den zeitlichen Moment ihres Erklingens emanzipieren. Ich nenne diesen Aspekt der Dissoziation der Bedeutung vom zeitlichen Moment die *musikabgewandte Seite der Sprache*.

4. Psychoanalytische Technik I: Kontinuität und Diskontinuität

In der Musik bleibt diese Bindung erhalten. Sie exploriert überwiegend dynamische Verhältnisse der Sukzession, lässt die Kräfte erfahren, die sich aus zeitlichen Verhältnissen ergeben, und lebt damit letztlich aus der zeichenhaft nicht verfügbaren Unwiederholbarkeit des stets überraschenden und flüchtigen Jetzt. Diesen Aspekt der unwiederholbaren Bewegung, die sich auch einer Fixierung als Form entzieht, nenne ich die *sprachabgewandte Seite der Musik*.«

Das heißt: Der zeichenbetonten Sprache unserer analytischen Kommunikation sind immer schon der Klang, die Melodie und der Rhythmus der musikalischen Seite der Sprache beigelegt. Fließende musikalische Aspekte werden um statisch-bedeutungstragende sprachliche Faktoren in jedem Moment ergänzt. Musikalisch-rhythmische und zeichenhafte Elemente treten in unserer psychoanalytischen Sprache immer gemeinsam auf. Das gilt natürlich für Sprache überhaupt. Der Unterschied zwischen analytischem und anderem Sprachkontext besteht darin, dass wir in der psychoanalytischen Situation auf diese Janusköpfigkeit unseres Sprechens achten. Je nach ihrem Mischungsverhältnis ergeben sich dadurch kontinuierlich-zeitausgedehnte oder diskontinuierlich-unterbrochene Eindrücke, musikalisch fließende oder angehalten-statische. Das Begriffspaar »Kontinuität/Diskontinuität« öffnet die Horizonte all der musikalischen oder zeichenhaften Ebenen. Es eignet sich gut dafür, diesen Horizont zu umspannen, zu verdeutlichen und der Analyse im therapeutischen Prozess zuzuführen.

Musik, Rhythmus, Sprachmelodie, Kontinuität und Diskontinuität sind Kategorien aus dem Bereich averbaler Ausdrucksmittel, von denen unsere Analysen und Therapien voll sind. Mit ihrer Hilfe werden Inhalte unseres impliziten oder prozeduralen Gedächtnisses (Affekte, Emotionen, Bilder, Körpersensationen) ausgedrückt. Dadurch, dass wir unser Augenmerk auf diese averbalen Ausdrucksmittel richten, können die dadurch transportierten Inhalte Zugang zu unserem Bewusstsein erlangen. Ich empfinde es daher als eine Bereicherung, mit dem Begriffspaar »Kontinuität/Diskontinuität« eine Qualität in unsere Reflexion aufzunehmen, durch die unsere Aufmerksamkeit für noch nicht bewusste Elemente weiter geschärft wird. Wie oben beschrieben, benutzen zahlreiche Autoren den Begriff »Diskontinuität« in diesem Sinn.

M. Baranger (1993, S. 31) gibt hierfür eine Definition aus intersubjektiver Sicht, die ich zuvor bereits erwähnt habe. An dieser Stelle möchte ich die Autorin aber noch einmal ausführlicher zu Wort kommen lassen:

»Die Deutung besitzt die Tendenz, etwas zusammen- und in Worte zu fassen, was sich in einem besonderen Moment des Prozesses ereignet: d. h. die unbewusste Phantasie, die der gegenwärtigen Situation des analytischen Feldes zugrunde liegt und sie strukturiert. Diese Phantasie stellt die Weiterbehandlung und Kombination – zuweilen auch Diskontinuität – von allem dar, was seit Behandlungsbeginn geschehen und eventuell gedeutet worden ist. Ich gebrauche das Wort ›Diskontinuität‹, um auf ein Phänomen hinzuweisen, auf das jeder Analytiker bei seinen Patienten stößt, zuweilen in einem spektakulären, ein anderes Mal in einem geringeren Ausmaß: etwas, was sich mehr oder weniger vorhersehbar entwickelte, scheint seinen Lauf zu ändern. Der Analytiker merkt, dass er es mit ›jemand anderem‹ zu tun hat. Die Veränderung betrifft nicht nur die offenkundigen Gesprächsthemen des Analysanden, sondern auch die unbewusste Konflikthaftigkeit, die der Analytiker zu interpretieren sucht. Der Analysand scheint sogar eine andere Position in der Nosographie des Analytikers eingenommen zu haben. Der Prozess scheint einen ›Punkt der Wandlung‹ (›inflection‹) erreicht zu haben. Nicht jede Veränderung im Prozess oder im Patienten kann mit Recht als ›Punkt der Wandlung‹ (›inflection‹) bezeichnet werden. Ein Prozess ohne Veränderungen wäre kein Prozess. Wir können von einem ›Punkt der Wandlung‹ (›inflection‹) sprechen, wenn plötzlich (vielleicht im Zusammenhang mit einer geäußerten Deutung und Einsicht) eine Mobilisierung des analytischen Feldes und eine Restrukturierung der eigentlichen grundlegenden Phantasie stattgefunden haben. Der ›Punkt der Wandlung‹ (›inflection‹) kennzeichnet den Beginn des Zugangs zu neuen Aspekten der Geschichte.«

Für einen Moment möchte ich noch beim Begriff »Kontinuität« verweilen, um hierdurch die Komplementarität des Begriffspaares »Kontinuität/Diskontinuität« deutlicher herauszuarbeiten: Kontinuität und kontinuierliche Wahrnehmung benötigen wir als Analytiker, um unsere Beobachtungen am weiteren Verlauf überprüfen und unseren Analysanden und Patienten vermitteln zu können. Erst dadurch, dass vor dem Hintergrund der Kontinuität diskontinuierliche Phänomene prägnant werden (das Figur-Hintergrund-Prinzip der Gestaltpsychologie), wird Diskontinuität von Kontinuität abgrenzbar. Wir achten zu Beginn von Behandlungen auf ein tragfähiges Arbeitsbündnis als Grundlage unserer Arbeit, das durch Kontinuität gesichert wird. Durcharbeiten ist nur möglich, wenn die Regelmäßigkeit der Termine die wiederholte Beobachtung ähnlicher, gleichartiger oder gleichwertig erscheinender Phänomene ermöglicht, die aufeinander bezogen werden können. Davon gehen wir aus und differenzieren unseren ersten Eindruck im Dialog anhand weiterer, ähnlicher Phänomene. In diesem Vorgang schärfen und präzisieren wir unsere psychodynamischen Hypothesen. Es ist ein Vorgang, an dem Transparenz und Teilhabe einen großen Anteil haben, weil im transparenten Austausch das Sprechen, das Handeln und darüber der Abstimmungsprozess der Dyade gelingen.

Kontinuität oder »Kontinuität/Diskontinuität«

Zusammenfassend beschreiben Danckwardt und Gattig (1996, S. 37) die Kontinuität und ihre Bedeutung für den psychoanalytischen Prozess:

> »Die Häufigkeit und die damit verbundene größere emotionale Dichte des therapeutischen Kontaktes ermöglichen es dem Analytiker, die Aktualgenese seines eigenen Erlebens als Wahrnehmung eines interaktiven Geschehens minutiös zu beobachten. So kann er eigene Gefühlszustände und deren Veränderungen, eigene Regungen und Phantasien als Resonanz auf averbale und verbale Mitteilungen des Kranken erkennen. Und er kann prüfen, ob er in einer konkordanten Übertragung, also gleichsam mit Zustimmung des Kranken, an dessen innerer, unbewusster Phantasiewelt teilhaben kann; oder ob er in komplementärer Übertragung anstelle des Kranken dessen Selbstaspekte, innere Objekte oder Objektanteile aufzunehmen und zu bewahren hat, bis er sie in einen für den Patienten annehmbaren und erträglichen Deutungszusammenhang zu bringen vermag.«

Danckwardts und Gattigs Betrachtungsweise war auf Kontinuität gerichtet und der versorgungspolitischen Haltung der Kassenärztlichen Bundesvereinigung (KBV) geschuldet, durch die die Vierstündigkeit analytischer Behandlungen bedroht war. Es kamen dabei dann die Aspekte zu kurz, die den Gegenpol zur kontinuierlichen Arbeitsweise bilden: die überraschenden, nicht vorhersehbaren Momente und Ereignisse, die – psychotherapeutisch und psychoanalytisch betrachtet und bearbeitet – zu Veränderungen führen: all das, was ich unter »Diskontinuität« zusammenfasse. Im obigen Zitat von Danckwardt und Gattig geht es allerdings nicht um die Dialektik zwischen Kontinuität und Diskontinuität, sondern um die zwischen konkordanter und komplementärer Gegenübertragung (vgl. Racker, 1959). Tatsächlich aber findet klinisch-technische Entwicklung in der Ergänzung von Kontinuität durch Diskontinuität – und natürlich in einer Mischung aus konkordanter und komplementärer Gegenübertragung – statt. Die Arbeiten zu Fragen von Frequenz, Frequenzwechsel und Niederfrequenz (vgl. Dreyer & Schmidt, 2008) haben dies ebenso gezeigt wie die Theorien der hier berücksichtigten Autoren.

Wir können jedoch Danckwardt und Gattig auch so verstehen, dass ohne Kontinuität keine analytische Arbeit möglich ist. Diese Auffassung teile ich, möchte aber betonen: ohne Diskontinuität auch nicht! Darauf weist M. Baranger hin (1993, S. 31): »Ein Prozess ohne Veränderungen [d. h. Diskontinuität; Anm. K.-A. D.] wäre kein Prozess.« Diskontinuitäten durchziehen kontrapunktisch die insgesamt ruhige psychoanalytische Entwicklung und geben Anlass, an besonderen Momenten innezuhalten und diese in ihrer Bedeutsamkeit zu verstehen. Auf dem Boden und vor dem Hintergrund der Kontinuität in Rahmen und Setting spielen in jeder Behandlung die nichtkontinuierlichen, »diskontinuierlichen« Phänomene eine herausragende Rolle, häufig als Enactments des Patienten oder als Gegenübertragungsenactments des Analytikers. Diskontinuitäten in psychoanalytischen Prozessen können auf vielerlei unterschiedliche Weise Gestalt annehmen. Sie können

1. eingebettet sein in unauffällig erscheinende analytische Interaktion
2. zu zentralen Momenten in Psychoanalysen werden
3. als Nichthandeln auffallen
4. für Enactments stehen
5. Unregelmäßigkeiten in der Makrointeraktion sein
6. sich in der Mikrointeraktion zeigen
7. weiteres diskontinuierliches Handeln oder diskontinuierliche Ereignisse auslösen
8. im Zusammenhang mit Übertragungsprozessen stehen
9. im Zusammenhang mit Gegenübertragungsagieren stehen
10. als Phänomene auftreten, die sich dem Verstehen entziehen

Diese Aufzählung erhebt keinen Anspruch auf Vollständigkeit. Sie soll die Vielgestaltigkeit von Diskontinuitäten illustrieren und den Blick für diskontinuierliche Phänomene schärfen. Dadurch erweitert sich unser analytisches Wahrnehmungs- und Verhaltensspektrum.

Während Begriffe wie »Agieren«, »acting in«, »acting out«, »Handlungsdialog« und andere oftmals einen potenziell wertenden Charakter haben oder bereits eine Interpretationsrichtung vorgeben, bleibt das Begriffspaar »Kontinuität/Diskontinuität« auf der beschreibenden, phänomenologischen Ebene und zunächst außerhalb eines psychoanalytischen Interpretationsrahmens. Die assoziativ-deutende Erarbeitung unbewusster Zusammenhänge folgt im nächsten Schritt und zwar ohne wertende Vorannahmen, strikt bezogen auf den jeweiligen höchst spezifischen Moment. Der analytische Augenblick entsteht im Lichte der Vergangenheit und der auf ihn einwirkenden Innen- und Außenwelten. Die Neutralität des Begriffs »Diskontinuität« macht ihn für die klinische Diskussion ausgesprochen nützlich.

Diskontinuität und Agieren

Zur Geschichte der Konzepte »Agieren«, »acting in/out« oder »Enactment« vergleiche Kapitel 1. Bohleber und Kollegen (2013) unternehmen – zurückgehend auf eine Initiative der IPA – den Versuch, die Geschichte dieser Begriffe zu untersuchen und ihren zukünftigen Gebrauch exakter zu definieren. Sicherlich sollte damit das extrem unübersichtlich gewordene Feld zugänglicher und »geordneter« werden. Nichtsdestotrotz dürfte es bei den vielerlei unterschiedlichen Bedeutungen und Bewertungen von Enactment geblieben sein. An einer Stelle findet sich im Text der Übergang zum Begriff »Diskontinuität« (Bohleber et al., 2013, S. 1225):

> »Enactments unterbrechen die bewusste Selbstwahrnehmung des Analytikers, indem sie von diesem normativen Prozess der interpersonalen Erfahrung abweichen. Ganz plötzlich scheint etwas unvollständig zu sein: der Analytiker gerät aus dem Gleichgewicht, sein Gefühl, auf normale Weise analytisch zu funktionieren, kommt ihm abhanden. Das abrupte Gewahrwerden einer Diskontinuität führt zu einer Verwerfung im phänomenologischen Feld. Die Art und Weise, wie der – durch das augenblickliche Geschehen im analytischen Prozess bedingte – Zusammenbruch seiner Theorie den Analytiker in Mitleidenschaft zieht, wird von den verschiedenen Autoren recht ähnlich geschildert: ›Ich entdeckte an mir selbst ein ungewöhnliches Phänomen‹, schreibt Jacobs (1986, S. 294); oder: ›Der Analytiker wird emotional auf eine Weise berührt, die er nicht beabsichtigt hatte‹ (Boesky, 1990, S. 573).«

Soviel zur Einführung und Definition meines Begriffs »Diskontinuität«. Enactments bilden eine wichtige Untergruppe diskontinuierlicher Phänomene in der klinischen Situation, sind bei Weitem jedoch nicht die einzige diskontinuierliche Manifestation in der klinischen Situation. Diskontinuierliche Phänomene fielen mir zunächst im Rahmen meiner Beschäftigung mit niederfrequentem Arbeiten ins Auge: sie sind in diesem Setting häufig. Diese Erfahrungen schärfen den Blick für diskontinuierliche Aspekte auch in der höherfrequenten psychoanalytischen Praxis. Dadurch erweitert sich das Spektrum unserer analytischen Handlungsoptionen: aus der Blickrichtung der niederen Frequenz sehen wir mit geschärftem Blick die diskontinuierlichen Aspekte (vgl. Dreyer & Schmidt, 2008).

Die Diskontinuität der »nicht hoffnungsleeren Hoffnungslosigkeit« (Schneider)

Gerhard Schneider beschreibt in seinem Vortrag auf der 27. Jahrestagung der Europäischen Psychoanalytischen Föderation (EPF) den Begriff »Diskontinuität«. Sein Titel kündet bereits davon, dass die Unregelmäßigkeit, Diskontinuität im

Zentrum seiner Überlegungen steht: »Einschnitte, Einrisse, Inseln – zu einer psychoanalytischen Topographie psychischer Fernen und ihrer (Un-)Erreichbarkeit«. Er definiert zunächst Diskontinuität (2014, S. 23; Hervorhebungen im Original):

> »In der Psyche hinterlassen Brüche Spuren, sie schaffen Diskontinuitäten zwischen dem Zuvor und dem Danach. Der lebensgeschichtlichen Unvermeidbarkeit von Brüchen korrespondiert also, dass wir uns die Psyche als markiert durch *Diskontinuitäten* vorzustellen haben. Dies entspricht der genuinen psychoanalytischen Einsicht in die Struktur der Psyche überhaupt, denn indem Freud (1915e, Seite 264–270) den Begriff des unbewussten einführte, markierte er zugleich eine grundsätzliche Diskontinuität der Psyche: das Unbewusste ist *das Andere* des Bewussten, von dem aus kein direkter Weg in dieses Andere führt.«

Schneider fasst – etwas komplex – zusammen: »Meine Überlegungen heute zielen darauf ab, diesem psychisch fernen Ort, man muss zunächst einmal sagen: diesem Nicht-Ort der nicht hoffnungsleeren Hoffnungslosigkeit näher zu kommen und ihn zur Sprache zu bringen« (S. 23). Mehrfach diskontinuierlich ist die dreifache Verneinung »nicht hoffnungsleere Hoffnungslosigkeit«. Schneider betont den »Nicht-Wegzusammenhang und unbestimmte Ferne(n) [als Aspekte] einer Topographie der Diskontinuität« (S. 24) – wiederum drei verneinende Begriffe, die vom Autor aneinandergereiht werden. Eine dreifache Betonung der örtlichen Zerrissenheit, ergänzt um den sprachbildhaften Ausdruck des vielfachen Hin und Her. Die Hoffnung ebenso wie der Ort entstehen allmählich aus einer Unschärfe des andauernden, rastlosen Wechsels in der inneren Bewegung über einen langen Zeitraum hinweg.

Schneiders Worte bedürfen der Erläuterung. Den Begriff »wegzusammenhängender Raum« (S. 24) entnimmt er der Mathematik, um mit seiner Hilfe zu zeigen, dass Orte eine oder mehrere Verbindungen haben, die beschreibbar sind. Dagegen sei das moderne Analysieren nun aber eben »nicht wegzusammenhängend«; das heißt, es bleibt für eine lange Zeit unklar, ob sich Verbindungen, Wege überhaupt finden lassen. Schneider nennt dieses postklassische Analysieren »diskontinuierlich«. Sein Anliegen dabei ist, »diesem psychisch fernen Ort, man muss zunächst einmal sagen: diesem Nicht-Ort der nicht hoffnungsleeren Hoffnungslosigkeit näher zu kommen und ihn zur Sprache zu bringen«, also Unsagbares, Unerreichbares, Unbewusstes ausfindig zu machen, einen sprachlichen Ausdruck zu finden und schließlich zu verstehen, wo sich vielleicht doch noch ein Funken Hoffnung hinter aller Verneinung versteckt. Um diese Orte verlässlich ausfindig machen zu können, sind aus meiner Sicht Transparenz, Teilhabe und Vertrauen unabdingbar. Wo sie (noch) nicht existieren, geht es darum, dass und wie sie wachsen und entstehen können. Transparenz kann aus augenfälligen Besonderheiten, also aus Diskontinuitäten, erwachsen, wenn die Phänomene, die sich zunächst im Verborgenen entfalten und ihre Wirkung ausüben, möglicherweise erst sehr viel später die Sprache erreichen und dann transparent gemacht werden können.

Eines der anschaulichen klinischen Beispiele Schneiders (2014) passt hierher: Er beschreibt, wie er in der Analyse einer schwer traumatisierten Patientin beobachtet, dass diese mitunter nicht mehr weiterspricht – ein Moment der Diskontinuität. Weder gab es Hinweise darauf, was sich in der Interaktion zwischen ihnen gerade abspielt, noch kann er in seinem Inneren, in seiner Gegenübertragung Hinweise entdecken. Er muss sich mit dieser Art Abwesenheit, mit diesem Wegsein abfinden. Später versteht er diese Form des Nichtseins als die unbewusste Lebenslist der Patientin, durch Wegsein zu verhindern, dass sich ihr Nichtgewolltsein in der Übertragung mit dem Analytiker verbindet (ad 8; ich beziehe mich nun in meiner Nummerierung auf die Aufzählung, in der ich die verschiedenen Typen und Arten von Diskontinuitäten oben zum Ausdruck gebracht habe). Diese – aus ihrer Sicht – Katastrophe bildet aber zugleich die Voraussetzung dafür, dass das Phänomen ihres Wegseins bewusst und analysierbar wird. Es war dem Analytiker nur aus seiner Gegenübertragung (ad 9) und insbesondere seiner Wahrnehmung des auffällig diskontinuierlichen Fehlens eigener Empfindungen möglich, hinter die »List« der doppelten Nichtexistenz, des Schweigens und totalen Wegseins zu gelangen: eine Abwehrformation, die sich offenbar ähnlich derjenigen der Krypta bei Torok (1983) oder der »toten Mutter« Greens (1993) anfühlte.

Schneider beschreibt Diskontinuitäten (ad 4, 8, 9), die in der Interaktion zunächst unbemerkt bleiben. Auch hierfür findet sich in der oben erwähnten Veröffentlichung ein Beispiel (2014, S. 32; Hervorhebung im Original):

> »Im Hintergrund [scheint es] auch eine Art Gewissheit gegeben [zu] haben, dass ich *nicht* ihre Mutter war, wie ich gegen Ende der Behandlung von ihr erfuhr. Sie erzählte mir dort von ihrer Wahrnehmung bei der allerersten Begrüßung. Dabei tauchte so etwas wie eine Hohlform von Hoffnung auf: ihr erster Blick fiel auf meine Schuhe, es waren wegen meiner damaligen Rückenbeschwerden Nike-Turnschuhe: ›Ich sah Ihre Turnschuhe und dachte, Sie sind nicht meine Mutter‹.«

In diesem hier verkürzt und reduziert wiedergegebenen klinischen Beispiel spricht eine Patientin im Rückblick aus, was sie vermutlich durch weite Teile der Analyse getragen hat: eine wohltuende Diskontinuität im Auftreten ihres Analytikers, der unpassende Turnschuhe zu einem sonst beruflich unauffälligen Outfit trägt. Dieser Bruch, diese Diskontinuität lässt die Patientin Hoffnung schöpfen, die sich im Laufe der Zusammenarbeit verdichtet und sie schließlich durch lange Jahre belastender analytischer Arbeit trägt (ad 1 und ad 2). Entscheidend war ein Analogieschluss in der Patientin: wer so offenkundig nicht zusammenpassend in seinem Äußeren auftritt, wie ihr Analytiker dies tut, und sich selbst so transparent zeigt, der hält Widersprüche – gemeint sind hier die inneren Widersprüche der Patientin – aus und wird sie auch in ihrem Nichtsein möglicherweise besser ertragen können, als sie selbst es zu Beginn der Analyse konnte.

Eine eigene Patientin, die sehr lange bei mir in hochfrequenter Analyse war, wies mich darauf hin, dass ihr Neid auf die Azalee auf meinem Couchtisch und ihr damit verbundener Wunsch, ebenso wie die Azalee bei mir sein und bleiben zu dürfen, sie durch viele Jahre der Analyse bei mir getragen hat. Dahinter stand die Phantasie, bei mir könne man aufblühen. Dem voraus ging – so möchte ich vermuten – die Wahrnehmung des wechselnd diskontinuierlich-kontinuierlichen Vorgangs des Aufblühens und Verblühens der Pflanze. Daraus wurde später eine bewusste Phantasie: nach und nach, durch das Auf und Ab der Behandlung, schließlich ebenfalls aufzublühen und dadurch das sonst so trostlose Erleben durchbrechen zu können. Es handelt sich im Grunde oft um unmerkliche Diskontinuitäten, die im Kopf unserer Analysanden ihre Wirkung entfalten, auch wenn sie lange nicht ausgesprochen werden können, weil sie die Ebene der Versprachlichung noch nicht erreicht haben (ad 1, 3). Sie sind gleichwohl Träger der Hoffnung auf Entwicklung, Aufbruch, Diskontinuität, die Lebendigkeit bedeutet. Allgemein lässt sich sagen, dass in jeder gesunden Therapiemotivation die Hoffnung auf Diskontinuität liegt: dass es nicht so, wie es im Moment ist, kontinuierlich weitergehen möge.

Diskontinuitäten können schon früh in der Begegnung zwischen Analytiker und Patient entscheidend werden. In einem Interview beantwortet mein Patient die Frage nach der Anzahl seiner Geschwister mit »zwei«. Ich notiere und bin sofort überrascht, weil ich eine »4« geschrieben habe. Zunächst läuft das Interview weiter, dann frage ich – im Versuch, meine Fehlleistung zu verstehen – ob es noch weitere, vielleicht verstorbene Geschwister gab. Daraufhin antwortet mir der Patient: »Ja, es gab zwei weitere Geschwister, die verstorben sind.« Ohne meine (agierte, ad 4) Fehlleistung, die ich als Diskontinuität auffasse, hätte ich den entscheidenden Zusammenhang im Interview nicht erfahren. Nachträglich lässt sich nicht mehr herausfinden, wie es zu dieser, meiner Fehlleistung kommen konnte; die Diskontinuität bleibt in ihrem unbewussten Anteil rätselhaft (ad 10).

Die Vignetten, auf die ich in diesem Kapitel Bezug nehme, enthalten weitere Beispiele diskontinuierlicher Momente. So dürfte Sandler (1976) zunächst nicht aufgefallen sein, dass er seiner Analysandin kein Papiertaschentuch mehr reicht. Er beachtet seine Nichthandlung solange nicht, bis sich seine Analysandin zu beschweren beginnt. Im Grunde beschwert sie sich zu Recht, weil er agiert. Daraufhin wird ihm sein diskontinuierliches Verhalten bewusst, was den Wendepunkt hin zum Reflektieren markiert (ad 2, 5). Die Erkenntnis wird erst durch den Wegfall, durch ein Nichthandeln ermöglicht (ad 7).

Bisweilen dauert es viele Jahre zum Teil hochfrequenter Analyse, bis unsere Patienten uns bestimmte Gefühle mitteilen können. Die Bedeutung der Azalee ist ein Beispiel dafür. Unausgesprochen ist es der erste, sehnsüchtige Blick in eine noch nicht zugängliche, neue Welt, die sich dann ganz allmählich aufbaut. Meine Patientin teilt mir dieses Sehnsuchtsbild zu dem Zeitpunkt mit, als sie genügend davon in sich trägt, ihr dies bewusst verfügbar wurde und sie nicht länger fürchten muss, durch Aussprechen das Bild zu verscheuchen. Einen ähnlichen Schutz vor Wahrnehmung der Welt der Diskontinuität wählt auch Schneiders Patient im obigen Beispiel. Zunächst jedoch bleiben diese Diskontinuitäten unbemerkt, tauchen allenfalls in Aspekten der Mikrointeraktion auf, weil ihr Bewusstwerden das Identitätsgefühl zu sehr erschüttern würde oder weil sie aus Loyalität mit inneren Objekten nicht wahrgenommen werden dürfen (ad 7).

In dem Fall meines süditalienischen Patienten aus Kapitel 3 habe zuerst *ich* agiert, indem ich ihm nach einer langen, niederfrequenten Behandlungszeit die hohe Frequenz vorschlage und ihn dadurch zum »Mitgehen« animiere. In einem tieferen Sinn ist davon auszugehen, dass mein Handeln, mein Agieren Teil *seiner* Agenda war und diese sich – aktuell im Mitgehen mit mir – als Beginn der Vergewaltigungsübertragung im Behandlungszimmer reproduziert; zugleich war es der erste Schritt zur Überwindung des Traumas (ad 9).

Schließlich mag es immer wieder Momente geben, in denen wir gerne wüssten, welche tieferliegende Kommunikation und Interaktion oder welche Resonanzphänomene sich abgespielt haben, ohne dass wir uns dies jemals werden beantworten können. Ich meine das Beispiel meines Verschreibens »4« statt »2« aus dem Interview. Wir werden immer wieder Momente erleben, die wir nicht klären und erklären können, entweder deshalb, weil der analytische Prozess bereits fortgeschritten ist, oder weil wir unsere weitreichenden Annahmen nicht überprüfen können (ad 10). Im Zweifel müssen wir auf eine Erklärung verzichten.

Die große Bandbreite diskontinuierlicher Phänomene

Ich habe für alle aufgelisteten Kategorien von Diskontinuität Beispiele gegeben (zu Nr. 6 passt meine Vignette in diesem Kapitel). Eine Kategorie habe ich nicht in meine Aufzählung klinischer Phänomene aufgenommen: die unbemerkte Diskontinuität. Beispiele für diese Kategorie können wir nur aus einem Bereich wählen, an dem wir mittelbar beteiligt sind: in Intervisionen und Supervisionen machen wir bisweilen unsere Kollegen darauf aufmerksam oder werden darauf hingewiesen, dass es eine bisher vom Behandler unbemerkte, gleichwohl bedeutsame Unregelmäßigkeit gibt. Erst durch den Hinweis eines Dritten wird dies bemerkt. Wenn wir uns dies vor Augen führen, ahnen und spüren wir, dass es in unseren Behandlungen noch einen großen, nicht gehobenen Schatz gibt, und all die unbemerkten Brüche, Unregelmäßigkeiten und Unterbrechungen darauf warten, in ihrer Bedeutung verstanden zu werden.

Ich habe für meine Aufzählung eine anschauliche Sprache mit engem Bezug zur klinischen Erfahrung gewählt. Mein Ziel ist es, das weitere Feld durch eine differenzierende Gliederung zunächst überschaubar zu halten, ohne durch zu weit gehende Abstraktion die Lebendigkeit der Interaktion zwischen Analytiker und Analysand zu verfehlen. Reichhaltige Bedeutungshorizonte sind vorstellbar, die unter diversen Kategorien unser klinisches Denken bereichern werden.

Systematischere, dann auch abstraktere Kategorisierungen wären denkbar:
- ➢ Eine Unterteilung könnte sich nach dem Zeitpunkt richten, zu dem die Diskontinuität Beachtung und Bedeutung findet: *Diskontinuitäten bleiben lange Zeit vollständig unaufgeklärt*, häufig gewinnt im Rückblick eine Interaktion einen diskontinuierlichen Aspekt und lässt dann ihre wahre Bedeutung erkennen.
- ➢ Eine andere Unterteilung könnte sich danach richten, *welche Person Träger der Diskontinuität ist*: der Analysand oder eher der Analytiker?
- ➢ Unterteilt werden könnte danach, *welche Dimension die Diskontinuität hat*: ob sie unmerklich geschieht, deutlich in Makro- oder Mikrointeraktion spürbar ist oder als lebhaftes Agieren imponiert.
- ➢ Diskontinuierliches Enactment *lässt sich nach dem dynamischen Moment differenzieren*, von dem es ausgeht: ob es vom Analysanden ausgeht, einen Aspekt der Übertragung darstellt und sich damit auf den Analytiker richtet, ob es vom Analytiker ausgeht, vielleicht seinem Alltagsleben entspringt, im Rahmen einer Gegenübertragung sich dann als Agieren auf den Analysanden richtet oder ob es von beiden zugleich ausgeht.

Im Bereich der unauffälligen Diskontinuitäten liegt beispielsweise das »Hm« des Analytikers. Ebenso gut kann es ein nicht artikuliertes »Hm« sein. Um aus der Bandbreite möglicher Diskontinuitäten die unauffälligen darzustellen, wähle ich nun eine Vignette, in der ich am Beispiel meines Schweigens und der Analyse meiner zugrundeliegenden Gegenübertragung einen Weg entdecke, den – unabhängig von mir – auch mein Patient wählt und ausspricht. Im Laufe der folgenden Wochen stoßen wir auf lebensgeschichtliche Zusammenhänge, die im Sinne einer Schutzfunktion das spätere Trauma des Verlusts des Vaters gemildert haben dürften. Es ist mein Anliegen, anhand dieser Vignette die Vielgestaltigkeit diskontinuierlicher Phänomene in der Analyse zu verdeutlichen.

Vignette: Das Schweigen, die Lücke und der Verlust

In meiner Vignette geht der Weg meiner Reflexion von einer minimalen Diskontinuität im Behandlungsverlauf aus. Auch der Patient bemerkt, dass etwas anders ist. Die Veränderung wird über die Beobachtung der Mikrointeraktion bewusst und erschließt sich nach genau vier Wochen dem analytischen Verstehen. Vier Wochen sind ein lebensgeschichtlich bedeutsamer Zeitraum aus dem ersten Lebensjahr des Patienten. Die Bestätigung dafür finden wir in alten Aufzeichnungen, die ihrerseits von augenfälligen Diskontinuitäten geprägt sind.

Nachdem wir in den vorausgegangenen bisher ca. 160 Stunden viele seiner Ängste aufgelöst haben, kommt der Patient mit Missmut in eine Stunde: er fragt sich, wie er mit seiner Frau über unangenehme Themen im Gespräch bleiben kann. Sie breche Gespräche gekränkt ab und am nächsten Morgen sei dann für sie alles erledigt, er aber bleibe mit Fragen zurück. Klare Interaktion entstehe hingegen, wenn sein Enkelkind schreit, das mit dem Sohn des Patienten und der Schwiegertochter derzeit im gleichen Haus wohnt. Das Baby bekomme dann etwas zu trinken und im Anschluss sei wieder Ruhe. Dieses erste Enkelkind der Familie trägt traditionell den Vornamen des Erstgeborenen, Johannes, der auch der Vorname meines Patienten ist. Er sagt, das Schreien des Babys klinge im Haus nach, er höre es selbst dann noch, wenn das Baby gar nicht mehr schreit, sodass seine eigene nächtliche Unruhe bestehen bleibt: er bekomme schlecht Luft, wache davon auf, sei unruhig und hungrig, gehe in die Küche und esse dann viel.

In der Stunde entsteht Schweigen, in mir taucht die Frage auf: Wie ging es ihm als Ältestem im Kreise seiner jüngeren Geschwister? Ich schweife ab zu den Fragen: Wie viel bekam er ab? War es zu wenig? Kann es jemals genug sein? Und kehre mit der Frage zurück: Muss ich ihn jetzt mit Worten nähren oder kann ich ihn – anders als die junge Familie seinen Enkel – »schreien« lassen? Aus dem Gesprächsfluss wäre mir ein Satz oder wenigstens ein »Hm« in vertrauter psychoanalytischer Technik passend erschienen,[3] ich entscheide mich aber dagegen, weil ich den Moment in der Stunde dicht, nicht karg empfinde und abwarten will, worüber er spricht. »Worüber sprechen wir eigentlich?«, bricht *er* darauf das Schweigen und nimmt empathisch meine Gedanken auf. Er sei abgeschweift und erzählt mir daraufhin, dass seine Eltern, er war ein Jahr alt, vier Wochen lange verreist waren (auch ich war eben auf einer Gedankenreise) und ihm später sagten, er habe sie bei ihrer Rückkehr nicht mehr erkannt! Mein Schweigen enthielt eine analytische Mini-Mangelerfahrung, regte seine Einfälle an und führte uns darüber zur vierwöchigen Trennung von den Eltern, einer dramatischen Diskontinuität in seinem ersten Lebensjahr.

Dieser kleine, bedeutungsvolle und diskontinuierliche Moment beginnt – nach meiner Wahrnehmung – in meinem Kopf mit der intuitiven Ahnung, dass ich jetzt nicht unbedingt auf die Gesprächsinhalte reagieren muss. Der kommunikative Moment erscheint mir gesättigt genug: ich bin mit mir beschäftigt und gebe dadurch meinem Patienten Gelegenheit, in meinem Beisein seine Innenwelt ungestört zu betreten. Der Rückweg in unser Gespräch (»Worüber sprechen wir eigentlich?«) gelingt ihm mit einem Einfall zu seiner eigenen Kindheit. Ausgehend vom Alter seines Enkels kommt er auf sich und die Ereignisse, die er mit einem Jahr erlebt hatte, zu sprechen. In ihnen ist sein ungestillter Hunger nach nächtlicher Nahrung ebenso wie nach Beziehung zu seiner Frau begründet. Es ging also der analytische Prozess nicht nur in meiner empathischen Reaktion weiter, sondern ebenso in den Assoziationen meines Patienten. Auch er geriet in einen Zustand der Reverie, bezogen auf seinen Enkel und dessen Entwicklung, die er mit ebenso großer Liebe und Leidenschaft begleitet, wie er selbst es wohl vor allem von seinen männlichen Vorfahren erlebt hat. Durch die Diskontinuität meines Schweigens vermag die tieferliegende Parallelität zwischen uns sich auszubreiten: ich nehme den Moment auf, an dem der Patient sich durch eine Mangelerfahrung entwickeln kann.

Dieser Verarbeitungsprozess hat eine Langzeitwirkung: genau vier Wochen später bringt er nach der Weihnachtsunterbrechung das Tagebuch seiner Eltern

---

3 F. Dreyer (2016) thematisiert eine sowohl den Kliniker als auch den Forscher interessierende Frage: »How does the Therapist know what the Patient is going to say? […] [W]e can state that the term of ›intervention‹ always involves some sort of intentionality, a theorizing about the other.« F. Dreyer zeigt dies am Beispiel des Lautes »Hm« (vgl. S. 95 in diesem Kapitel). Für mich war in der dargestellten Sequenz die Empfindung des Nichtwissens leitend.

4. Psychoanalytische Technik I: Kontinuität und Diskontinuität

aus seinen ersten Jahren mit in die Stunde. Es beginnt mit der Geburtsanzeige in zwei Zeitungen, aus zwei Kontinenten, in zwei Schrifttypen: eine deutsche Anzeige in Fraktur und eine amerikanische in Times New Roman. Dahinter steht eine Familiengeschichte um Auswanderung, Rückkehr und ambivalente Gedanken an erneute Emigration – ausgesprochen diskontinuierliche Lebenswege! Die Differenzierung in den Schrifttypen setzt sich in den handschriftlichen Aufzeichnungen fort: die aus Amerika zurückgekehrte Mutter schreibt ins Tagebuch in altertümlich anmutender *deutscher Kurrentschrift*, der Vater und die Oma väterlicherseits dagegen in der moderneren *lateinischen Ausgangsschrift*. Aus Mutters Notizen ragt ein einziger Eintrag in der moderneren Schreibschrift, der lateinischen Ausgangsschrift, heraus: genau der, in dem sie die Rückkehr aus dem fernen Amerika nach vier Wochen beschreibt. Sie schildert die Begebenheit, über die der Patient und ich vor genauso langen vier Wochen gesprochen hatten. Ich erfahre, dass er in der vierwöchigen Abwesenheit der Eltern bei der Oma das Laufen gelernt hat und auf dem eingeklebten Foto nun stolz und aufrecht stehen kann! Die Mutter vermerkt, beim Wiedersehen habe der einjährige Sohn »Mamomi« gesagt, eine gelungene Kompromissbildung. Der Patient erinnert, dass ihm gesagt wurde, er habe seine Eltern beim Wiedersehen zunächst nicht erkannt. Nach einigen Tagen habe sich die Oberfläche wieder beruhigt, es ist zu lesen und auch heute noch zu sehen – die Mutter schreibt wieder in deutscher Schrift, alles ist wieder beim Alten. In dieser Geschichte steckt die Wahrheit, dass das Kind erst in dem Moment seine ersten eigenen Schritte machen konnte, als eine allzu einengende Mutter abwesend war. Das Tagebuch ist ansonsten voll von kontrollierenden Einträgen dieser selbstunsicheren Mutter über das Essverhalten ihres Kindes.

Auch später und insbesondere nach dem frühen Tod des Vaters, als der Patient 15 Jahre alt war, blieb es die lebenslange Aufgabe meines Patienten, eigene Schritte weg von der in depressiver Ambivalenz verharrenden Mutter zu wagen. Diese Behandlungssequenz, in der entscheidende Schritte der beginnenden Autonomieentwicklung beschrieben sind, steht noch für eine weitere entscheidende Entdeckung: bisher dachten wir, dass vor allem der traumatische Verlust des Vaters sein Leben überschattet hat. Der Tagebucheintrag kündet von der geglückten, progressiven Verarbeitung der Deprivationssituation, als das Kind ein Jahr alt war. Ähnlich Freuds (1920g, S. 13f.) Beispiel von seinem Enkel und dessen Spiel mit der Garnrolle, das »Fort-Da-Spiel«, wird die positive Verarbeitung der frühen Trennung von den Eltern den späteren Verlust des Vaters leichter verkraftbar gemacht haben – das alles entdecken wir ausgehend von einem nicht laut gewordenen »Hm«.

Das Symptom in der Mikrointeraktion eröffnet einen zentralen Bedeutungszusammenhang, den wir entdecken können, weil wir beide empathisch unseren Assoziationen und der gleichschwebenden Aufmerksamkeit folgen können. In alltägliches, unspektakuläres psychoanalytisches Arbeiten sind derartige diskontinuierliche Momente hineinverwoben. Ein Moment des Schweigens erlangt auf diese Weise eine große Bedeutung für die gesamte Analyse. Entscheidend ist, dass es uns gelingt, die Linien in die Vergangenheit hinein zu finden. Das Wechselspiel der kontinuierlichen und diskontinuierlichen Momente bereichert unsere psychoanalytische Arbeit und ermöglicht dem Patienten, sich empathisch in die unbewussten Tiefen seiner frühen Jahre zu versetzen. Es ist die Mischung aus diskontinuierlicher Mini-Mangelerfahrung vor dem Hintergrund kontinuierlicher Zusammenarbeit, die es möglich macht, unsere aktuelle Interaktion sowohl mit dem Verlust des Vaters als auch mit der frühen Abwesenheit der Mutter zu verknüpfen.

Die Bedeutung von Kontinuität und Diskontinuität im psychoanalytischen Prozess

In Kapitel 3 und eingangs dieses Kapitels bin ich auf die Bedeutung von Kontinuität für den psychoanalytischen Prozess eingegangen: es geht dabei um Erfahrungen, die der Patient mit Verlässlichkeit machen kann – Verlässlichkeit sowohl des Analytikers als auch des Settings, das für beide Beteiligte einen schützenden Rahmen bietet. Diskontinuität wird vor dem Hintergrund von Kontinuität und Sicherheit in der Behandlung wahrgenommen. Dies illustrieren meine Beispiele.

Auch wenn Stunden weit auseinander liegen (eine Woche oder mehr, in meiner Vignette waren es vier Wochen), gelingt es vielen Patienten, über diese Zeitspanne den Übertragungsbogen zu halten. Natürlich ist dies nicht garantiert und manche Patienten bedürfen einer intensiveren Betreuung, entweder weil sie den langen Zeitraum nicht überbrücken können oder weil sie Formen des Widerstands haben, die nur in höherer Stundenfrequenz der Bearbeitung zugänglich sind. Für alle anderen jedoch gilt, dass weite Abstände zwischen den Stunden und kontinuierliche psychoanalytisch-psychodynamische Arbeit sehr wohl zusammenpassen. Wie ich in meinem Beispiel »Ihren Kruscht könnten Sie auch einmal aufräumen« (im folgenden Kapitel 5) zeige, können über den Zeitabstand von einer Woche sehr wohl diskontinuierliche Momente identifiziert und in ihrer Bedeutung für den analytischen Prozess verstanden und anschließend bearbeitet werden. Gleiches gilt für psychodynamische Psychotherapie in niedriger Frequenz: psychoanalytische Prozesse entwickeln sich auch in diesem Setting über Monate hinweg (vgl. Dreyer, 2006; Dreyer & Schmidt, 2008).

Diskontinuitäten wurden in unseren technischen Überlegungen eine zu lange Zeit nicht beachtet. Dadurch blieben wesentliche Zusammenhänge im Dunkeln: wir konnten nicht gut erkennen, welch intensives Wechselspiel zwischen der Kontinuität und der Diskontinuität im Rhythmus und der Melodie nicht nur in unserer Sprache, sondern insgesamt in unseren psychoanalytischen Behandlungen stattfindet. Die unter Analytikern vorherrschende (Über-)Betonung der Kontinuität hat lange Zeit den Blick verstellt auf die technisch gleichermaßen wertvollen Aspekte von Diskontinuität. Dadurch ist in der psychoanalytischen Theorie eine Engführung entstanden, der ich mit den Überlegungen dieses Kapitels entgegenwirken möchte. Ich habe versucht, diesem Versäumnis Abhilfe zu schaffen und den psychoanalytischen Raum dadurch zu erweitern.

5. Psychoanalytische Technik II: Die Prozesse in der introjektiven Identifizierung

Einer Gruppe von Diskontinuitäten möchte ich ein eigenes Kapitel widmen, da ich sie für klinisch besonders bedeutsam halte. Es handelt sich um die projektiven und introjektiven Identifizierungen. Sowohl die projektive und als auch die introjektive Identifizierung tauchen als Diskontinuität in der Wahrnehmung des Analytikers auf. Er nimmt in der Regel etwas wahr, das ihm nicht zur üblichen Begegnung mit seinem Analysanden zu passen scheint und auch nicht dazu, wie er sich selbst im therapeutisch-psychoanalytischen Prozess mit ihm kennt: etwas Fremdes taucht in ihm auf, das er – auch bei eingehendem Reflektieren – nicht leicht in die gemeinsam geteilte Erfahrungswelt einordnen kann.

Mein Schwerpunkt liegt deshalb auf der introjektiven und nicht auf der projektiven Identifizierung, weil die introjektive Identifizierung eine interaktive Möglichkeit bietet, unbewusste Objektbeziehungsmuster und unbewusste Interaktionen mit den wichtigen Objekten der Vergangenheit vom Analysanden dem Analytiker auf unbewussten Wegen mitzuteilen. Während die projektive Identifizierung insbesondere in der kleinianischen Theorie viel Raum einnimmt, wurde die Bedeutung der introjektiven Identifizierung in der Literatur allgemein eher vernachlässigt. Manche Autoren sprechen nur von projektiver Identifizierung und schließen darin – ohne zu differenzieren – die introjektive Identifizierung ein.

Eine Ausnahme bildet das Buch *Projective and Introjective Identification and the Use of the Therapist's Self* (1992) von Jill Savege Scharff, in dem ausführlich die Geschichte und der Gebrauch der introjektiven Identifizierung dargestellt werden. In ihrem Kapitel »Das vergessene Konzept der introjektiven Identifizierung« (S. 49–83) beschäftigt sie sich eingehend damit, dass und warum die Bedeutung der introjektiven Identifizierung vernachlässigt wurde, und erörtert diese Frage mit Bezug auf Racker (1959) und Jacobs (1991) und deren Beitrag zum Begriff der Gegenübertragung.

In meinen weiteren Ausführungen konzentriere ich mich nun auf die besondere Funktion der introjektiven Identifizierung im Sinne einer kommunikativen Brücke zwischen Selbst und Objekt, drinnen und draußen zur Entdeckung bisher unbewusster Aspekte, die sich dem Analytiker mitgeteilt haben. Der Analytiker entdeckt dies zuerst, bemerkt, dass etwas fremd daran ist, analysiert es in der Gegenübertragung oder spricht sein Gefühl der Gegenübertragung aus, um es anschließend mit seinem Analysanden zusammen zu betrachten und dann den Weg zu tiefergehender Analyse zu wählen.

Dass die introjektive Identifizierung Abwehrfunktionen erfüllt, worauf J.S. Scharff (1992) mit Bezug zu Fairbairn (2000 [1954]) hinweist, ist ihr Ursprung. Unter der Überschrift »Mutual Introjective and Projective Identification: Healing the Object in the Transference« (S. 302–310) diskutiert sie, wie die introjektive Identifizierung der Analytikerin es dem Analysanden ermöglicht, ein ihm bisher unbewusstes Bild seines Vaters zu erinnern. J.S. Scharff berichtet auch, dass die Bearbeitung der introjektiven Identifizierung auch auf sie selbst heilsamen Einfluss ausgeübt hat, ohne dies näher auszuführen.

Ich konzentriere mich in meinen weiteren Ausführungen zunächst auf die unbewusste Interaktion, die am Beginn der introjektiven Identifizierung steht. Entweder wird die *Abwehr* im Sinne Fairbairns (2000 [1954]) übertragen (s. dazu meine erste Vignette später in diesem Kapitel) oder die gesamte *Objektbeziehungskonstellation* wird übertragen (s. meine zweite Vignette in diesem Kapitel). Der Schwerpunkt meiner Darstellung liegt auf den Prozessen in der Gegenübertragung und wie diese für den Erkenntnisgewinn in der Analyse fruchtbar gemacht werden können.

Meist tritt eine introjektive Identifizierung uns als – erst vage – Diskontinuität ins Bewusstsein. Die introjektive Identifizierung wird im Rahmen meiner Beschäftigung mit Transparenz und Teilhabe zu einem bedeutungsvollen Konzept. In beiden Themenbereichen sehe ich die interaktiven Vorgänge und den Beitrag des Psychoanalytikers im Mittelpunkt. Die Brückenfunktion der introjektiven Identifizierung, die ich weiter unten erläutere, stellt auch die Verbindung zu Transparenz und Teilhabe her.

Das Konstrukt der introjektiven Identifizierung bietet uns – klarer als das der projektiven Identifizierung – eine Modellvorstellung dafür an, wie komplexe, unbewusste Erlebnisspuren sowohl im Analytiker als auch im Analysanden bewusst werden können. Bei der introjektiven Identifizierung, anders als bei der projektiven, müssen nicht von vornherein pathologische Objektbeziehungsanteile die Hauptrolle spielen (zu einer kleinianischen Sicht dazu vgl. Spillius, 2012; Sodré, 2012). Von empathischem Verstehen unterscheidet sich die introjektive Identifizierung des Analytikers dadurch, dass etwas vom Patienten auf ihn übergeht, das der Analytiker als fremd erlebt. Es ist zunächst keine empathische Bewegung des Analytikers, sondern eher ein Geschehenlassen. Die Entstehung des Begriffes »introjektive Identifizierung« geht auf Ferenczi (1909, 1912 und 1933) zurück, wie ich im Unterkapitel »Introjektive Identifizierung – ein Brückenkonzept« ausführe.

Ereignet sich eine introjektive Identifizierung im Analytiker, gehen wir davon aus, dass er durch seine eigene Analyse in gewissem Umfang vor unkontrolliertem Gegenagieren geschützt ist: er wird die in ihm auftauchenden, diskontinuierlichen und überraschenden Phänomene, Empfindungen und Wahrnehmungen vor dem Hintergrund seiner Kenntnis von sich selbst analysieren und verstehen können. Auf diesem Weg kann er – idealiter – bisher nicht verstehbare Interaktionsmuster erschließen, die zuvor unbewusst und dadurch der Reflexion entzogen waren.

Hieraus wiederum entstehen für seine Behandlungen wichtige Möglichkeiten und Chancen: zunächst in der eigenen Reflexion und danach im Austausch und Dialog in der Dyade kann eine neue Sichtweise entwickelt werden. Dieser Zugang zum Unbewussten über die introjektive Identifizierung bietet im Vergleich zum Weg über die projektive Identifizierung eine reflektiertere Option, weil die introjektive Identifizierung weniger aggressiv aufgeladen ist. Böhme (2014) weist auf den aggressiven Charakter der projektiven Identifizierung hin. Da außerdem in meinem Verständnis die introjektive Identifizierung in den Analytiker hinein erfolgt und anschließend vom Analytiker aus Wahrnehmungsspuren seines Inneren erschlossen und analysiert wird, durchläuft sie einen Reflexionsprozess im Analytiker. Im Lichte dieser Erkenntnis halte ich es nicht mehr für gerechtfertigt, von der introjektiven Identifizierung als einer »Zwillingsschwester« (vgl. Grotstein, 1994b) der projektiven Identifizierung zu sprechen. Vielmehr bildet die introjektive Identifizierung, die sich aus Ferenczis Theorie der Introjektion entwickelt hat, eine reiche und eigenständige klinische Erkenntniswelt, die jedoch »unter die Räder« einer Ausweitung des Begriffes der projektiven Identifizierung geraten ist (dabei soll natürlich nicht übersehen werden, dass – wie dies Frank und Weiß [2007] dargelegt haben – im Vorgang der projektiven Identifizierung der Zwischenschritt der introjektiven Identifizierung als normales, gesundes Geschehen im Analytiker anzunehmen ist).

5. Psychoanalytische Technik II: Die Prozesse in der introjektiven Identifizierung

Auf die Zusammenhänge zwischen projektiver und introjektiver Identifizierung weisen auch die Autoren in dem von Spillius und O'Shaughnessy herausgegebenen Band *Projective Identification – The Fate of a Concept* hin. Spillius geht im Kapitel »3 Developments by British Kleinian analysts« auf eine Tendenz ein, die zu bedenken ist (2012, S. 30):

> »A [...] trend is a recent but growing recognition that there has been a tendency to think of projective identification as ›bad‹ and introjective identification as ›good‹, whereas it is likely to be more useful to recognize both ›concrete‹ and ›symbolic‹ forms of phantasy and thought in both types of identification [...]. This recognition has been accompanied by a tendency to look at the movements between processes of projective and introjective identification.«

Die genannte Autorin, Ignes Sodré, äußert sich in Kapitel 8 des oben genannten Bandes *Who's who? Notes on pathological identifications* (2012, S. 56):

> »[F]rom the point of view of the ›receptor‹, there is an intrusion of something foreign into the self which causes a partial – or total – ›forced introjective identification‹. [...] Even though ›projective identification‹ is used to describe normal as well as pathological processes, I think that we tend to think of projective processes as more pathological than introjective ones. When we think of somebody being identified with somebody else, we tend to think rather loosely of introjective identification as healthier than projective identification.«

Es mag also in uns durchaus eine Neigung geben, uns in Richtung zu der »gesünderen« introjektiven Identifizierung zu bewegen. Wir bedenken dies, wenn ich in diesem Kapitel die introjektive Identifizierung als eine Interaktionsform der Dyade erläutere, zu der beide Interaktionspartner beitragen und aus der mehr Erkenntnisgewinn gezogen werden kann, als bisher geschieht. Im Folgenden werde ich das interaktive Verständnis von projektiver und introjektiver Identifizierung unter einer intersubjektiven Perspektive und meine Auffassung an klinischen Beispielen illustrieren.

Introjektive Identifizierung – ein Brückenkonzept

Das Begriffspaar »projektive und introjektive Identifizierung« beschreibt einen Vorgang, dem in der psychoanalytischen Arbeit eine Brückenfunktion zwischen den beteiligten Individuen zukommt. Ich zeige, wie dies insbesondere für den seltener gebrauchten Begriff der introjektiven Identifizierung gilt. Das Brückenkonzept der introjektiven Identifizierung trägt zur Lösung des Übergangsproblems »Außen/Innen« bei, wenn die trennende Dichotomie (außen *oder* innen) zugunsten einer Konzeptualisierung des Übergangs verlassen wird: in der introjektiven Identifizierung bildet sich das intrapsychische Schicksal von zuvor ver-innerlichten, introjizierten und unbewusst gewordenen Objektbeziehungsanteilen ab. Konflikthafte Objektbeziehungen sowie deren Modifikationen und Veränderungen werden nicht selten unbewusst, um das Objekt und das Selbst zu schützen. Sie können mithilfe des Mechanismus der introjektiven Identifizierung betrachtet, verstanden und analysiert werden.

Projektive und introjektive Identifizierung sind *intersubjektive Vorgänge*, unterscheiden sich jedoch in einem entscheidenden Punkt: während in der projektiven Identifizierung insbesondere die aggressiven Inhalte durch Externalisierung und Projektion nach außen gebracht werden, betont die introjektive Identifizierung in höherem Maße den Austausch zwischen zwei *vollständigen* Personen. Introjektive Identifizierung beschreibt einen wesentlichen Teil der frühen Mutter-Kind-Interaktion (vgl. Fonagy & Target, 2006). Mein Schwerpunkt in diesem Kapitel liegt auf der Beschreibung dieser interaktiv-intersubjektiven Wirkung der introjektiven Identifizierung.

Zum Begriff der introjektiven Identifizierung und seiner Geschichte: Die introjektive Identifizierung trat im klinischen Diskurs das Erbe von Ferenczis Introjektion an. Doch bereits Ferenczi (1933, S. 308; Hervorhebung K.-A. D.) steht unmittelbar davor, den Begriff »introjektive Identifizierung« zu formulieren. Er schreibt noch, als er die Identifizierung des kleinen Kindes mit dem Angreifer bzw. Introjektion des Angreifers aus Abwehrgründen beschreibt: »Durch die *Identifizierung, sagen wir Introjektion des Angreifers*, verschwindet dieser als äußere Realität und wird intrapsychisch, statt extra [...].« Ferenczi betrachtet an dieser Stelle Introjektion und Identifizierung nicht als zwei getrennte Vorgänge. Zwar ist sein Denken seit seiner wegweisenden Arbeit über Introjektion von 1909 weit fortgeschritten, sein Hauptaugenmerk gilt jedoch der Darlegung, welches Unheil aus sexuellen Übergriffen im Kind entsteht. Sein Anliegen ist nicht so sehr eine Begriffsentwicklung und -unterscheidung, wie sie uns heute hier besonders interessiert.

Freud nimmt den Begriff »Introjektion« auf und verknüpft ihn in »Trauer und Melancholie« (1917e) mit dem der Identifizierung. In »Das Ich und das Es« (1923b) benutzt er das Konzept zur Illustration (ohne den Begriff zu erwähnen), wie das Kind das Elternpaar zunächst introjiziert, um sich danach – in der Über-Ich-Bildung – mit wesentlichen Zügen der Eltern zu identifizieren. Für Freud fällt der »Schatten des Objekts« (1917e, S. 435) auf das Ich und löst die Melancholie aus.

Nach M. Klein entstehen projektive und introjektive Identifizierung aus Gier, Hass und Neid. Das Begriffspaar wird in ihrer klinischen Konzeption zentral. In der weiteren Theorieentwicklung fällt auf, dass die projektive Identifizierung ungleich häufiger Verwendung findet als die introjektive (vgl. Frank & Weiß, 2007). Offenbar zeigen sich in der projektiven Identifizierung Gier, Hass und Neid unverstellter, es werden Teilobjektbeziehungen bis hin zu deren kleinsten, atomisierten Überresten projiziert. Auf diese Weise gestattet die projektive Identifizierung eine Entleerung des Ichs von gefährlich erlebten Anteilen, die – einmal externalisiert – als fremd und nicht mehr zur eigenen Person gehörig erlebt werden und bekämpft werden können.

Das Konzept der introjektiven Identifizierung hingegen bildet eine Brücke zwischen Pathogenese und Salutogenese. »Die introjektiven Identifizierungen (mit den guten Objekten) fördern die integrative Entwicklung in Richtung depressiver Position, während die projektiven Identifizierungen den Ausstieg aus dieser Entwicklung bedeuten«, differenziert Schoenhals Hart (2007, S. 171). Allerdings würde die Zuordnung »introjektive Identifizierung zu depressiver Position« und »projektive Identifizierung zu paranoid-schizoider Position« zu kurz greifen. Es gibt ebenso pathologische Formen der introjektiven Identifizierung (wie zum Beispiel in Freuds »Trauer und Melancholie«, 1917e). Es kann jedoch davon ausgegangen werden, dass die introjektive Identifizierung in der aktuellen Diskussion stärker mit den integrativ-fördernden Seiten verknüpft ist, die in Ferenczis Begriff der Introjektion, den er in die Nähe der Identifizierung rückt, bereits anklingen.

In der postkleinianischen Analyse (s. Bott Spillius, 2007) erfahren die Konzepte projektive und introjektive Identifizierung eine Wandlung und Erweiterung. Die Nutzbarmachung der Gegenübertragung als Informationsquelle über die Analyse tritt in den Vordergrund und die pathologischen Aspekte der projektiven Identifizierung treten demgegenüber zurück. Böhme (2014, S. 84) weist auf die Weiterentwicklung durch Bion hin:

»Bion erweitert die projektive Identifizierung, die Klein als Urbild einer aggressiven Objektbeziehung gefasst hatte, zur frühesten Kommunikationsform zwischen Mutter und Kind und zwischen Analytiker und Analysand. Mit den inneren Objekten befasst, ist für Klein der Vorgang rein intrapsychisch, während er für Bion eine intrapsychische und eine intersubjektive Dimension hat. Brenman Picks (2003,

S. 38) Formulierung trifft seinen Gedanken recht genau: ›Tatsächlich können wir das Erleben des Patienten nicht in uns aufnehmen, ohne dabei selbst etwas zu erleben. Wenn es einen Mund gibt, der eine Brust sucht, [...] dann gibt es hierfür meiner Meinung nach ein psychisches Äquivalent, d. h. eine seelische Verfassung, die eine andere seelische Verfassung sucht.‹«

Nicht immer wird der Analytiker auf einen Affekt aufmerksam, der sich in ihn eingeschlichen hat und den er nachträglich in sich bemerkt. Bisweilen gibt es auch den umgekehrten Fall, dass dem Analytiker spürbar ein Affekt fehlt, den er an dieser Stelle in seiner Reaktion erwartet hätte. Für den Ablauf in der analytischen Stunde ergeben sich somit zwei unterschiedliche Varianten:

1. Gehen wir von projektiv-introjektiven Mechanismen aus, durch die sich in Richtung auf den Analytiker Agieren, Affekte usw. mitteilen, die den Analytiker zunächst dazu veranlassen, sich introjektiv mit diesen Projektionen zu identifizieren. Nach und nach entdeckt der Analytiker daran einen unbewussten Anteil, der sich in ihn eingeschlichen haben könnte. Daraufhin beginnt er seine Gegenübertragung zu analysieren und das Ergebnis seiner Reflexion für die analytische Arbeit fruchtbar werden zu lassen. Er entscheidet, in welcher Form er seine Erkenntnis nutzen will:
   ➢ eher still die weitere Entwicklung abwartend
   ➢ oder aktiv einen Teil oder die Gesamtheit seiner Erfahrungen mit den introjizierten Anteilen und deren Analyse seinem Analysanden zur Verfügung stellend.

2. Gehen wir davon aus, dass der Analytiker einen Affekt vermisst, den er an dieser Stelle von seinem Patienten kommend erwartet hätte, dieser Affekt aber quasi »verschwunden« ist. Dies kann den Analytiker auf den Gedanken bringen, dass es im Rahmen einer Abwehroperation geschehen ist, beispielsweise einer Wendung gegen die eigene Person, und der erwartete Affekt im Analysanden gegen das Ich gewendet wurde, und deshalb vom Analytiker nicht wahrgenommen werden kann. Der Analytiker wird seinerseits Teile dieses Affekts in sich auftauchen spüren.
   ➢ Der Analytiker gewinnt die besondere Möglichkeit, mit seinem Analysanden über bisher nicht zugängliche Elemente aus dessen Affektwelt zu sprechen.

In beiden Fällen macht es der Reflexionsprozess im Analytiker möglich, die Interaktion transparent zu kommunizieren. An dieser Stelle kann es entscheidend sein, dass der Analytiker von seinen Empfindungen und Reflexionen spricht, damit sein Analysand dadurch überhaupt zum ersten Mal die Chance erhält, seinen Teil an dem Prozess der introjektiven Identifizierung zu entdecken: möglicherweise stößt er auf eine alte Abwehrgeschichte, die ihm seine Vergangenheit in einem neuen Licht zeigt. Bisher verschollen geglaubte Objektbeziehungsmuster schälen sich aus einer ansonsten nicht erinnerten Vergangenheit. Wenn der Analytiker der eigenen Intuition an dieser Stelle nicht trauen kann oder den Mechanismus der introjektiven Identifizierung als Abwehrmuster nicht zur Verfügung hat, geht unter Umständen ein für die weitere Analyse wertvoller Moment verloren. An dieser Stelle kann durch die Äußerungen des Analytikers in all der Unsicherheit und Vagheit, die er dabei noch empfindet, dem Analysanden eine erste Art Leitlinie zu einer noch vorläufigen und vagen Entwicklungspotenzialität angeboten werden. Die vorsichtig tastende, rücksichtsvolle Haltung des Analytikers wird – wenn sich dadurch der Zugang öffnet – alsbald durch sprudelnde assoziative Tätigkeit im Analysanden abgelöst, aus der dann seine eigene Welt neu entsteht. Ich werde dies später durch klinische Beispiele anschaulich machen.

Zuvor möchte ich Ferenczis Gedanken zu Introjektion und Identifizierung näher beleuchten, um dadurch deutlich zu machen, wie weit er bereits eine Konzeption von introjektiver Identifizierung entwickelt hatte. Es lässt sich dadurch zeigen, dass bei Ferenczi bereits die Konzeption einer Brückenfunktion zwischen zwei Subjekten angelegt ist.

Ferenczis Auffassung zu Introjektion, Identifizierung und introjektiver Identifizierung

Ausgangspunkt von Ferenczis Formulierung dieser Begriffe ist seine Arbeit »Introjektion und Übertragung« von 1909, ergänzt durch wichtige Anmerkungen aus »Zur Begriffsbestimmung der Introjektion« von 1912. Schließlich kommt er 1933 in seiner Arbeit »Sprachverwirrung zwischen den Erwachsenen und dem Kind« auf die Mechanismen der Introjektion zurück und ergänzt sie um seine Sicht auf die Identifizierung. Er nimmt darin die entscheidenden Aspekte der introjektiven Identifizierung vorweg.

Das Verständnis von introjektiver Identifizierung entwickelt sich nach Ferenczi über Jahrzehnte hinweg eher unbeachtet. Schoenhals Hart (2007), O'Shaughnessy (2007), Torok (1983), Abraham und Torok (2001) und andere weisen auf diese Entwicklungslinie hin. Für mein Thema von Transparenz und Teilhabe wird diese Auffassung von introjektiver Identifizierung entscheidend, weil sie die basalen libidinösen Austauschprozesse in den Vordergrund rückt, die sich nicht unter die aggressiv getönte Interaktion der projektiven Identifizierung subsumieren lassen. Die Nützlichkeit von Ferenczis Auffassung für meine Überlegungen möchte ich durch Zitate belegen. So schreibt er in »Introjektion und Übertragung« (1909, S. 19; Hervorhebungen im Original):

> »Während der Paranoische die unlustvoll gewordenen Regungen aus dem Ich hinausdrängt, hilft sich der Neurotiker auf die Art, dass er einen möglichst großen Teil der Außenwelt in das Ich aufnimmt und zum Gegenstande unbewusster Phantasien macht. Es ist das eine Art *Verdünnungsprozess*, womit er die Schärfe freiflottierender, unbefriedigter und nicht zu befriedigender unbewusster Wunschregungen mildern will. Diesen Prozess könnte man, im Gegensatze zur Projektion, *Introjektion* nennen.
>
> Der Neurotische ist stets auf der Suche nach Objekten, mit denen er sich identifiziert, auf die er Gefühle überträgt, die er also in den Interessenkreis einbeziehen, introjizieren kann. Auf einer ähnlichen Suche nach Objekten, die zur Projektion unlusterzeugender Libido geeignet wären, sehen wir den Paranoischen. So entstehen am Ende die gegensätzlichen Charaktere des weitherzigen, rührseligen, zu Liebe und Hass zu aller Welt leicht entflammenden oder leicht erzürnenden, erregbaren Neurotikers, und der des enghertzigen, misstrauischen, sich von der ganzen Welt beobachtet, verfolgt oder geliebt wähnenden Paranoikers. Der Psychoneurotiker leidet an Erweiterung, der Paranoische an Schrumpfung des Ichs.«

In diesem Zitat verwendet Ferenczi die Begriffe »identifizieren« und »introjizieren« – bezogen auf den Neurotiker – weitgehend synonym. Vom Neurotiker grenzt er den Paranoiker ab und zieht eine klare Trennung zwischen den beiden Charakteren. Zur weiteren Charakterisierung der Introjektion (1909, S. 21f.):

> »Der Neurotische benutzt also einen auch von den Normalen vielbegangenen Weg, wenn er die freiflottierenden Affekte durch Ausweitung des Interessenkreises, also durch Introjektion zu mildern sucht und wenn er seine Affekte an alle möglichen Objekte, die ihn nichts angehen, verschwendet, um Affektbeziehungen zu gewissen Objekten, die ihn nahe angehen, unbewusst lassen zu können. [...] Der Gesunde überträgt seine Affekte und identifiziert sich auf Grund viel besser motivierbarer ›ätiologischer Ansprüche‹ als der Neurotische, vergeudet also nicht so sinnlos seine psychischen Energien wie dieser.
>
> [D]em Gesunden [ist] der größte Teil seiner Introjektionen bewusst [...], während sie beim Neurotischen zumeist verdrängt bleiben, sich in *unbewussten*

Phantasien ausleben und nur indirekt, symbolisch dem Kundigen zu erkennen geben.«

In diesen Zitaten geht Ferenczi noch einen Schritt weiter und erklärt, dass Gesunden ihre Introjektionen großteils bewusst seien. Auch wenn ich diese Einschätzung nicht teile, gilt es dennoch anzuerkennen, dass Introjektion von Ferenczi als gesunder Mechanismus aufgefasst wird. Weiter unten schreibt er (ebd., S. 37):

»Die geliebten Objekte werden *introjiziert*, vom Ich angeeignet. Das Kind liebt die Eltern, das heißt: es identifiziert sich mit ihnen in Gedanken. Gewöhnlich identifiziert man sich als Kind in Gedanken mit dem gleichgeschlechtlichen Teile des Elternpaares und phantasiert sich in alle seine Situationen hinein. Unter solchen Umständen ist das Gehorchen nicht unlustvoll; die Äußerungen der Allmächtigkeit des Vaters schmeicheln sogar dem Knaben, der sich in seiner Phantasie alle Macht des Vaters aneignet und gleichsam nur sich selbst gehorcht, wenn er sich dem Willen des Vaters fügt.«

Wieder stehen die Begriffe »introjizieren« und »identifizieren« im Text sehr nahe beieinander. Wie ernst es Ferenczi mit der Unterscheidung zwischen Introjektion und Projektion ist, erläutert er drei Jahre später (1912, S. 100f.; Hervorhebungen im Original) in Auseinandersetzungen mit Alfons Maeders Begriff »Exteriorisation«:

»Ich beschrieb die Introjektion als Ausdehnung des ursprünglich autoerotischen Interesses auf die Außenwelt durch Einbeziehung deren Objekte in das Ich. Ich legte das Schwergewicht auf dieses ›Einbeziehen‹ und wollte damit andeuten, dass ich *jede Objektliebe (oder Übertragung)*, beim normalen sowohl als auch beim Neurotiker (natürlich auch beim Paranoischen, insofern er deren fähig ist), als eine Ausweitung des Ichs, d.h. als Introjektion auffasse. [...]
Ich weiß es nur zu gut, und habe auch in meiner zitierten Arbeit oft darauf hingewiesen, dass dieselben Mechanismen auch beim Normalen vorkommen.«

Uns interessiert Maeders Begrifflichkeit hier nicht, wohl aber Ferenczis Ansicht, nach der Introjektionen auch verschoben werden können, ohne deswegen zu Projektionen zu werden. Den entscheidenden Unterschied sieht Ferenczi darin, dass bei der Projektion den Inhalten ein »Bürgerrecht« – also quasi das Dazugehören – vom Ich entzogen wird: Projektionen sind draußen. Ferenczi stellt das unmissverständlich klar (1912, S. 102).

Für Ferenczi verläuft die Trennlinie zwischen Projektion und Introjektion entlang der Frage, ob es sich um etwas ichfremd *Gemachtes* handelt, das sich dann – aus Sicht des Ich – wieder in der »objektiven« Welt, also draußen befindet. Dies gilt für den Mechanismus der Projektion und folgerichtig auch für die projektive Identifizierung, wie sie beispielsweise Grotstein (1994b) beschreibt. Ein völlig anderer Vorgang hingegen findet – folgen wir Ferenczi – bei der Introjektion und der introjektiven Identifizierung statt: hier geht es um den Mechanismus der Aneignung, des Sich-vertraut-Machens und nicht der Ausstoßung. Ferenczi betont damit die gesunde bzw. zur Gesundung führende Seite der introjektiven Identifizierung.

Meines Erachtens wird die Tragweite von Ferenczis Gedanken oft nicht in vollem Umfang rezipiert. Wie wertvoll seine Überlegungen sind und wie er sie weiter entwickelt, zeigt sein berühmter Aufsatz »Sprachverwirrung zwischen den Erwachsenen und dem Kind« von 1933. Darin treibt Ferenczi seine Gedanken noch einen entscheidenden Schritt weiter:

»Allmählich kam ich dann zur Überzeugung, dass die Patienten ein überaus verfeinertes Gefühl für die Wünsche, Tendenzen, Launen, Sympathien und Antipathien des Analytikers haben, mag dieses Gefühl auch dem Analytiker selbst ganz unbewusst sein. Anstatt dem Analytiker zu widersprechen, ihn gewisser Verfehlungen oder Missgriffe zu zeihen, *identifizieren sie sich mit ihm*« (1933, S. 304; Hervorhebungen im Original).

»Es bestand in der Beziehung zwischen Arzt und Patienten etwas Unausgesprochenes, Unaufrichtiges, und die Aussprache darüber löste sozusagen die Zunge des Kranken; das Einbekennen eines Irrtums des Analytikers brachte ihm das Vertrauen des Patienten ein. Das sieht beinahe so aus, als wäre es von Vorteil, gelegentlich Irrtümer zu begehen, um sie dann dem Patienten bekennen zu können, doch ist dieser Rat gewiss überflüssig; wir begehen Irrtümer ohnedies genug, und eine höchst intelligente Patientin empörte sich darüber mit Recht, indem sie mir sagte: ›Noch besser wäre es gewesen, wenn Sie Irrtümer überhaupt vermieden hätten. Ihre Eitelkeit, Herr Doktor, will sogar aus den Verfehlungen Nutzen ziehen.‹ [...] Die Freimachung der Kritik, die Fähigkeit, eigene Fehler einzusehen und zu unterlassen, bringt uns aber das Vertrauen der Patienten. *Dieses Vertrauen ist jenes gewisse Etwas, das den Kontrast zwischen der Gegenwart und der unleidlichen, traumatogenen Vergangenheit statuiert*, den Kontrast also, der unerlässlich ist, damit man die Vergangenheit nicht mehr als halluzinatorische Reproduktion, sondern als objektive Erinnerung aufleben lassen kann« (1933, S. 306; Hervorhebungen im Original).

5. Psychoanalytische Technik II: Die Prozesse in der introjektiven Identifizierung

In der Abfolge meiner Zitate befindet sich an dieser Stelle ein Sprung: der Autor wechselte in seinem Text von der Betrachtung aus Analysen mit Erwachsenen in die kindliche Entwicklungsgeschichte. Er schreibt in der Folge über die kindliche Angst und den kindlichen Bewältigungsversuch bei überflutender, zunächst nicht zu bewältigender Angst – und zwar am Beispiel körperlicher Übergriffigkeit des Erwachsenen. Das Thema des sexuellen Übergriffs steht hier nicht im Mittelpunkt. Es dient Ferenczi vielmehr als Szenario, an dem er – und deshalb zitiere ich ihn hier – das Zustandekommen von Introjektionen erklären kann. Auch im Kontext des sexuellen Übergriffs wird beim Kind (wie in der Identifikation des Knaben mit dem »allmächtigen« Vater) die Neigung oder der Zwang zur Identifizierung übermächtig:

> »*Doch dieselbe Angst, wenn sie einen Höhepunkt erreicht, zwingt sie automatisch, sich dem Willen des Angreifers unterzuordnen, jede seiner Wunschregungen zu erraten und zu befolgen, sich selbst ganz vergessend, sich mit dem Angreifer vollauf zu identifizieren.* Durch die Identifizierung, sagen wir Introjektion des Angreifers, verschwindet dieser als äußere Realität und wird intrapsychisch, statt extra; [...] Jedenfalls hört der Angriff als starre äußere Realität zu existieren auf, und in der traumatischen Trance gelingt es dem Kinde, die frühere Zärtlichkeitssituation aufrechtzuerhalten. Doch die bedeutsamste Wandlung, die die ängstliche Identifizierung mit dem erwachsenen Partner im Seelenleben des Kindes hervorruft, ist *die Introjektion des Schuldgefühls des Erwachsenen*, das ein bisher harmloses Spiel als strafwürdige Handlung erscheinen lässt. Erholt sich das Kind nach solcher Attacke, so fühlt es sich ungeheuer konfus, eigentlich schon gespalten, schuldlos und schuldig zugleich, ja mit gebrochenem Vertrauen zur Aussage der eigenen Sinne. Dazu kommt das barsche Benehmen des nun von Gewissenspein noch mehr geplagten und verärgerten erwachsenen Partners, das das Kind noch tiefer schuldbewusst und beschämt macht. Fast immer benimmt sich der Täter, als ob nichts geschehen wäre, auch beruhigt er sich mit der Idee: >Ach, es ist ja nur ein Kind, es weiß noch nichts, es wird alles wieder vergessen.< Nicht selten wird der Verführer nach solchem Geschehnis übermoralisch oder religiös und trachtet, auch das Seelenheil des Kindes mittels solcher Strenge zu retten. [...] Das wissenschaftlich Bedeutsame an dieser Beobachtung ist die Vermutung, *dass die noch zu schwach entwickelte Persönlichkeit auf plötzliche Unlust, anstatt mit Abwehr, mit ängstlicher Identifizierung und Introjektion des Bedrohenden oder Angreifenden antwortet*« (1933, S. 308f.; Hervorhebungen im Original).

Ferenczi kontrastiert hier die intrapsychischen Mechanismen und Verhaltensmöglichkeiten des Erwachsenen mit dem eingeschränkten Spielraum des Kindes, das sich noch in voller emotionaler Abhängigkeit vom Erwachsenen befindet: während ein Erwachsener in der Regel über eine gewisse Entscheidungsfähigkeit verfügt, ob und wie sehr er sich (zum Beispiel mit seinem Analytiker) identifiziert oder sich auch kritisierend und distanzierend äußert, steht dem kleinen Kind diese Möglichkeit nicht offen. Das Kind kann nicht anders handeln, als – sich unterwerfend – in einer kindlichen Notreaktion die traumatische Abfolge zu introjizieren.

Wir müssen nun zwei unterschiedliche Ätiologien differenzieren: die Introjektion oder introjektive Identifizierung des Erwachsenen im Gegensatz zur der des Kindes in dessen Notsituation. Gemeint ist das Kind, das noch nicht über ausreichende Möglichkeiten zur eigenständigen Realitätsprüfung verfügt. Komplizierend kommt hinzu, dass sich gerade, aber nicht nur bei Patienten der Introjektionsmodus des Erwachsenen mit dem kindlichen Modus vermischt oder dass beide Modi abgespalten nebeneinander existieren. So wirkt bisweilen hinter oder unter einer erwachsenen Fähigkeit zur intojektiven Identifizierung die Geschichte eines Kindes mit introjektiver Notreaktion und den daraus resultierenden Ich-Einschränkungen fort. In der Analyse zeigen sich beide Aspekte gemeinsam in einem Bild, die Überlagerung ist zunächst nicht mehr erkennbar. So erging es mir in der Analyse, die ich in Kapitel 3 darstelle: die intrapsychischen Folgen des Todes der kleineren Schwester blieben lange hinter der Missbrauchserfahrung verborgen.

In der analytischen Arbeit kommt es dann darauf an, die interaktions- und kommunikationsfördernde Seite identifikatorischer Prozesse von ihrer traumatischen Genese zu differenzieren. Dies kann die Aufgabe einer langen Analyse sein. Meine Gedanken illustriere ich nun an zwei Vignetten.

Klinisches Beispiel: Plötzlich passt alles zusammen!

Für diese Vignette gilt wie für alle anderen, dass sie von der Patientin gelesen, kommentiert und zur Veröffentlichung freigegeben wurde. Ihre Kommentare, Ergänzungen und Umformulierungen meines Berichts habe ich in eckigen Klammern in den Text eingefügt und zusätzlich durch kursive Schrift kenntlich gemacht.

Eine Patientin mittleren Alters, die seit inzwischen zehn Jahren bei mir in Psychoanalyse ist, sagt mir im Erstgespräch: »Es zerbröselt mich immer wieder.« Und: »Ich wache morgens auf und muss meine Einzelteile zusammensetzen.« Im Gegensatz zu diesen dramatischen Sätzen fällt mir irgendwann im Erstinter-

5. Psychoanalytische Technik II: Die Prozesse in der introjektiven Identifizierung

view auf, wie leicht sie mir das Interview macht. Angesichts ihrer Worte zu ihrem Problem überrascht mich das, es passt nicht zusammen: wie soll ein so in seine Einzelteile zerfallener Mensch zu einem so hohen Maß an Empathie fähig sein?

Es kommt in Erstinterviews nicht selten vor, dass eine dramatische Selbstbeschreibung nicht zu der relativ guten Funktionsweise passen will, die zu beobachten ist. Besonders dann, wenn ich ausschließen kann, dass es sich um Übertreibungen im Rahmen eines hysterischen Modus handelt, stehe ich vor einem Rätsel. An dieser Stelle ist mir der Begriff der Diskontinuität besonders hilfreich, weil ich mir in der Folge dazu Gedanken machen kann und Hypothesen darüber gewinne, auf welchem Weg die spürbare Diskontinuität im Leben meiner Patienten vielleicht doch eine Erklärung finden kann.

Wie so oft in Erstinterviews komme ich zu dem Schluss, dass – ohne dass ich mir das zu diesem Zeitpunkt schon wirklich erklären kann – zwischen der Patientin und mir sich etwas abgebildet haben muss, was meine Patientin aus ihrer Lebensgeschichte gut kennt. In mir reift der folgende Gedanke: Da ich mir offenbar die Reaktionsweise meiner Patientin nicht erklären und somit davon ausgehen kann, meiner Patientin mein Interesse signalisiert zu haben, sodass eigentlich kein Grund dafür besteht, mir ein schweres Leben besonders leicht darzustellen, bleibt etwas Unerklärliches im Raum bestehen.

Es handelt sich nicht um Empathie der Patienten mit mir, für die ich bei mir keine Ursache finde, da ich mich weder besonders müde noch abgespannt oder erschöpft fühle. Ich gewinne den Eindruck, dass es sich um etwas Fremdes, Unerklärliches handelt, das unbewusst wurde. So bildet sich in mir die Hypothese einer Introjektion, um die Eltern in einer ähnlichen Weise zu schützen und ihr Bild zu erhalten, wie es Ferenczi (1933) beschrieben hat.

An dieser Stelle erhält mein Erleben der Diskontinuität plötzlich einen neuen Sinn. Vor mir sitzt eine Patientin, die in zwei getrennten Welten lebt:

➢ In ihrer Nacht-Welt ist sie ausgeliefert an schreckliche Wiederholungsalbträume, die sie in vielen Variationen durch die Analyse begleiten.
➢ In ihrer Tag-Welt funktioniert sie unter größten Anstrengungen in einem Beruf, in dem sie anderen Menschen Halt und Orientierung geben muss.
➢ Am Abend ist sie dann total erschöpft.

Die Dynamik, die ich hier beschreibe, war mir im Erstinterview natürlich noch nicht vollständig bewusst. Spüren konnte ich aber die Andeutung in Form einer Diskontinuität: wie leicht sie mir das Interview macht, obwohl sie schreckliche Dinge ausspricht! Daraus konnte ich in meiner Wahrnehmung die Hypothese ableiten, dass diese Patientin sich im Rahmen einer introjektiven Identifizierung auf mich eingestellt hat. Sie geht davon aus, dass ich ihren Schrecken ohnehin nicht verstehen werde, baut vor und versucht, mir die Dinge möglichst leicht und verstehbar zu präsentieren. Das entspricht ihrem lebenslangen Muster. Ich entschließe mich deshalb dazu, in meiner Deutung diesen Mechanismus anzusprechen. Ich benötige das Konzept der introjektiven Identifizierung, um eine solche Deutung formulieren zu können, und ich benötige eine Ahnung davon, dass es sich um eine introjektive Identifizierung handelt, um diesen Zusammenhang versuchsweise zu deuten.

Ich sage im Interview zu ihr: »Sie wenden vieles nach innen und wollen es mir recht machen.« Darauf reagiert sie befreit mit Weinen und kann – meine Deutung bestätigend – von ihren immer wieder vergeblichen Versuchen sprechen, therapeutische Hilfe zu finden. Ich habe durch meine Bemerkung das Erleben der Patientin treffend beschreiben können. Frühere Versuche der Patientin, diese Verständigung zu erreichen, misslangen. Ihr Weinen signalisiert die große Erleichterung, dass es mit mir an dieser Stelle klappt, es war zugleich ihr letzter Versuch, wie ich später erfuhr.

Offenbar war ihr Mechanismus, es anderen leicht zu machen, damit die Verständigung klappt, in ihrem Leben oft nicht verstanden worden: ihre Mühe und Last blieben ungesehen und ihre unbewusste Absicht, durch Introjektion eine Spannung aus dem Gespräch zu nehmen, konnte nicht kommuniziert werden, weil sie ihr selbst unbewusst war. Ich verstehe ihre introjektive Identifizierung als einen Versuch, ihre Eltern zu befähigen, ihr das zu geben, was sie so dringend benötigte. Die Patientin empfand meine Bemerkung als einen außerordentlich überraschenden Moment, der für die lange Analyse, die dann folgte, von größter Bedeutung wurde, weil daraus ein neues Verständnis ihres Lebens und ihrer Geschichte entstand.

Durch dieses Beispiel versuche ich die klinische Anschauung zu geben, von der ich oben sprach: ohne dass wir zum Beispiel deutend auf unsere Patienten und Analysanden zugehen, blieben die Zusammenhänge unbewusst. Eine Möglichkeit für Verständnis wäre nicht genutzt worden und eine weitere entmutigende Erfahrung würde auf den Schultern dieser Patientin lasten. Wir müssen von unserer Erfahrung in diesen Situationen sprechen, um eine Tür öffnen zu können.

Ich mache nun einen Sprung von zehn Jahren in die Gegenwart dieser Analyse. In der Zwischenzeit haben wir viele Mechanismen der Patientin verstanden, ihr Gefühl, dass es sie »zerbröselt«, ist nach langen Jahren und mühevoller Arbeit gewichen. Sie hat sich ihr privates Leben und ihren Beruf neu eingerichtet. Allmählich rückt der Zeitpunkt der Beendigung näher. Noch ist es nicht so weit, sie hat das Gefühl, dass sie sich noch nicht trennen kann, sich noch nicht verabschieden möchte.

Sie klingelt in diesen Tagen zu einem für mich überraschenden Zeitpunkt: diesen Termin hatten wir – nach meinem Terminkalender – eine Woche später vereinbart, nach ihrem kam sie richtig. Dieses Missverständnis konnten wir nicht klären. »Sie haben Glück«, begrüße ich sie, »dass ich gerade frei habe!« Da ich vermute, dass es Gründe dafür gibt, dass diese Sitzung heute stattfinden soll, plädiere ich dafür, die Stunde abzuhalten, die – wie ich ihr mitteile – in einer Freistunde von mir liegt, und lehne ihr Angebot ab, dass sie (dann mit einem Gefühl von Vergeblichkeit) den weiten Weg nach Hause zurückfährt. Ich habe das Gefühl, es ist eine besondere Stunde, befreiter als sonst, eine Art Extrastunde, in der sie sich willkommen fühlen kann.

Dieses Gefühl teile ich ihr mit. Ihr Angebot passt möglicherweise zu ihrer Neigung der introjektiven Identifizierung mit Elternobjekten: unbewusst mag die Frage eine Rolle gespielt haben, ob der Analytiker ähnlich den Eltern reagiert, dann würde er wahrscheinlich das Angebot, wieder zu fahren, annehmen und die Patientin würde sich weggeschickt fühlen. Das Ergebnis unserer Vereinbarung zeigt die Veränderung in Beziehung zu den Elternobjekten. Mit mir geht die Geschichte anders weiter. In der Stunde spricht sie von einem Abschied, der ihr nach ihrem Ausbildungsabschluss bevorsteht, und äußert sich dankbar, dass ich ihr geholfen habe – sonst wäre ihr die Ausbildung nicht geglückt, meint sie. Meine Einschätzung ist ähnlich und ich bedanke mich für ihre anerkennenden Worte. Lebensgeschichtlich berühren wir ihre alte, nun veränderte Erfahrung, dass sie sich immer wieder abgelehnt gefühlt hatte, weggeschickt und alleingelassen; selbst dann noch, als es für sie gefährlich wurde. Sie musste viele Schritte in ihrem Leben alleine in Angriff nehmen, zugleich überfordert und abgrundtief einsam bis hin zur Suizidalität. Nun wird deutlich, dass unsere »Extrastunde« für ihre neuerrungenen, lebenszugewandten Seiten steht. Ich werde im Verlauf zunehmend froh darüber, die Stunde mit ihr zu haben.

Ich spreche über meine Vermutung, dass meine Bereitschaft, mit ihr diese Sitzung abzuhalten, in ihr das Gefühl stärkt, willkommen zu sein. Davon habe es bisher wenig gegeben in ihrem Leben. Das löst bei der Patientin Tränen aus. Sie berichtet davon, wie schwer es ist, mit ihrem Kollegen zu verlässlichen Vereinbarungen zu gelangen – ich denke: So hat sie auch unsere nicht übereinstimmenden Terminkalender erlebt. Sie spricht von Passbildern, die sie in den letzten Tagen für eine Bewerbung gemacht habe, die nach ihrem Empfinden aber so scheußlich wurden, dass sie sie nicht verwenden könne. Sie habe schon mit einer anderen Photographin, von der sie weiß, dass sie schöne Bilder macht, einen

Termin vereinbart. Ich deute dies auch als eine Geschichte über die Veränderung ihrer inneren Bilder, ihres Bildes von Weiblichkeit und erwähne das Photo, das von ihr gemacht wurde, als sie zwei Jahre alt war *[und das sie mir vor längerer Zeit zur Verwahrung gegeben hatte. Der Analytiker sagt:]*[4] »So wie damals wolle sie es heute nicht mehr: es wurde damals keine Rücksicht darauf genommen, dass Sie an Mumps erkrankt waren. Der Photographentermin wurde einfach durchgezogen.« Auf dem Bild ist tatsächlich ein krankes, unglückliches, hilfloses Mädchen vom Photographen für die Nachwelt festgehalten! Dieses Bild bezeugt auf ungewöhnliche Weise ihr Unglück aus Kindertagen: ein krankes Kind gehört nicht zum Photographen geschickt, der Termin abgesagt. Gegenteil verhält es sich bei mir: obwohl unsicher vereinbart, halten wir die Stunde und ermöglichen, dass eine glückliche Wendung eintritt.

In der folgenden Sitzung berichtet die Patientin, dass sie nach unserer letzten Stunde gleich zum Photographen bei mir um die Ecke gegangen sei, der – obwohl er eigentlich nach Terminen arbeitet – Zeit für sie hatte und mit ihr andere, nunmehr schönere Bilder gemacht hat. Zwei Glücksfälle an einem Tag! Nicht nur neue Passbilder, sondern auch neue innere Bilder könne sie nun nach Hause tragen. Manchmal dauert diese Entwicklung lange, ein Jahrzehnt oder länger: sie berichtet, dass sie *[zu Hause nochmal das »Mumps-Photo« in ihrem Photoalbum gesucht und angeschaut habe]*, dessen anderen Abzug sie mir gegeben hatte: das Photo wurde am Tag unserer Stunde vor exakt 50 Jahren aufgenommen. Sie ist überrascht und bewegt davon. *[Der Analytiker deutet, dass es ihr gelang]*, dieses »Bild« von sich selbst, das für sie so schmerzlich war und das sie 50 Jahren lang in sich trug, in ihrer Analyse zu verändern.

Meiner Intuition folgend nahm ich mir an dem Tag der »Extrastunde« für diese Patientin Zeit. Oft ahnen wir nicht, welch große Symbolkraft in kleinen Ereignissen enthalten sein kann. In der Analyse dieser Frau gelang es an dieser Stelle, ein altes unglückseliges Bild zu verändern. *[Die Stunde wurde zu einer Schlüsselstunde in der Therapie, in der sich die Veränderungsprozesse von zehn Jahren Analyse verdichteten.]*

Zu Beginn der vorherigen Stunde ereignete sich zwischen uns ein Missverständnis, dessen Ursache sich nicht auflösen lässt: es bleibt offen, welcher Terminkalender falsch geführt war oder ob wir uns so undeutlich ausgedrückt haben, dass jeder ein anderes Datum für das richtige halten konnte. Entscheidend war vermutlich, dass diese Ungewissheit, die sich nicht klären ließ, ausgehalten

---

4 Diese Formulierung entspricht so dem Wunsch der Patientin, auch wenn darin von mir (Analytiker und Autor) die Rede ist.

werden konnte. Wahrscheinlich war es dieses Gewähren, durch das in der Patientin eine Entwicklung in Gang gesetzt wurde, die vermutlich über die Jahre in ihr reifen konnte.

In Psychoanalyse und Psychotherapie besteht die Chance, die frühe Beziehungsgeschichte des Analysanden oder Patienten nachträglich lebendig werden zu lassen. Als validierendes Element dienen dabei die Abwehrvorgänge: insbesondere die introjektive Identifizierung und die Wendung gegen die eigene Person lassen bisweilen noch erkennen, aus welcher Not sie heraushalfen und welche ungelösten Konflikte aus dem Umfeld des Patienten damit auf die eigenen, kindlichen Schultern genommen wurden – um den Preis, sie in sich selbst einzuschließen und von innen heraus immer wieder reproduzieren zu müssen.

Darüber schreibt Grotstein (1994b, 1995) in seinen beiden Arbeiten über projektive und introjektive Identifizierung. Ein zentrales Problem dieser beiden Konzepte liegt für Grotstein darin, dass durch sie Erfahrungen mit Objekten interpersonal ausgedrückt werden, die aus Abwehrgründen das Objekt und das Selbst früher einmal entpersonalisiert haben. Grotstein fasst die analytische Arbeit als eine Repersonalisierung auf.

Diese befreit-befreiende Konzeptualisierung insbesondere der introjektiven Identifizierung macht sie zu einem äußerst fruchtbaren Werkzeug in unserer psychoanalytischen Technik. Vor allem für eine psychoanalytische Haltung, die durch Transparenz, Teilhabe und Offenheit charakterisiert ist, sind solche Konzepte zum genauen Verständnis der Interaktion und der interaktiven Austauschprozesse im analytischen Setting wertvoll. Dies möchte ich nun an einem weiteren klinischen Beispiel und insbesondere an der Mikrointeraktion zeigen.

Vom Alleskleber zum Dialogpartner – aus einer einstündigen Behandlung

Die Kommentare, Einschübe und Umformulierungen des Patienten der folgenden Vignette habe ich ebenso wie in der vorigen in eckigen Klammern in den Text eingefügt und zusätzlich durch kursive Schrift kenntlich gemacht. Illustrieren möchte ich vor allem, wie introjektive Mechanismen interaktiv bedeutsam werden.

Ein Patient, der vor zehn Jahren drei Jahre lang bei mir in psychoanalytischer Behandlung war, sucht mich in einer Krise erneut auf. Er wünscht nun (anders als damals) eine niederfrequente Behandlung im Sitzen: er will mich sehen. Seiner Vorstellung kann ich mich gut anschließen. Wir können rasch verstehen, dass und wie ihn seine berufliche Tätigkeit in eine quälende Sackgasse geführt hat, auch die begleitenden körperlichen Symptome und Beziehungsschwierigkeiten erschließen sich uns in ihrer Bedeutung.

Wenn ich diese neuerliche Behandlung als »Re-Therapie« darstelle, ist es wichtig zu wissen, dass auch schon die Behandlung vor zehn Jahren bei mir eine Re-Therapie war; die Erstbehandlung erfolgte bei einem Kollegen. Es handelt sich also aktuell um eine »Re-Re-Therapie«. In einem solchen Fall liegt unser besonderes Augenmerk darauf, dass nun gelingen muss, was zuvor nicht erreicht werden konnte. Der Druck auf die Reflexionsfähigkeit des Analytikers wächst.

Damals vor zehn Jahren genossen wir Stunden in innig geteilter Hingabe an Musik; unsere Musikerfahrungen wurden auf eine solche Weise lebendig, dass sie ausdrücken konnten, was ohne Musik in unseren Begegnungen schwer in Worte zu fassen gewesen wäre. Meine Deutungen wurden aber auch zum idealisierten »Alleskleber«, durch den vielleicht manchmal zusammengesetzt und zusammengehalten wurde, was nicht immer schon zusammen passte. Diese beiden Erinnerungen bewegen mich, als der Patient wieder bei mir sitzt. Er ist sogleich bereit, mich wieder zu idealisieren – trotz des nicht ausreichenden Erfolgs in seiner letzten Analyse bei mir. Genau darüber sprechen wir.

Zu Beginn der Behandlungssequenz, auf die ich nun näher eingehe, reflektiert der Patient, ob er sich nicht einmal in den anderen, meinen, Sessel setzen möchte und die andere, meine Perspektive, einnehmen will. Da ich keinen definierten Therapeutensessel habe, bin ich gewohnt, mit diesem Gedanken offen und flexibel umzugehen. Wenn meine Patienten dies wünschen, tausche ich bereitwillig den Platz mit ihnen, fordere sie jedoch dann auch auf, über ihre neu gewonnene Perspektive mit mir zu sprechen. Zur nächsten Stunde bringt mein Patient einen Traum mit: Er ist in einen Ringkampf mit einem 16-jährigen Sportler verwickelt. Themen, die in die Richtung weisen, dass er sich nun eher zutraut, mit mir zu rivalisieren, zeichnen sich ab.

Die folgende Stunde beginnt der Patient damit, *[dass ich[5] vergessen habe, was ich anbringen wollte. Der Analytiker reagiert darüber erfreut, weil die Stunde dann einen spontaneren Verlauf nehmen könne]*. Dann fällt der Blick des Patienten auf eine Reihe Ordner, die auf dem Boden stehen. Er sagt: »Ihren Kruscht könnten Sie auch einmal aufräumen« und lacht. Ich denke zunächst: Hiermit beginnt vielleicht ein Ringen zwischen uns. Er spricht im Verlauf der Stunde über die Frage, ob man eher still, *[nüchtern und versachlichend, emotionsarm und pragmatisch]* leidend wie seine Geschwister *[und der vaterlose Vater]*, seine Aufgaben

---

5 Gemeint ist damit natürlich: der Patient.

tragen soll. Er spürt eine Belastung dadurch, dass die von ihm gegründete Familie im Vergleich zu seinen Geschwistern ohne großen Kummer und somit begünstigt erscheint – ein Anlass für Schuldgefühle, die an eine alte Überlebensschuld gemahnen. Es bleibt an dieser Stelle offen, inwieweit dieses vermeintlich »unverdiente Glück« bzw. die zugrunde liegenden Schuldgefühle ihn daran hindern, dass er in ernsthafte Konkurrenz treten kann.

In meiner Gegenübertragung spüre ich Unbehagen: das Konkurrenzthema wird mir schal, ich empfinde eine Diskrepanz zwischen der Äußerung über meinen »Kruscht« und seiner Erzählung, die so viel Leid und Unglück enthält. Ich spüre, dass Konkurrenz an dieser Stelle ein Thema sein könnte, das er bearbeiten möchte, weil er glaubt, dies entspräche meinen Erwartungen. Allerdings empfinde ich in diesem Moment das Thema als nicht dringlich und frage mich deshalb, ob wir im Ergebnis dadurch in eine jener fruchtlosen Schleifen der »Re-Re-Therapien« geraten könnten: möglicherweise wäre es wieder nicht um seinen Affekt gegangen, wieder hätte er sein Anliegen – unbewusst identifiziert mit meinen vermeintlichen Bearbeitungserwartungen – zurückgestellt und wäre einem Therapeutenwunsch – oder was er dafür gehalten haben mag – gefolgt. Seit unserer ersten gemeinsamen Arbeit vor zehn Jahren hat mich die Erfahrung gelehrt, dass man sich auf diese Weise in Endlosschleifen immer wieder verfehlen kann.

Über einen langen Zeitraum in dieser Stunde beschäftigt mich, was mein Patient mir durch den Hinweis auf meinen »Kruscht« sagen will. Ich spüre, dass von seinem Kommentar über meine Ordner am Boden eine von mir noch nicht verstandene Bedeutung ausgeht. Will er mich mahnen, in meine Gedanken und Empfindungen in Bezug auf *ihn* Ordnung zu bringen? Einige der herumliegenden Ordner beziehen sich auf die Umstände und die Betreuung einer behinderten Verwandten. Akute diesbezügliche Probleme sind in diesen Tagen für mich ein allgegenwärtiges Thema, das ich jedoch aus meinen Stunden gerade deshalb fernzuhalten versuche. Ich stelle fest, dass mir dies nun nicht gelingt: ich befinde mich an meinen Verarbeitungsgrenzen. Allmählich dämmert mir, dass das andere, tiefer liegende Thema mit meinem Unglück in meiner Familie zu tun haben könnte, das meinen Patienten intuitiv stärker anspricht als ein *[ebenfalls präsentes]* Konkurrenzthema. Vielleicht spürt er meine innere Unordnung dieser Tage. Sein Satz »Ihren Kruscht könnten Sie auch einmal aufräumen« wäre – so verstanden – ein Akt kreativer Kommunikation mit mir, durch den er anregen möchte, dass ich meine Gegenübertragung in Ordnung bringen solle.

Gegen Ende der uns zur Verfügung stehenden Zeit münden meine Überlegungen in ein vorläufiges Verständnis: er macht mich zu seinem Vater, *[der sachliche Öffentlichkeit zum Lösungsprinzip für die tragische Unordnung in seinem*

Leben gemacht hat und] den man nicht zu sehr belasten durfte, vielmehr darauf achten musste, wo seine Interessensgebiete gerade sind. Mein Unbehagen in der Gegenübertragung führt mich zu einem noch unfertigen Verständnis. Ich erwäge, den Patienten an meinen Überlegungen teilhaben zu lassen. Dabei spielt für mich eine Rolle, dass ich ihm möglicherweise helfen kann, wenn ich seine intuitiven Fähigkeiten bestätige. Nachdem ich zu der Überzeugung gelangt bin, dass ich im Verständnis der Szene alleine nicht weiterkomme, suche ich seine Mitarbeit. Da das Stundenende nah ist, muss ich nun handeln, das heißt sprechen. Ich habe die Erfahrung gemacht, dass ein sehr wertvoller, gemeinsam geteilter Erkenntnisprozess entsteht und in wachsende Teilhabe mündet, wenn meine Gedanken noch Unfertiges erkennen lassen. Dadurch wird die gemeinsame Arbeit umso intensiver.

Ich sage deshalb: »Es mag Sie überraschen, worüber ich nun spreche, aber, ohne dass ich Ihnen von etwas Mitteilung mache, das Sie nicht wissen können, können wir nicht verstehen, welche tiefreichenden Zusammenhänge sich aus Ihrer Bemerkung vom Anfang der Stunde ergeben könnten. Das, was Sie meinen ›Kruscht‹ genannt haben, steht in engem Zusammenhang mit meiner Betreuung einer ebenfalls behinderten Verwandten.« Ich stelle in dieser Bemerkung den Bezug her zu der Schilderung des Patienten von Behinderungen in seiner Verwandtschaft, worüber er in dieser Stunde sprach. Der Patient reagiert darauf zunächst verwundert. Ich teile ihm weiter mit, dass ich das eben ausgesprochen habe, weil ich der Überzeugung bin, dass wir auf diesem Weg verborgene, unbewusste Bereiche entdecken. Wir beenden nachdenklich die Stunde.

In der nächsten Stunde eine Woche später nimmt der Patient nach kurzem Zögern im anderen meiner beiden Sessel Platz, in dem bisher ich saß – ein kleines, diskontinuierliches Agieren. Dann äußert er die Frage, ob es denn der »Sittlichkeit« entspreche, wenn er mir so »ans Bein pinkle« wie in der letzten Stunde (die Diskontinuität des Platzwechsels verändert sogleich auch seine Perspektive: er nimmt im Blick auf die vorherige Stunde eine übergeordnete Position ein). Wir sprechen über die Frage der Schuldgefühle als Folge solchen Verhaltens. Dann berichtet er von einem Streit mit seinem heranwachsenden Sohn, den er überraschenderweise so bestehen konnte, dass er sich seinem Sohn danach näher fühlte. Sein Platzwechsel symbolisiert auch einen Positionswechsel in der Beziehung zu seinem Sohn: er ist als Vater für seinen Sohn greifbarer geworden.

Der Patient kommt nachdenklich noch einmal auf das letzte Stundenende zurück. Er frage sich, inwiefern es überhaupt um seine aggressive Seite ging. Ich teile ihm mit, dass ich in der letzten Stunde vor der Frage stand, ob eher sein Umgang mit meiner Unordnung, seine Kritik daran, oder vielmehr die Gemeinsamkeit zwischen uns das bedeutsamere Moment war. Ich entschied mich für das Verstehen unserer Gemeinsamkeit und gegen das Konkurrenzthema.

In den nun folgenden Stunden ist eine intensive Entwicklung erkennbar: ein aufgeschobenes, gemeinsames Wochenende mit seinem Vater findet statt, eine für beide beglückende Begegnung. Ich deute, dass er zu diesen Erfahrungen der Nähe finden konnte, weil es die Nähe zwischen uns gab. Das Tremolo der Todesangst in den letzten Werken von Schubert, unseres gemeinsamen Lieblingskomponisten aus den Tagen seiner vergangenen Analyse bei mir, mündet in eine für Schubert typische, liedhafte Melodie und umfasst auch die Todesangst seines Vaters nach einer Lungenembolie, als der Patient zwei Jahre alt war. Auf das Bluthusten durch die Embolie des Vaters folgt das Husten aufgrund seiner eigenen Lungenentzündung sowie die Tuberkulose seiner Großmutter. Während die Mutter des Vaters im Sanatorium lag, lernte der Vater seine spätere Frau kennen und erfuhr vom Schicksal seines Vaters, der im Zweiten Weltkrieg gefallen war.

In assoziativen Stunden berichtet der Patient von seinen Veränderungen: er erreicht eine erfolgreiche, selbstbewusstere Haltung in seiner Familie und am Arbeitsplatz. Sein Zugang zur eigenen Lebensgeschichte, der Lebensgeschichte des Vaters, der Mutter und zum Schicksal der Familie hat sich verändert. Unsere Grundmelodie, symbolisiert im späten Werk Schuberts, bleibt gleichwohl dieselbe – eine Bestätigung unserer Arbeit von vor zehn Jahren. Er träumt,

dass man einer Patientin die Wirbelsäule durchschneiden, diese drehen und sie danach erneut zusammensetzen müsse, damit ihre Schmerzen verschwinden.

Er stellt fest, dass es bei ihm auch so sein könnte.

Im weiteren Verlauf der Behandlung *nimmt* der Patient sich seinen Sessel, nachdem er von mir erfahren konnte, dass er bei mir nicht mehr – wie seinem Vater gegenüber – die Ordnungsgesichtspunkte in den Vordergrund rücken muss. Konkurrenz zwischen uns entsteht nicht um Sessel- oder Ordnungsfragen, sondern allenfalls darum, ob ich dem Tempo seiner Assoziationen gewachsen bin und gleichzeitig in meinem Verständnis für mich selbst mitkomme. In den folgenden Stunden setzt er sein schnelles Entwicklungstempo fort, nicht mehr gebremst durch falsche Rücksichten, die ihn aufgrund seiner unbewussten introjektiven Identifizierung früher gehemmt hatten. Seine Idealisierung meiner Person gibt er auf.

Zusammenfassend lässt sich festhalten: Der Patient hat mich durch seine Bemerkung in eine Lage gebracht, in der ich mit der inneren Ordnung, die ich mir zu bewahren vorgenommen hatte, nicht mehr weiter kam. Er führte mich genau an die Stelle, an der erkennbar wurde, ob ich auch tatsächlich flexibel bin. Dadurch konnte er überprüfen, ob es wirklich erforderlich ist, dass er bei mir – wie bei seinem Vater – mit introjektiver Identifizierung reagiert, ob er mir also aus Gründen der Schonung das Thema »Konkurrenz« anbieten muss. Dass ich mir selbst am Ende der entscheidenden Stunde nicht sicher war, worum es zwischen uns geht, wirkte sich eher günstig aus, weil der Patient genau das bei seinem Vater vermisst hatte: Unsicherheiten kenntlich zu machen. Die dargestellte klinische Sequenz befreit den Patienten von dem Korsett, von dem er durch die erlebte Gefährdung seines Vaters emotional eingeengt war. Verstehbar wird das auf mich übertragene Interaktionsangebot dann, wenn ich es als introjektive Identifizierung konzeptualisiere. Beispielhaft zeigt sich an diesem Behandlungsausschnitt auch, dass und wie Transparenz und Teilhabe Interaktion und Austausch fruchtbar beschleunigen können.

Zusammenfassung

In der dargestellten Sequenz findet eine introjektive Identifizierung statt. Die Brückenfunktion wird durch das Thema »Behinderung in der Familie« geschaffen. Es ist der Teil, der mir bewusst ist; die Verbindung zu meinem Patienten ist mir unbewusst. Mit ihm gemeinsam kann ich mir den Zusammenhang dann erschließen. Erleichtert wird die Entdeckung durch die Offenheit, in der ich uns meine Empfindungen zur weiteren Überprüfung vorlege. Es findet also der für die introjektive Identifizierung typische Weg über meine Psyche, mein Unbewusstes, statt, auf dem der unbewusste Gehalt aus der introjektiven Identifizierung erschlossen und der Analyse zugänglich gemacht werden kann. Es mag von Bedeutung sein, dass in der niederen Frequenz mit weiter auseinanderliegenden Terminen der Druck darauf, die Dinge auszusprechen, höher ist. Jedoch gibt es viele Anlässe, sich auf intuitive und direkte Deutungen einzulassen.

Heimann (2016b [1978], S. 416) weist uns auf »die Notwendigkeit für den Analytiker, mit seinen Patienten natürlich zu sein« hin. Sie beschreibt, dass bisweilen erst durch Diskontinuitäten der analytische Prozess vorankommt: Wir können dadurch in eine eigentlich unhaltbare Situation geraten, wenn wir uns trauen, etwas Ungeheuerliches alleine aus unserer Empathie und Intuition heraus auszusprechen – wir warten dann gespannt, ob, wie im Falle von Heimanns Patientin, die Nachdenklichkeit einsetzt, auf die wir hoffen.

In der Entstehung gewagter, intuitiver Deutungen, wie beispielsweise der von Heimann, spielt meines Erachtens meist eine introjektive Identifizierung eine große Rolle. Häufig haben wir zuvor auf unbewussten Kanälen etwas von unserem Patienten oder Analysanden aufgenommen, was uns nicht wirklich bis ins

Bewusstsein drang. Gleichwohl entsteht in uns eine Reaktion, der wir uns ebenfalls nicht wirklich bewusst werden. In einem Summationseffekt bricht sich dann unser Affekt in einer Deutung Bahn. Möglicherweise sind wir davon zuerst erschrocken, vielleicht würden wir uns manchmal sogar wünschen, wir hätten es nicht gesagt. Nicht selten erleben wir dann die Überraschung, dass unser Patient oder Analysand den Faden aufnimmt und fortspinnt, von dem wir nicht wussten, ob wir ihn nicht vielleicht gerade selbst mit unserer intuitiven Deutung zerrissen hatten. Ich glaube, dass in unserer Klinik derartige Ereignisse öfter vorkommen, als uns bewusst wird. Manchmal gelingt es uns, wenn wir von unseren eigenen Formulierungen überrascht sind, auf assoziativem Wege Bezüge zum Geschehen im Patienten aufzuspüren, manchmal aber gelingt es uns auch nicht.

Wenn ich die Konzeptualisierung einer introjektiven Identifizierung in meiner analytischen Arbeit im Hinterkopf habe, gelingt es mir wesentlich häufiger, unbewusste Zusammenhänge und Ereignisse nachträglich zu erhellen. Häufig führt es zu einem großen Fortschritt, wenn eine introjektive Identifizierung zutreffend verstanden werden konnte. Es ist mein Anliegen in diesem Kapitel, unsere Aufmerksamkeit auf solche Momente und ihre Auflösung zu lenken.

6. Ein Fallbericht zur Illustration und die Zusammenfassung meiner Themen

Einleitung

Eine klinische Zusammenfassung kann nicht alles auf einen Punkt hin vereinen. Ich habe in den Kapiteln 4 und 5 Modifikationen der psychoanalytischen Technik beschrieben, die mir sinnvoll und notwendig erscheinen, um in einer Haltung von Transparenz und Teilhabe erfolgreicher psychoanalytisch arbeiten zu können, und möchte dies nun durch ein klinisches Beispiel illustrieren. Natürlich treten nie alle Phänomene gleichzeitig in einer Behandlung auf. Gleichwohl hoffe ich, in diesem Behandlungsbericht genügend Material zu liefern, durch das die Intention dieses Buches klinisch und theoretisch plausibel wird. Wir können auch nie alles verstehen oder alles besprechen. Auf diese gleichermaßen schmerzliche wie auch beruhigende Tatsache hat Trimborn (2008, S. 224) hingewiesen:

> »Nie können wir über alles reden, [...] Ebenso gilt: nie können wir bei einem Menschen alles erfassen oder ihn ganz verstehen, [...] Begrenzungen sind notwendig, gerade um Stagnationen zu überwinden. [...] Begrenzungen allein schaffen noch keinen Sinn, es gilt, die Zäsur und damit das diesseits und jenseits, das Innen und Außen analytisch zu begreifen und zueinander in Beziehung zu setzen.«

Ich habe in Kapitel 4 der Kontinuität die Diskontinuität zur Seite gestellt; durch die Dialektik zwischen beiden Begriffen entsteht größere Bewusstheit für wichtige Aspekte und Phänomene im psychoanalytischen Prozess; Neues, Überraschendes, auch bisweilen Verstörendes ereignet sich in der Diskontinuität, wird wahrgenommen, aufgegriffen und analysiert. Agieren, Enactment, aber auch kleine, unscheinbar erscheinende Unregelmäßigkeiten gehören dazu.

6. Ein Fallbericht zur Illustration und die Zusammenfassung meiner Themen

In Kapitel 5 beschreibe ich mein von Ferenczi abgeleitetes Verständnis von introjektiver Identifizierung. Im Gegensatz zur kleinianischen Begrifflichkeit, insbesondere der projektiven Identifizierung, in der die aggressiven Übertragungsmomente und Teilobjektbeziehungen betont werden, leiten sich bei Ferenczi (1909, 1912, 1933; vgl. Kapitel 5) Introjektion und Identifizierung von einem libidinösen Beziehungswunsch ab. Folgen wir Ferenczis Auffassung, verändert dies die Atmosphäre in unseren Behandlungen: in unseren Interpretationen, gemeint sind Deutungen ebenso wie Konzeptualisierungen des Prozesses, gehen wir dann davon aus, dass an erster Stelle der Beziehungswunsch und die Beziehungsaufnahme stehen und erst danach, wenn die Beziehungsaufnahme misslingt, aggressive Abwehrimpulse in den Vordergrund treten.

Es entsteht hierdurch eine wohlwollende Atmosphäre, die in der Analyse getragen wird durch unsere transparente Haltung und die es uns leicht macht, unsere Patienten an unseren Erkenntnissen teilhaben zu lassen. Dies wirkt sich wiederum ganz unmittelbar auf das Verhalten unserer Patienten und Analysanden uns gegenüber aus. Unser Arbeiten wird offener, wechselseitiger, ohne dass deshalb die unterschiedlichen Rollen und Aufgaben von Analytiker und Analysand verschwimmen, diese werden im Gegenteil klarer ausgesprochen und dadurch besser voneinander abgrenzbar. Häufiger erleben wir dann, dass unsere Patienten Vorschläge einbringen, die aus ihrer Sicht den Gang der Analyse erleichtern und begünstigen. Wir können diese Gedanken und Vorschläge ernsthaft und wohlwollend prüfen und vermitteln dadurch unseren Patienten, dass wir ihre Beteiligung schätzen und begrüßen; sie werden die Erfahrung machen können, dass dies dem Fortschritt der analytischen Arbeit sehr zuträglich ist (vgl. die Vignette in meiner Einleitung, S. 20ff.). Viele dieser Überlegungen sind, für sich betrachtet, nicht neu. In der Zusammenschau unter dem Leitmotiv von Transparenz und Teilhabe erlangen sie jedoch eine enorme Handlungsrelevanz: unsere Haltung und Technik verändern sich dadurch in hohem Maße.

Ich möchte nun das Ineinanderspielen der verschiedenen Elemente, die ich bisher separat dargestellt habe, an einem klinischen Beispiel illustrieren, um damit meine Arbeitsweise, wie sie sich aus den theoretischen Überlegungen der Kapitel 4 und 5 ableitet, plastisch werden zu lassen.

Der Verlauf der Behandlung – ein Anfang mit Agieren

Der Patient in seiner Lebensmitte kommt voller Ängste, die er auf seinen Körper bezieht. In seinem Leben finden sich von Kindheit an psychosomatische und somatopsychische Symptome: seit er drei oder vier Jahre alt ist, leidet er an Neurodermitis, zu der Asthma bronchiale hinzukommt. Nächtliche Erstickungsanfälle mit regelmäßiger Todesangst lassen seine Mutter einmal unbedacht sagen: »Warum er so sehr leiden muss und nicht sterben kann ...« Bis zum 18. Lebensjahr heilen die Erkrankungen weitgehend aus. Als kleines Kind erlebt er die schreckliche Angst psychischer Auflösung in Nichtsein. Jaktationen sind sein erster Selbstheilungsversuch.

Heute lebt er eingebettet in eine eigene Familie und ist erfolgreich. Die psychischen Folgen jener bedrohlichen Symptomatik äußern sich weiter in Unruhe und getriebener Suche nach sich selbst. Wir vereinbaren eine dreistündige Analyse im Liegen. Die Möglichkeit, den Bericht zu seinem Antrag zu lesen, nimmt er gerne an. Er ist dankbar, dass ich sein Angebot, die Behandlung in Eigenleistung zu finanzieren, mit dem Verweis auf seine krankheitswertige Symptomatik ablehne: hierdurch werde ich für ihn zum aufrichtigen, authentischen Partner.

Kurz nach Analysebeginn berichtet er vom aktuellen Urlaub mit seinen Eltern. Seine Mutter war gekränkt von seiner Albernheit, sein Vater fiel ihm als ständig Fragender ohne eigene Meinung auf, der die Nähe zu ihm abwehrt.

Sein Initialtraum:

Er ist in schneebedeckten Bergen unterwegs und sieht graue Rauchfahnen von Bränden, die sich immer mehr ausdehnen. »Wir müssen hier weg, das Feuer breitet sich aus!«, denkt er. Er steigt in eine Gondel und fährt hinunter. Während der Gondelfahrt werden es immer weniger Mitfahrer. Schließlich kommt er unten an.

Er vermutet mich als den Gondelführer. Die schneebedeckten Berge bleiben ein wiederkehrendes Motiv seiner Träume, bis der Schnee in den Träumen der fortgeschrittenen Analyse schmilzt.

Nach vier Behandlungsmonaten stürmt er außer Atem eine Viertelstunde zu spät zu seiner 19-Uhr-Stunde herein. Meine Assoziation, als ich ihn neben mir ins Zimmer hereinkeuchen höre: atemloses Asthma. »Darf ich schnell bei Ihnen telefonieren? Mein Auto ist kaputt, ich brauche um 19:50 Uhr ein Taxi, weil ich in der Stadt um 20:00 Uhr einen Termin habe«, diktiert er mir und wird später in der Stunde dazu bemerken: »Ihnen war am Anfang nicht wohl, ob Sie mir das Telefonieren erlauben sollen.« Dann stehen wir beide, Körper an Körper, dicht nebeneinander an meinem Schreibtisch. Er bestellt ein Taxi, die Dame in der Zentrale fragt am Ende des Telefonats: »Für Dr. Dreyer?« »Ja«, antwortet er zu meiner Überraschung. Er war in diesem Augenblick »Dr. Dreyer«, die Rückverfolgung der Telefonnummer in der Taxizentrale machte es möglich. Meine beunruhigende Assoziation am Stundenbeginn (das »atemlose Asthma«) setzt sich in seinem überfallartigen Agieren fort, durch das er passager meine Identität übernimmt. Er teilt mir damit zugleich viel von sich selbst mit: ich *spüre, erlebe* deutlich jene Aspekte seines Innenlebens und Asthmas, in denen er – so wie ich jetzt neben ihm an meinem eigenen Schreibtisch – maximal eingeengt war. Ich fühle mich bedrängt, hilflos und nicht existent, er übernimmt vorübergehend meine Identität. Ich übernehme damit das Gefühl aus seinem Handlungsdialog (vgl. Klüwer, 2002), durch den er die Not ausdrückt, in der er sich früher fühlte und immer noch fühlt – des Gefühls, seiner eigenen Identität beraubt zu sein.

Zu dieser Stunde: Ich spürte bereits beim Abholen aus dem Wartezimmer, wie atemlos-bedrängt und verletzt der Patient zu mir kommt. Darauf stelle ich mich ein, werde aber dennoch überrascht von dem Handlungsdruck, den er mitbringt. Indem ich ihn gewähren lasse, weiß ich zugleich auch, dass wir darüber sprechen und uns der unbewussten Bedeutung nähern werden. Es ist ein Beispiel dafür, wie wir als Psychoanalytiker mit unseren Analysanden in eine Welt eintauchen und verwickelt werden – was wir zunächst passiv-aufnehmend erleben, um es dann, wenn wieder Ruhe eingekehrt ist, nach und nach zu verstehen und zu analysieren.

Dieser Vorgang beginnt mit der nächsten Stunde. Der Patient fragt, ob ich sagen könne, dass »ich liebe«. Ich bejahe und sage: »Das ist mein lieber Sohn, an dem ich mein Wohlgefallen habe.« Ich höre mir verblüfft zu, wie ich die Worte ausspreche, mit denen Gott Vater vom Himmel herab Jesu Taufe durch Johannes, den Täufer, kommentiert. Meine Antwort enthält den deutenden Gedanken, dass es um Angenommensein geht, nicht länger herumirren zu müssen wie zu Stundenbeginn am Vortag. Ich gebe ihm damit auch eine Antwort darauf, wie ich sein Agieren vom Vortag aufnehme. Mit einigem Abstand kam mir noch ein anderer Gedanke: wir kennen die Geschichte zwischen Jesus und seinem Vater und wie sie ausging. Möglicherweise schwingt in meiner spontan gegebenen Antwort auch eine Vorahnung davon mit, was sich in der Übertragung zwischen uns noch alles ereignen könnte, ereignen muss.

Nach und nach können wir den Hintergrund seines Agierens verstehen: er hatte mich, an meinem Schreibtisch stehend, auf eine solch dramatische Weise eingeengt, wie er sich in seinem Leben durch Zuschreibungen und die Versuche, jemand anderen aus ihm zu machen, eingeengt gefühlt hat. An dieser Qual hatte ich am Vortag teil, ich wurde von ihr erfasst. In der Stundensequenz zeigt sich der typische Ablauf im Umgang mit dem Agieren: zuerst taucht das noch unbewusste Material im Agieren des Analysanden im psychoanalytischen Prozess auf. Beide, Analytiker wie Analysand, sind darin verwickelt und werden vom Druck der Ereignisse überrollt. In das Agieren des Analysanden ist – wie in meinem Fall – auch ein Gegenübertragungsenactment mit hineinverwoben. Ich ließ meinen Patienten gewähren und zu meinem Telefonhörer greifen, telefonieren. Die Bearbeitung des Agiermoments dauert danach längere Zeit. Auch wesentlich später kann das Agieren so noch weitere Aufklärung erfahren.

Einige Wochen später beschäftigt er sich mit Schuld und Vergebung und kommt auf sein Asthma und die Distanz, die er als Kind während seiner Asthmaanfälle zu den Menschen seiner Umgebung gebraucht und hergestellt hat. Es durfte ihm keiner zu nahe kommen, auch nicht die Eltern. Das Bild, wie seine Eltern die Tür halb öffnen, Licht hereinfällt und sie im Rahmen stehen bleiben müssen, weil er sie dorthin stellt und dort stehen haben will, symbolisiert zugleich die schreckliche Einsamkeit seiner Anfälle und die Distanz, die er aus Abwehrgründen hergestellt hat. Damals war Nähe mit Todesfurcht verbunden. Diese bedrängend-bedrohliche Nähe (re-)inszeniert er mit mir, weil er dringend die Erfahrung braucht, dass sie ausgehalten wird. Ausgehalten werden muss, was einmal traumatisierend wirkte: es waren sowohl der Satz der Mutter (»Warum er so sehr leiden muss und nicht sterben kann ...«) als auch die wirkliche Todesangst beim Asthmaanfall verbunden mit seiner Erfahrung, dass er die anderen, die er doch gerne an seiner Seite wüsste, fernhalten muss, damit nicht noch viel fürchterlichere Dinge passieren.

Ein solcher performativer Moment (vgl. Schmidt, 2014), der einer Bewusstwerdung des Traumas vorausgeht, drückt sich häufig in Agieren aus, bevor der Weg der Bewusstwerdung beginnt. Offenheit und Transparenz ermöglicht es dem Analytiker, der Darstellung des Traumas Raum zu geben, den Gehalt der unbewussten Inszenierung aufmerksam aufzunehmen und zu verstehen.

Das Leben des Patienten war gefährdet und gefährlich: schneebedeckte Berge tauchen in seinen Träumen häufig auf. Sie weisen auf Kälte und Gefahr hin, aber auch auf Landschaften und Beziehungen, in denen er sich aufgehoben gefühlt hat und die er als den Beginn seines glücklichen Lebens sieht. Er berichtet davon, wie er sich auf riskanten Bergtouren durch unglaublichen Leichtsinn ohne Sicherung in Schnee und Eis erheblich gefährdet hat. Der latente Gehalt schließt weiße Kissen- und Bettenberge ein: sein langer Weg durch viele Kliniken ist der Inbegriff schrecklicher Einsamkeit und seelischer Qualen eines einsamen Vorschulkindes. Sein Asthma und seine Neurodermitis wurden in der Klinik nicht geheilt oder gebessert, es kam niemand, seine Not wurde nicht gelindert.

Als ich einen nach außen projizierten Selbstanteil deuten will und sage: »Sie wissen ja, wir können das, was Sie hier berichten, auch als Phantasie verstehen ...«, setzt er sich abrupt auf und dreht sich zu mir um: »Herr Dreyer, wie können Sie behaupten, dass alles, was ich sage, Phantasie sei?!« Ich überlege kurz, in welche Richtung ich dies aufgreife, und beginne vorsichtig, dass er meine Worte so verstanden haben könnte, als hätte schlussendlich nun auch noch ich zu ihm gesagt, er sei nicht gut und würde phantasieren. »Treffer!« kommentiert er darauf lapidar und legt sich zufrieden wieder hin. Wenige Tage später berichtet er von einem traumartigen, hypnagogen Zustand. Verbunden mit einer Lichtempfindung und tiefem Glücksempfinden entstand in ihm der Satz »Ich bin gut, weil du mich liebst.« Dieses »du« sind nach seinem Einfall sowohl seine Frau und der Analytiker als auch er selbst, aber auch Gott und die anderen ganz allgemein. Ein kurzer, direkter und für uns beide gleichermaßen bewegender Moment. Durch sein großes Vertrauen in mich kann er sich weit einlassen. Diese neue, vertrauensvolle Beziehung zwischen uns ist jedoch noch nicht stabil.

Der Satz »Ich bin gut, weil du mich liebst« hatte – bevor er entstehen konnte – einen Vorläufersatz, der lautete: »Mir geht es schlecht, also bin ich.« In einer Sitzung reflektieren wir, warum ihm diese so wichtig gewordenen Sätze »Mir geht es schlecht, also bin ich« und der »Gegen-Satz« dazu »Ich bin gut, weil du mich liebst« im Verlauf einer Stunde entfallen sind. Später in der Stunde stelle ich dann seltsamerweise fest, dass auch *ich* die beiden Sätze nicht mehr gleichzeitig im Kopf behalten kann – entweder nur den einen oder nur den anderen. Ich habe die Spaltung übernommen, nach der es entweder nur die Selbstdefinition im Negativen oder nur im Positiven geben kann, jedoch keine, die eine beide Seiten integrierende Verbindung ermöglicht, und mit der ich mich identifizieren kann. Ich gehe davon aus, dass meine Reaktion in der Gegenübertragung eine introjektive Identifizierung mit dem Problem des Patienten ist.

Im Folgenden berichtet mein Patient, er habe gerade ein Bild vor Augen gehabt: Ein Baby umarmt seine Mutter. Unwillkürlich stöhne ich etwas. Er: »Sie müssen schnaufen?« Ich: »Ja.« Daraufhin erwidert er: »Mir sind gerade Tränen in die Augen gestiegen, ich weiß nicht, warum.« Mein unwillkürliches, hörbares Ausatmen hat offenbar ausgereicht, in meinem Patienten seinen durch Abspaltung vermiedenen Schmerz in Gestalt von Tränen wieder aufsteigen zu lassen. Eine introjektive Identifizierung meinerseits ermöglicht es meinem Patienten in diesem Augenblick, seine unbewussten Affekte von mir »zurückzunehmen«, wodurch dieser Affekt ihm selbst wieder bewusst werden kann.

Wir klären, wie unerwartet es ist, dass das Baby die Mutter umarmt. Ich erläutere ihm mein Gegenübertragungsgefühl: Es fühle sich an, als würden die beiden Sätze (»Mir geht es schlecht, also bin ich« und »Ich bin gut, weil du mich liebst«) nicht zusammengehören, nicht zusammenpassen. Ich äußere die Vermutung, dass ich sie deswegen auch nicht gleichzeitig im Gedächtnis halten konnte, und vermute weiter, dass meine Reaktion möglicherweise etwas von dem widerspiegelt, was er früher versuchen musste: eigentlich Unvereinbares in seinem Inneren zu integrieren. Dies zu leisten, ist so unmöglich, wie als Baby seine Mutter zu umarmen. In seiner Vorstellung »umarmt« das Baby die Mutter letztlich zu dem Zweck, sie fähig zu machen, es wiederum mütterlich in die Arme zu schließen. Diese Erläuterung gebe ich aufgrund meiner Gegenübertragungsempfindungen und erlaube es dadurch meinem Patienten, ein neues Verständnis seiner inneren Bilder zu entwickeln.

In dieser Sequenz beobachte ich passager in mir Spaltungsprozesse (eine introjektive Identifizierung; vgl. Introjektion bei Ferenczi, 1909, 1933 und J. S. Scharff, 1992; näher ausgeführt von mir in Kapitel 5). Ogden (2006) formuliert dazu, dass wir im Rahmen der projektiven Identifizierung – ich gehe hier jedoch von einer *introjektiven* Identifizierung aus – passager unsere eigene Subjektivität in eine gemeinsam mit unserem Analysanden geteilte Subjektivität hinein auflösen müssen. Danach gewinnen wir unsere abgegrenzte Subjektivität wieder zurück und gehen *beide* verwandelt aus der Situation hervor. Um solche verborgenen, komplexen Vorgänge für unsere Patienten nachvollziehbar zu machen, müssen wir sie zuerst selbst verstehen, um sie dann anschließend transparent machen zu können.

Nicht selten jedoch wird die gesamte Tragweite des Vorgangs erst im Verlauf der Behandlung verstanden. In solchen Situationen sollten wir bereit sein, unsere Gegenübertragungsgefühle mitzuteilen, auch wenn wir sie selbst zu diesem Zeitpunkt noch nicht umfassend verstehen, weil sich nur dadurch ein Verständnis entwickeln kann und die Möglichkeit geschaffen wird, in späteren Momenten darauf zurückzukommen und weitere Aspekte nachzuvollziehen. Wenn wir schweigen und unsere Gegenübertragung für uns behalten, ist dies später nicht im selben Maße mehr möglich.

In diesem Fall sprach mich mein Patient auf mein unwillkürliches, deutlich hörbares Ausatmen, »Schnaufen« an. »Schnaufen« machte mich seine Aussage, er habe vor Augen, wie ein Baby seine Mutter umarmt. Mit diesem Bild hatte er das Problem höchst wirkungsvoll auf den Punkt gebracht: es entsprach genau meiner klinischen Konzeptualisierung, dass er hatte erfahren müssen, wie existenziell es für ihn war, sich um das Wohl seiner Mutter zu kümmern. Danach konnte ich meinem Patienten zeigen, welch machtvolle Prozesse am Werke sind, die auch mich ergriffen hatten. Durch meine Mitteilung und die dadurch *miteinander geteilte* Erfahrung verlor er das Gefühl, in seinem Leben unberührbar zu sein und bleiben zu müssen, wie es ihm seine Neurodermitishaut über viele Jahre gezeigt hatte.

In meiner Erklärung für den Patienten habe ich eine Auffassung von Abstinenz aufgegeben, nach der wir nicht ohne Not eigene Gefühle mitteilen. Ich tat dies durchaus bewusst, weil erst durch meine Reaktion und ihre erläuternde Mitteilung für den Patienten erkennbar werden konnte, *wie* machtvoll die Spaltungsprozesse in diesem Moment waren; – sie hatten auch mich ergriffen. Um die Mikrointeraktion, die für die gesamte Analyse außerordentlich bedeutsam ist, überhaupt kommunizieren zu können und diese Ereignisse nicht einfach verloren zu geben, hielt ich es an dieser Stelle für geboten, meinen Patienten über den Ablauf in Kenntnis zu setzen, damit er sich selbst und seine Reaktion besser einschätzen kann. Ermann schreibt zu dieser Frage (2014, S. 121):

> »[Es] ergibt sich eine Neukonzeption des klassischen Abstinenzprinzips, jedenfalls sofern es sich auf Freuds sogenannte Spiegelmetapher bezieht und auf seine Vorgabe, den Patienten keine Triebbefriedigung zu gewähren. Aus intersubjektiver Sicht ist diese Regel, die oft sehr starr gehandhabt wurde, durch ein funktionales Prinzip ersetzt worden. Danach hat der Analytiker je nach Lage der Dinge zu entscheiden, ob, wieweit und in welcher Form er auf Wünsche und Begehren des Patienten eingeht, um anschließend zu untersuchen, wie der Patient sein Verhalten verarbeitet.
>
> Aus der Außenperspektive ist die kontrollierte selektive Selbstenthüllung zum Inbegriff des intersubjektiven Ansatzes und insbesondere der relationalen Psychoanalyse geworden und hat viel Kritik hervorgerufen. Faktisch geht es aber um nicht mehr als ein behandlungstechnisches Konzept, das aus einem intersubjektiven Prozessverständnis heraus gut zu begründen ist.«

In dieser Behandlung war mein beschriebenes Vorgehen unabdingbarer Bestandteil der Analyse der Übertragung. Wenn wir solche Elemente in unserer Arbeit bewusst wirksam werden lassen, so erweitert sich dadurch unser psychoanalytischer Aktionsrahmen. Zwischen meinem Patienten und mir ist es eine uns inzwischen vertraute Modifikation der analytischen Technik, dass er bisweilen auch meine Assoziationen für sich nutzen möchte und wie selbstverständlich Gebrauch davon macht. Transparenz und Teilhabe wirken in diesem Fall wechselseitig. Dies machte es möglich, dass er mich in seine Auseinandersetzung mit seinen Empfindungen hineinnehmen konnte, die ihn an den Rand des Todes führten. Diese Auseinandersetzung schildere ich nun.

Die Bearbeitung des Nichts

Meist kommen in der Analyse mehr Aspekte zusammen, als sich uns auf den ersten Blick enthüllt. Es gehört zur Lebendigkeit der Analyse, dass wir mehrdeutig, offen, assoziativ und frei unsere Gedanken spielen lassen können. Und es ist uns nicht möglich, all unsere Gedanken zu berichten: die freie Assoziation und die gleichschwebende Aufmerksamkeit bleiben richtungsweisende Utopien, denen wir uns nur annähern können.

Zum zeitlichen Ablauf: Bisher habe ich aus dem ersten halben Jahr der Analyse berichtet. Der nun folgende Abschnitt stammt aus der Behandlung nach etwa zweieinhalb Jahren. In der Phase der Behandlung durchlebt der Patient das beunruhigende Gefühl des »Nichts« in der Dichte der Übertragung. Aufgrund meiner Teilhabe wird es möglich, die Beeinträchtigung, die den Patienten durch sein bisheriges Leben begleitet hat, aufzulösen.

Die besondere Qualität der Behandlung liegt darin, dass der Patient diese frühen, belastenden Erfahrungen in ihrer Neuauflage und Aktualisierung darstellen und bearbeiten kann: die Aktualisierung führt – begünstigt durch meine wohlwollende Aufnahme – rasch auf einen regressiven Weg in die Erfahrungsmodi seiner Kindheit. Er kann diesen Weg mit mir nur deshalb gehen, weil ich ihm, wie er oftmals betont, von Anbeginn an transparent und authentisch begegnet bin und mich nicht scheue, ihn an meinen Empfindungen teilhaben zu lassen. Dadurch werde ich zu der Person, die er spüren und der er vertrauen kann. Ich lasse wohlwollend und teilweise in »role-responsiveness« (vgl. Sandler, 1976) zu, dass er mich in die Position »schiebt«, in der er mich für die Darstellung der Schrecken seiner Innenwelten braucht: zum Beispiel eingeengt an meinem eigenen Schreibtisch, als ein Niemand, meiner Identität beraubt.

Diese Nähe und passagere Auflösung der Ich-Grenzen führen nicht zu oberflächlicher Harmonie, die Konflikte lauern direkt unter der Oberfläche. Ich habe beschrieben, was ich durch den Satz »Sie wissen ja, wir können das, was Sie hier berichten, auch als Phantasie verstehen ...« in ihm auslöste: im Endeffekt wäre er schlagartig vollkommen alleine, ein »Nichts« gewesen! Wir konnten die Spannung jedoch auflösen.

Manchmal fragt er mich nur knapp »Herr Dreyer?« und meint damit, ich solle meine Assoziationen ebenfalls beitragen. Er arbeitet wie selbstverständlich mit mir, meinen Assoziationen und macht bisweilen von meinem Zugang zu meinem eigenen Unbewussten Gebrauch, wenn er glaubt, dass ich etwas aussprechen kann, das ihm weiterhilft. Diese Technik ist direkt, zupackend, unmittelbar und bewegend für uns beide dann, wenn es wieder einmal gelungen ist, resonant miteinander zu schwingen, und unsere Assoziationen sich ergänzen.

Mir fällt auf, dass ich, gestützt auf die Äußerungen und Fragen meines Patienten, also aufgrund seines Gefühls, seiner Intuition, noch einmal in mich gehe und dann tatsächlich etwas entdecke, was für ihn von Bedeutung sein könnte. Auch das teile ich ihm dann mit. Auch wenn sich keine Einfälle bei mir einstellen, bringe ich dies zum Ausdruck. Transparenz und Teilhabe sind keine Einbahnstraße, sondern wirken wechselseitig. Ich glaube, dass Ähnliches in vielen Analysen täglich geschieht. In Momenten der Angst um seinen Körper kann mein Patient sich über die Beziehung zu mir beruhigen. Er nimmt mich hinein in seine Auseinandersetzung mit dem Tod. Wir sind in seiner frühen Jugend angekommen. Wir verweilen in der Situation, in der er nachts Todesangst hat, am Tag das bedrohliche Erleben verleugnet, wissend, dass er in der nächsten Nacht der Bedrohung und Todesangst wieder begegnen wird. In der Wiederkehr und Wiederholung in der Analyse verlieren diese Wechsel ihren Schrecken. Aus einem Urlaub bringt er einen Traum mit:

Er steht auf einem Balkon und blickt aufs Meer, das schwarz und sturmgepeitscht vor ihm liegt. Vom Meer abgewandt, in seinem Rücken, befinden sich weiße Berge. Aus dieser Situation zieht er sich im Traum zurück in sein Hotelzimmer.

Wir verstehen den Traum als eine Darstellung von Tod (das schwarze Meer) und Bedrohung (die weißen Berge). Diesen beiden Gefahren kann er dadurch entfliehen, dass er sich in das Zimmer, das auch für mein Behandlungszimmer steht, zurückzieht, in dem er mich immer hinter sich weiß – bis ihm möglicherweise die weiße Gefahr, die Kälte auch von mir droht.

Monate später beginnt er dramatisierend, um sein Erleben zu verdeutlichen: »Ich bin heute Nacht gestorben! Ich habe nicht gewusst wann, wo, wer ich bin, bin erschrocken aufgestanden, zu meinem Handy gegangen, darauf sah ich, es ist 01:57 Uhr. Es war wie in einer Asthma-Nacht! Es war das Nichtsein!« Der Patient spricht wenig, hat auch keine Assoziationen, Bedrohlichkeit breitet sich aus. Er weist darauf hin, dass wir wieder hinabsteigen müssen in jene Zeit seiner Asthma-Todesangst. Beiläufig fühle ich meinen Puls, ohne recht zu wissen, warum. Wenig später berichtet er, dass er heute Nacht seinen Puls gefühlt habe und sich darüber versichern konnte, dass er noch lebt. Ich meinerseits teile ihm etwas später mit, dass auch ich gerade meinen Puls gefühlt habe und sage: »Wenn wir beide unseren Puls fühlen, sind Sie nicht mehr mit Ihrer Angst alleine.« Eine bewegende Erkenntnis! Bewegend ist auch, wie weit er in mich hinein gelangt: noch bevor er davon sprach, hatte ich sein Handeln vorweggenommen und meinen eigenen Puls gefühlt. Es ist für unsere Behandlung eine wertvolle Rückversicherung und ein Blick in eine angstfreie Zukunft, wenn wir tatsächlich so »am Puls« sind. Bisweilen teilen wir auch Assoziationen: »Daran habe ich gerade auch gedacht.«

Wir sollten unseren Patienten und Analysanden diese Momente des gemeinsamen Schwingens nicht verschweigen, weil sie daran erkennen können, dass wir auf dem gleichen Weg unterwegs sind. Das lässt leichter hoffen, dass es auch der richtige Weg ist. Wir wissen, dass es für unsere Patienten und Analysanden ungleich schwerer ist, sich ein Bild davon zu machen, wie ihre Therapie oder Analyse verläuft und wo sie gerade stehen. Solche Mitteilungen machen es Ihnen leichter, die Ungewissheiten zu ertragen. Noch ein weiterer Aspekt ist zu erwähnen: gleichzeitige, bisweilen vielleicht sogar vorausgehende ähnliche oder gleiche Assoziationen wie der andere zu haben, weist auf eine zukunftszugewandte Dimension der Psychoanalyse und des psychoanalytischen Arbeitens hin. Ebenso wie in der Reverie die Mutter sich in eine potenzielle Zukunft ihres Kindes hineinträumt, vermag intuitives Erspüren auf eine nahe Zukunft hin orientiert sein, die so oder so ähnlich bald darauf eintritt. Parsons (2013) nennt diese Fähigkeit »Vorträglichkeit«.

Nach einer längeren Unterbrechung von drei Wochen spricht der Patient von Panik beim Einschlafen. Er habe sich im Bett aufsetzen müssen, um herauszufinden, wo er sich eigentlich befindet, »zu Hause oder daheim«. Das Symptom seiner Angst kennen wir: es schafft die Verbindung zu seiner alten Angst, der Todesangst nächtlicher Asthmaanfälle. Mit »zu Hause« und »daheim« verbindet er Vergangenheit und Gegenwart. Panik kannte er in der Vergangenheit auch am Tag: wenn er von der Schule nach Hause kam und seine Mutter war nicht zu Hause, reagierte er panisch. Als seine erste längerdauernde Beziehung in die Brüche ging, konnte er lange Zeit nichts anderes mehr denken als den einen Satz: »Sie hat mich verlassen, sie hat mich verlassen ...«. Der Patient formuliert seine Ängste und Befindlichkeiten nun in Bezug zu klar abgrenzbaren und benennbaren Objekten. Es handelt sich nicht mehr um die schreckliche, leere und objektlose Innenwelt der Jaktationen. Allerdings bleibt die Bedrohung durch das Nichts bestehen. Der Unterschied aber ist, dass er nun darüber mit mir in Austausch treten kann – auch erschreckende und schreckliche Empfindungen lassen sich mitteilen und teilen.

Im Verlauf der Stunde bemerke ich, wie in mir flüchtig Panik aufsteigt. Weder neige ich zu Panikreaktionen, noch finde ich in mir zu einem Verständnis, was in meinem aktuellen Leben Anlass dafür böte, mit Panik zu reagieren. Natürlich sind die Erklärungen, die wir für unsere Gegenübertragungsreaktionen finden, immer auf unsere bewussten Empfindungen bezogen und bleiben deswegen relativ. Sie können nicht umfassend sein und Gewissheiten gibt es nicht. Als Analytiker leben wir mit der Tatsache, dass wir Wahrscheinlichkeiten abwägen und offen bleiben müssen für Überraschendes. In einem Moment, in dem ich bei mir aufkommende Panik empfinde, muss ich mich für die Richtung entscheiden, in die ich das Material verstehe und interpretiere.

6. Ein Fallbericht zur Illustration und die Zusammenfassung meiner Themen

In den vorausgehenden Kapiteln habe ich empfohlen, sich derartigen Fragen mit einer Haltung der Transparenz sowohl nach innen, der eigenen Phantasiewelt gegenüber, als auch nach außen, unseren Analysanden oder Patienten gegenüber, zu nähern (vgl. Kapitel 1) und dabei
➤ auf diskontinuierliche Erfahrungsmomente (vgl. Kapitel 4) und/oder
➤ auf introjektive Identifizierungen zu achten (vgl. Kapitel 5) und
➤ unsere eigene Intuition wahrzunehmen und ihr zu vertrauen.

Ogden (2006) hat gezeigt, dass unsere Reflexion nach innen und die intersubjektive Verwobenheit mit unseren Analysanden sich wechselseitig ergänzen und bereichern, deswegen zusammengehören und gemeinsam verstanden werden müssen. Auch Mertens (2013) spricht von einem Zusammenfließen des Unbewussten von Analytiker und Analysand.

Zurück zu meinem Fall und weiter in meiner Gegenübertragungsreaktion: Nachdem ich zu dem Schluss gekommen bin, dass ich die in mir entstandene Panik meinem Patienten transparent zugänglich machen möchte, sage ich: »Ich habe so etwas wie Panik empfunden, nachdem Sie von Ihrer Panik gesprochen hatten. Ich konnte nicht herausfinden, woher diese in mir entstehende Panik stammen könnte. Sie kam wie aus dem ›Nichts‹«, merke ich an und fühle mich damit wieder im Hier und Jetzt angekommen.

Mein Patient ist davon berührt und wird sehr aufmerksam, er empfindet es als etwas Besonderes, wenn ich ihn an meinen Erlebnissen und Empfindungen teilhaben lasse, er fühlt sich von mir einbezogen. Zuerst interessiert er sich dafür, wie das war, was ich empfunden habe. Ich lasse ihn an meinen mir unerklärlichen körperlichen, auf den Brustkorb und den Rücken bezogenen Gefühlen teilhaben. Ich spüre, wir spüren, wie die Angst und Panik plötzlich zu einem gemeinsam geteilten Gefühl wird. Davon bewegt entwickeln wir die Hypothese, dass es sich um ein Wiederaufleben der alten Asthmaangst handeln könnte. Gegen Ende der Stunde kehrt unser Dialog wieder zurück an die Oberfläche. Im Gehen spricht er noch die kommende Nacht an und meint, vielleicht bringe er ja morgen Träume mit.

Am nächsten Morgen hat er in der Tat viel zu berichten: er habe beim Einschlafen wieder einen hypnagogen Panikzustand gehabt – er hatte die Angstphantasie, sein Herz bleibe einfach stehen. Er konnte sich jedoch selbst beruhigen: »Komm runter, das stimmt gar nicht!« Er berichtet seinen Traum aus der vergangenen Nacht:

Im Traum befindet er sich irgendwo in seinem Elternhaus. Dort findet eine Art Gruppenarbeit statt, er hat ein Schlampermäppchen. Danach fährt er im T-

Modell seines Vaters. Im Traum befindet er sich an einem Bahnübergang, der nicht beschrankt ist. Er sitzt im väterlichen Auto auf den Gleisen, als plötzlich ein Zug aus dem Nebel auftaucht. Er schafft es gerade noch, von den Gleisen runter zu kommen – Panik im Traum!

In meinen Assoziationen wandere ich vom Mercedes-T-Modell zum Ford-T-Modell, der »Tin Lizzy«. Ich spüre das amerikanische »Ur-Auto«, das ab 1912 vom dafür erfundenen Fließband rollt, mit der Zeit von Freuds »Ratschlägen« (1912e, 1914g) verbunden. Die »Ratschläge« wirken wie das Fließband: Analyse kann beliebig oft nach diesen Regeln reproduziert werden, ich habe mich durch den Gang meiner Assoziationen in die Gemeinschaft der Analytiker phantasiert; ich bin also nicht alleine mit meiner Panik!

Dem Patienten fällt zu dem Zug aus dem Nebel meine Formulierung vom Vortag ein: »Panik aus dem ›Nichts‹.« Davon ist er bewegt. Wir verstehen den Ablauf als den Übergang von der Zeit der großen Einsamkeit seiner Kindertage in unsere gemeinsam geteilte analytische Gegenwart in dieser Stunde. Wir können in der Übertragung erfassen, welche Panik in seiner alten Welt der einsamen Asthmaanfälle, »im Nichts«, geherrscht haben muss. Jetzt ist er darin nicht mehr alleine, sondern teilt die Erfahrung mit mir.

Für die Entwicklung der Übertragung war entscheidend, dass ich in der Stunde davor von meiner Panik »aus dem Nichts« sprach: hierdurch erst konnte der intensive Prozess in Gang kommen, der mich dann am folgenden Tag, in der folgenden Stunde, in sein Erleben der Angst mit hineinnimmt. Auf derart bewegende, intensive Phasen folgen Phasen größeren Abstands.

Der Abstand kehrt zurück – die negative Mutterübertragung, eine Sequenz des Nichtverstehens

Der Patient kommt 20 Minuten zu spät. Er sagt gleich zu Beginn, dass ihm die beiden anderen Termine in dieser Woche zeitlich nicht passen. Von zwei angebotenen Ersatzterminen findet in der Woche dann nur einer statt. Den Wunsch nach Abstand spricht er in der Stunde aus: er sei heute »moody«, leicht depressiv, mitgenommen. Heute Nacht habe es lediglich unauffällige ventrikuläre Extrasystolen gegeben. Er sucht Abstand nach unseren intensiven Begegnungen der vorigen Stunden.

Er schildert Beobachtungen bezogen auf sein Herz: er bemerkt Extrasystolen regelmäßig vor dem Einschlafen. Ich verspüre unvermittelt Kribbeln in meinem Rücken – eine Körpersensation, von der der Patient häufig dann spricht, wenn etwas neu verstanden werden kann. Ich entschließe mich dazu, meine Empfindung auszusprechen: »Ich spüre ein Kribbeln.« Der Patient fragt zuerst nach und antwortet dann: »Das spricht mich jetzt gar nicht an. Ich denke dann sofort: wenn Sie schon sowas spüren und ich nichts, dann muss bei mir eine schwerste Erkrankung bestehen, wenn ich das nicht spüren kann. Ich denke, Sie denken, dass ich todkrank bin, das läuft in mir automatisch ab. Ratzfatz!« Offenbar läuft an dieser Stelle meine Gegenübertragung seiner Übertragung voraus. Dadurch, dass ich meine Gegenübertragung ausspreche, erzeuge ich im Patienten Panik, weil ich von etwas spreche, was er in dem Moment nicht fühlen kann: intuitiv reagiert er darauf wie früher, indem er meint, mich containen, mich so wie das Baby die Mutter in seinem Bild umarmen zu müssen. Gleichzeitig erlebt er das als »schwerste Erkrankung«. Die negative Übertragung bildet sich damit zwischen uns ab. Nach einer Weile sage ich: »Sie sprechen davon, todkrank zu sein, das ist Ihre Angst. Vielleicht ist diese Angst durchaus nachvollziehbar, wenn man Ihre Geschichte kennt: ihre Erkrankung hätte tödlich verlaufen können. In Ihren nächtlichen Asthmaanfällen waren sie alleine, todkrank und auf sich selbst angewiesen!« Er: »Was haben Sie gesagt, was mich krank macht, ich habe es sofort wieder vergessen?« Ich antworte: »Aha: Abwehr, Abschalten!« Wir lachen. Ich spreche damit eine uns inzwischen vertraute Erfahrung an, dass der Patient in den Stunden manchmal schlagartig abschaltet und einschläft, wenn brisante Inhalte zur Sprache kommen. An dieser Stelle ist meine absolute Verlässlichkeit in seinen Augen gefährdet: er fürchtet, was mit mir los sein und was er angerichtet haben könnte, wenn ich ein »Kribbeln« kommuniziere – zum Beispiel könnte er mich mit seiner Einsamkeit infiziert haben. Dann müsste er sich nun um mich kümmern, wie er sich früher um seine Mutter »gekümmert« hat! Auf diese Gefahr muss er mit Abschalten reagieren.

Dann wiederhole ich meinen Gedanken und füge außerdem noch an, dass sich hier zwischen uns das abgebildet hat, was wir gut kennen: »Abschalten, wenn es ›gefährlich‹ wird, manchmal schlagartiges Einschlafen in der Stunde. Besonders dann, wenn Sie das Gefühl hatten, jetzt ist es wie früher: Sie müssen etwas für Ihre Mutter tun und nicht umgekehrt, Ihre Mutter tut etwas für Sie: das war für Sie dann tatsächlich gefährlich!« Der Patient antwortet: »Jetzt kribbelt es auch bei mir. Es stimmt.« Damit ist die Wiederholung in der Übertragung gedeutet, sofort entspannt sich die Situation zwischen uns.

In dieser Stunde suche auch ich Abstand: in meiner Deutung wähle ich den Weg über die Vergangenheit und deute im Dort und Damals (»wenn man Ihre Geschichte kennt ...«). In »atemloser« Art und Weise wiederholt sich zwischen uns das, was der Patient mit dem Bild »das Baby umarmt seine Mutter« ausgedrückt hat. Panik entsteht in ihm, weil er befürchten muss, dass er sich nun um *mich so wie früher um die Mutter* kümmern muss. Er schaltet daraufhin ab: Vergessen, Verleugnen, Einschlafen sind seine probaten Mittel dagegen. Die problematische Seite seiner Mutterbeziehung hat sich in dieser Stunde zwischen uns, von mir angestoßen, in der Übertragung entfaltet. Auf den ihm fremden Aspekt reagiert er mit gutem Grund panisch: Wenn es nun auch hier noch so liefe, wie sonst früher in seinem Leben, wäre der bisher hoffnungsvolle Verlauf der Analyse verloren! Es gelingt mir darauf zuerst lediglich, mit einer auf die Vergangenheit bezogenen Deutung zu reagieren. Dies verstärkt nachvollziehbarerweise seine Abwehr nochmals. In der Wiederholung und Erweiterung meiner Deutung gelingt es mir dann besser, auch die aktuelle Interaktion zwischen uns miteinzubeziehen. Der Patient erkennt, dass ich wieder in der Gegenwart angekommen und offenkundig der Situation damit gewachsen bin, und reagiert darauf sofort – weil er entlastet ist – seinerseits in Resonanz auf mein Symptom ebenfalls mit einem körperlichen Symptom, dem Kribbeln.

Mein Deutungsversuch, im Bild des Babys, das die Mutter umarmt, unsere Interaktion zu erfassen, gelingt nur teilweise. Ich habe das Gefühl, mit meiner Deutung nicht warten zu können, bis sie sich in mir vervollständigt hat. Die Deutung ist nicht falsch, sie ist aber auch nicht richtig, weil sie den Moment zwischen uns nicht auf den Punkt bringt. Der Patient gibt mir eine zweite Chance, die ich auch annehme: Dadurch, dass ich sage, »jetzt ist es wie früher«, erreiche ich unsere Gegenwart, die Deutung wird »gut genug«, um die drohende Wiederholung einer alten Erfahrung im Sinne von »Baby umarmt Mutter« zu verhindern. Vielleicht »passt« mein Ungenügen gerade an diese Stelle, weil meine gut erkennbare Unvollkommenheit Abstand ermöglicht, in Bezug auf die Übertragung heißt dies: Abstand von der Mutter – ein wünschenswertes Ergebnis. Transparenz und Teilhabe machen es leichter, auch das Nichtgelingen in der Übertragung aufzufinden und gemeinsam zu bearbeiten (Ogden, 2006 weist darauf hin, wie wichtig dies sein kann). So empfand es auch mein Patient, er bedankte sich am Ende beim Gehen mit den Worten, dies sei eine gute Stunde gewesen.

In die letzte Stunde meiner Sequenz kommt der Patient auf die Minute pünktlich, nicht 20 Minuten verspätet wie eine Woche zuvor. Er zupft zuerst an den Ecken meines Kissens und sagt: »Ich muss bei Ihnen Ordnung schaffen!«, und fährt fort: »Mir kam ein Gedanke: das Asthma in der Nacht und mein Aufwachen deswegen waren ein Ausdruck des Lebens. Ich kann den Satz in zwei Teilen jetzt neu formulieren. Er lautet nun: ›Ich atme, also lebe ich‹. Auch zu meinem Jucken der Neurodermitishaut habe ich die Idee, dass auch dies Ausdruck des Lebens war. Des Lebens überhaupt, aber eben auch der Krankheit, die ich nicht mehr will.« Er berichtet von Entwicklungen der letzten Zeit: »Ich halte viel besser aus, habe ich bemerkt. Ich kann andere groß sein lassen. Das ist für mich in meinem Beruf wichtig.« Ich füge an dieser Stelle an: »Auch Sie selbst können groß sein und müssen Ihr Licht nicht mehr unter den Scheffel stellen.« Der Patient erwidert: »Ja, das ist meins. Ich denke, die Konfrontation mit dem ›Nichts‹ war zu groß für den normalen Atem und hat deswegen zum Asthma geführt!«

In dieser Stunde öffnet der Patient nun von sich aus aktiv die Tür, die durch meine Deutung aus seinem Inneren heraus und durch mein Verständnis seiner introjektiven Identifizierung bereits einen Spaltbreit offen stand. Nun kann er bewusst aussprechen, was sich in den Stunden zwischen uns ereignet hat. Es ist das erste Mal, dass er ein umfassendes Verständnis seines Asthmas und der Neurodermitis im Zusammenhang mit der Beziehungsstörung aus seinen frühen Tagen formuliert: dieses »Nichts« fasst den ganzen Schrecken der frühen Annihilationsangst zusammen. In der Nacht, die auf diese Stunde folgt, hat er ein Glücksgefühl, wie er es schon einmal während der Analyse empfand. Er bemerkt auch, dass nun die Bedeutung des Atems schwindet und sich auf ein normales Maß beiläufigen Nicht-bemerkt-Werdens einpendelt.

Diese Sequenz zeigt deutlich, wie sich in unseren Analysen Momente, in denen wir unsere Analysanden sehr gut verstehen, ihnen nahe sein und ihre Entwicklung fördern können, abwechseln mit Momenten, in denen wir vorübergehend unsere Linie verlieren. Gill (1979) würde sagen, dass es plausibel war, was der Patient wahrnahm. Ich möchte darüber hinausgehen: es ist nicht nur plausibel, sondern die Interpretation meines Patienten trifft zu, es bestand aus seiner Sicht tatsächlich die Gefahr, dass er sich hätte um mich kümmern müssen. Das spürte er und darauf reagierte er mit Panik. Diese Panik holte meine vergangenheitsbezogene Deutung dadurch in die Gegenwart und macht sie aktuell. In der Summe gibt es gute Gründe für seine Auffassung: er konnte sich fragen, ob meine Mitteilung des Kribbelns etwas mit einem Symptom von mir zu tun hat, das ich ihm an dieser Stelle anvertraue und zumute. Es war die Tatsache, dass ich etwas über mich berichtete, durch die er an dieser Stelle in Panik geriet. Ebenso, wie an anderer Stelle, förderte meine Mitteilung den Gang seiner Assoziationen und darüber den psychoanalytischen Prozess. Nur diesmal eben nicht gleichsinnig in die Richtung, in die meine Äußerung geht, sondern gegensinnig, Panik auslösend. Durch den Ablauf in diesem Vorgang gewinnen wir Zugang zur negativen Mutterübertragung, die ich – zunächst noch ungenügend – deute. Dem Patienten sind die affektiv bedeutsamen Zusammenhänge bei der Verabschiedung spürbar, er bedankt sich bei mir für diese Stunde. Wir als Analytiker müssen es aushalten können zu versagen, ungenügend zu sein, und auch, dass unsere Patienten dies wahrnehmen und ihre negative Übertragung daran heften. Wenn wir nichts beschönigen müssen, wird daraus eine wertvolle Gelegenheit, Konflikte im Hier und Jetzt zu bearbeiten, die sonst oft schwer zugänglich sind.

Zusammenfassung der Themen dieses Buches im Hinblick auf diesen Fall

In den nun folgenden Abschnitten möchte ich meine Gedanken im Hinblick auf die dargestellte Behandlung diskutieren und damit den Bezug zu meinen theoretischen Überlegungen anschaulich werden lassen.

Unsere Gedanken und Überlegungen bewähren sich dann, wenn sie in unserer klinischen Arbeit im Einklang stehen mit anderen Theorien, mit denen wir arbeiten und die sich für das Verständnis der Innenwelt des Patienten und des Behandlungsprozesses als nützlich und hilfreich erwiesen haben. Wir wählen in der Regel ein doppeltes Vorgehen: Top-down leiten wir aus Theorien ab, wie wir klinische Phänomene auffassen, interpretieren und in unsere Fallkonzeptionen einpassen. Bottom-up schließen wir vom klinischen Phänomen im Sinne einer Verallgemeinerung auf theoretische, allgemeine, übergeordnete Gesichtspunkte. Wir überprüfen darin zugleich unsere theoretischen Annahmen. Der deduktivinduktive Kreisprozess findet seine Rechtfertigung in der wissenschaftstheoretischen Position, wie sie von Hampe und Strassberg (2015) vertreten wird. Deren Standpunkt, durch den besonderen Fall die allgemeineren Überlegungen zu unterstützen und zu belegen und die Theorie daraus zu entwickeln, habe ich über den Verlauf des Buches immer wieder aufgenommen: indem ich in einem ausgewogenen Verhältnis zwischen Theorie und klinischer Anschauung hin und her gewechselt bin, habe ich versucht, deren wissenschaftstheoretischen Überlegungen zu folgen. Ich nehme an dieser Stelle noch einmal die Gedanken von Hampe, Strassberg und Forrester auf.

Für unsere psychoanalytische Arbeit gelten demnach all die Gesetzmäßigkeiten des »Denkens in Fällen«, wie dies Hampe und Strassberg mit Bezug auf Forrester (2014) beschrieben haben. Eigenartigerweise wurden diese Überlegungen, die für die wissenschaftstheoretische Standortbestimmung der Psychoanalyse außerordentlich wertvoll sind, innerhalb der psychoanalytischen Community nicht rezipiert.

Entsprechend ihrem wissenschaftstheoretischen Verständnis von der Psychoanalyse als einer Disziplin, die in Fällen denkt, verstehen Hampe und Strassberg (2015, S. 277; Hervorhebung im Original) den einzelnen Fall folgendermaßen:

6. Ein Fallbericht zur Illustration und die Zusammenfassung meiner Themen

»Die psychoanalytische Singularität ist also keine Abweichung von der ödipalen Normalität, doch darf sie auch nicht als Defizit gegenüber einer Idealgeschichte oder einem Idealtypus begriffen werden, denn der psychoanalytisch gedeutete Mythos des Ödipus oder die psychoanalytisch konstruierte Geschlechtsdifferenz stellt kein Entwicklungs- oder Verhaltens*ideal* dar, sondern ein Erkenntnisinstrument zur Einsicht in individuelle Leidensgeschichten. Der einzelne Fall bestimmt sich nämlich durch eine je individuelle Abweichung von der spezifischen Allgemeinheit.«

Und zum Ort der Psychoanalyse im Kanon der Wissenschaften formulieren Hampe und Strassberg (ebd., S. 280f.):

»Die Psychoanalyse ist weder eine quantifizierende Naturwissenschaft noch eine Pseudowissenschaft. Sie ist auch keine hermeneutische Disziplin, sondern ein thinking in cases, wie es John Forrester genannt hat. Es geht um die Erkenntnis von Individuen und Allgemeinheiten, die noch nicht einmal als Gesetzesannahmen oder Theorien, sondern als Fälle vorliegen. Die Psychoanalyse bedient sich ›allgemeiner‹ Fälle, so wie sich die Jurisprudenz der Präzedenzfälle bedient. Diese Fälle mögen entweder aus der Mythologie oder der Literatur stammen, wie der Mythos vom Ödipus oder Fallgeschichten sein wie der Rattenmann oder der kleine Hans bei Freud. Die einzelne neurotische Person wird dann als eine auf spezifische Weise von dem zu ihr passenden Fall abweichende Lebens- und Leidensgeschichte erkannt. In diesem Verfahren ergibt sich eine individuelle, nicht verallgemeinerbare Kausalerklärung eines bestimmten Leidens, jedoch nie und genauso wenig wie in der Rechtswissenschaft eine Prognose. [...]

Die psychoanalytische Couch ist also kein Labor, in dem ein Einzelwesen durch Messung erkannt würde, um eine allgemeine Theorie zu testen. Sie ist auch kein Gerichtssaal und kein Röntgenraum, in dem das Einzelne vor dem Hintergrund eines realen Gesetzes oder eines wirklichen Präzedenz- und Krankenfalles untersucht wird. Sie ist eine Disziplin, die Mythen und Geschichten aus der Literatur zu Entwicklungsschemata formalisiert und sie zusammen mit wirklich erhobenen Fallgeschichten aus der psychoanalytischen Praxis zum Erkenntnishintergrund individueller Geschichten macht. Die Erkenntnis dieser individuellen Entwicklungen ist das Ziel der Psychoanalyse, das wiederum dem therapeutischen Zweck dient, das neurotische Elend in gemeines zu überführen.«

Die Autoren begründen damit aus wissenschaftstheoretischer Sicht, warum der Einzelfall ein wertvolles Erkenntnisinstrument für die Psychoanalyse als Wissenschaft ebenso wie für die Psychoanalyse als Behandlungsform ist. Die Auffassung von Hampe und Strassberg wurde an dieser Stelle noch einmal ausführlich zitiert, um damit zu verdeutlichen, dass die Bedeutung des einzelnen Falles in Relation zur allgemeinen Theorie selbst von Psychoanalytikern bisweilen als zu gering eingestuft wird.

Ich habe diesem Buch das wissenschaftstheoretische Paradigma zugrunde gelegt, das mir als das dem Gegenstand angemessenste erscheint: die zahlreichen Darstellungen von Vignetten und Behandlungen folgen dieser Logik des Denkens in Fällen. In diesem Buch habe ich an vielen Stellen klinische Vignetten aus eigenen Behandlungen oder aus Veröffentlichungen anderer Autoren zusammengefasst. Ich gehe nun anhand der einzelnen Kapitel vor und beschreibe – bezogen auf den aktuellen Fall dieses Kapitels –, wie sich die in den vorigen Kapiteln entwickelten Thesen hier wiederfinden lassen. Es gilt wie erwähnt: Natürlich können nicht alle Phänomene in jedem Fall in gleicher Deutlichkeit aufgezeigt werden.

Ich folge in meiner Darstellung nun den Kapitelüberschriften dieses Buches.

Zum Inhalt von Kapitel 1: Übertragung und Agieren

Ohne meine Haltung der Transparenz und Teilhabe wäre die oben in diesem Kapitel dargestellte Behandlung gar nicht zustande gekommen: der Patient kam in die Erstgespräche in der festen Absicht, auch mir, so wie zuvor den Kollegen, die er schon konsultiert hatte, vor Augen zu führen, dass und wie auch ich, statt authentisch zu sein, ihm mit therapeutischem Slang und professioneller Fassade begegne. Dann wäre er zum zweiten Termin erst gar nicht mehr gekommen und hätte sich weiterhin sicher sein können, dass es für ihn keine Hilfe gibt: auch die Empfehlung zu mir wäre dann nutzlos verpufft. Die Dinge verliefen jedoch anders. Er empfand mich in meinen Interventionen authentisch und aus einem Vorgespräch wurden mehrere, schließlich konnte daraus die Analyse entstehen.

In diesem Fall muss ich davon ausgehen, dass es meine Haltung von Transparenz und Teilhabe war, die eine Analyse überhaupt erst ermöglicht hat. Der Patient sah es immer als eine Selbstverständlichkeit an, meine schriftlichen Berichte ausführlich zu studieren. Er begrüßte die Gelegenheit dazu, weil er daraus für sich einen Reflexionsschritt ableiten konnte: »Aha, so also sieht mich mein Analytiker.« Ich habe in Kapitel 1 diskutiert, welche Möglichkeiten des Umgangs mit den schriftlichen Berichten und mit Nachfragen unserer Patienten wir haben. Es gibt viele Möglichkeiten und jeder wird im Einklang mit den Bestimmungen und dem Kontakt mit seinem Patienten das zu ihm passende Vorgehen wählen. Es spricht meines Erachtens viel dafür, unser Repertoire zu erweitern, um auch den Menschen, die ein hohes Maß an Teilhabe wünschen und fordern, das für sie geeignete Angebot machen zu können.

Wir können uns – alleine schon aus rechtlichen Gründen – nicht länger einer Haltung verschließen, die bei entsprechender Nachfrage dem Patienten gegenüber die Offenheit zulässt, die er von uns erwartet. Auf unser Vorgehen trifft dann wahrscheinlich die Beschreibung von Renik (1999, S. 954) zu:

> »Im Großen und Ganzen habe ich festgestellt, dass Selbstenthüllungen, die der Selbsterklärung dienen, die Übertragungsanalyse erleichtern, indem sie eine Atmosphäre authentischer Offenheit schaffen. Wenn meine Patienten merken, dass ich das, was ich wirklich denke, auch sage, reagieren sie entsprechend.«

Das heißt: Patienten reagieren ihrerseits ebenfalls mit Offenheit. Nach der Formel Offenheit + Reflexion der Offenheit = Transparenz entwickelt sich dann folgerichtig ein Dialog in wechselseitig offener Atmosphäre, dessen Reflexion vertiefte Transparenz und ein weiteres Sichöffnen zur Folge hat.

Der Einwand, dass das Unbewusste nicht nach diesen Grundsätzen der Offenheit fragt, sondern sich vielmehr in eruptiv-diskontinuierlichem Agieren Bahn bricht, erfordert genauere Betrachtung. In meinem Fall war es eine sehr eindrucksvolle Szene, als wir – am Beginn einer Stunde – dicht nebeneinander an meinem Schreibtisch standen und der Patient nach meinem Telefon griff, um sich ein Taxi zu bestellen. Später kam ich darauf zurück, inwieweit in meinem Gewährenlassen ein Gegenagieren enthalten war. Auf jeden Fall stellt diese Szene ein Agieren dar, in dem mein Patient viel von seiner Einsamkeit zum Ausdruck bringt. Vor Beginn der Sitzung hatte ich die Assoziation, dass es nach Asthma klingt, wie mein Patient hereinkeucht. Mein Empfinden läuft in dieser Situation der weiteren Entwicklung voraus. Ich möchte davon ausgehen, dass wir anders reagieren, wenn wir uns durch eigene Einfälle in einer Art Protostadium dessen befinden, was gleich darauf agierend in Szene gesetzt wird. Wir sind auf eine Art vorbereitet und nicht so überrascht oder überrumpelt.

Im weiteren Ablauf zeigt sich dann, wie wertvoll das Agieren für unser vertieftes Verständnis wird: es enthält all die affektiven Momente der Beunruhigung, des Chaos, der Enttäuschung und Verzweiflung, die der Patient seit seiner frühen Kindheit mit sich herumschleppt. Gerade weil wir die agierte Darstellung vor uns haben, gelingt es uns, ein neues und anderes Verständnis zu entwickeln. Dieses Verständnis trägt uns durch die folgende Behandlung.

Zum Inhalt von Kapitel 2:
Gegenübertragung und Gegenübertragungsenactment

Wir sind in unseren Behandlungen immer auch darauf angewiesen, was wir unserer Gegenübertragung an Informationen entnehmen können. Darauf wies Heimann bereits 1950 (2016a) hin. Sie entwickelte in den nachfolgenden knapp 30 Jahren einen freien Umgang mit ihrer Gegenübertragung. Gleichwohl war ihr bewusst, dass sie bisweilen dem in ihrer Zeit Üblichen weit voraus war.

Ich habe zuvor ausgeführt, dass ein wesentlicher Grund dafür, ob wir unser Mit-Handeln als Gegenübertragungsagieren oder als synchrones Handeln – wie ich es nennen möchte – verstehen, in unserem Verständnis der Szene liegt. Diese Unterscheidung ist für die Beurteilung meiner Handlungsweise in der Szene wichtig:

➢ Betrachten wir ausschließlich die Szene (wie mein Patient an meinen Schreibtisch tritt, mein Telefon benutzt und mir quasi auch noch meine Identität raubt), dann liegt es nahe, mein Handeln als ein Gegenübertragungsenactment unter Druck zu begreifen.

➢ Nehmen wir meine vorausgehenden Assoziationen hinzu, in denen ich eingestimmt bin auf eine Manifestation des Asthmas meines Patienten, auch wenn ich von seiner Atemfrequenz her dazu nicht unbedingt zwingende Gründe hatte, wandelt sich das Bild. Dann werde ich neugierig, offen und stelle mich auf Informationen zu seinem Asthma ein. Wird dann agiert, wie in meinem Beispiel, so gehe ich davon aus, dass auch das in Verbindung zum Asthma steht. Dann spüre ich meinerseits keinen Handlungsdruck, sondern kann relativ entspannt beobachten.

Wenn ich den Beginn der Stunde unter diesem letzteren Blickwinkel betrachte, gewinne ich aus dem Handeln meines Patienten wertvolle Informationen: es geht um ein Gefühl der Einengung, so wie ich mich am Schreibtisch eingeengt fühle; es geht um Agieren aus der Angst, er käme ohne Taxi hier nicht/nie mehr weg; es geht um unsichere, geraubte oder wohlwollend ausgeliehene Identität, wenn er meinen Namen für sich nutzt. Der Punkt ist, dass die Bedeutung der gesamten quälenden Szene unbewusst ist.

Gegenübertragung und Gegenübertragungsenactments stehen also immer in Relation zur Kapazität des Verstehens: werde ich überschwemmt und fühle mich meinerseits zum Handeln gedrängt, drohen Gegenübertragungsenactments unverstanden zu bleiben. Besonders dann, wenn ich selbst in meinen unbewussten Konflikten ergriffen werde vom Handeln des Patienten. Bin ich dagegen bereits eingestimmt, bevor das Agieren des Patienten beginnt, bin ich in höherem Maße dazu in der Lage, meine Gegenübertragung wahrzunehmen, sie zu beobachten und für die spätere Bearbeitung nützlich werden zu lassen. Zwischen Gegenübertragung und Gegenübertragungsenactment existiert keine feste Grenze, sondern ein fließender Übergang. Schon im Klang unserer Stimme kann unsere Gegenübertragung zum Ausdruck kommen, was ein kleines, gar nicht so seltenes, unwillkürlich sich ereignendes Gegenübertragungsenactment darstellt. Wir sollten uns nicht irritieren lassen, wenn wir von der Gegenübertragung in ein solches Gegenübertragungsenactment rutschen. Vielmehr haben wir die Chance, daraus Erkenntnis zu ziehen und uns klar zu machen, unter welchem großen Druck unser Patient stehen muss, wenn er sich uns so mitteilt. Zum komplexen Verhältnis zwischen Übertragung und Gegenübertragung schreibt Neyraut (1980, S. 15): »L'aspect réactionnel et second du contre-transfert nous paraît essentiel même si par d'autres voies nous l'entendons comme premier.« Neyraut bringt damit zum Ausdruck, dass die Gegenübertragung einerseits sekundär und reaktiv entsteht, andererseits aber auf anderem Wege sich uns so mitteilt, dass sie uns nicht reaktiv, sondern primär erscheint.

Parsons (2013) nennt es »Vorträglichkeit«, in Anlehnung an »Nachträglichkeit«, wenn der Analytiker vorausspürt und damit sein analytisches Knowhow in eine Zukunft hinein ausdehnt; ein sehr wichtiger Gedanke, von dem ich glaube, dass er weiterer Ausarbeitung bedarf: wie genau Gegenübertragung und vorausschauendes Empfinden im Sinne einer Reverie unser psychoanalytisches Denken und Handeln tragen kann. Im vorliegenden Fall gehe ich davon aus, dass meine Assoziation beim Hereinkommen mir wesentlich dabei geholfen hat, die sich anschließend abspielende Szene flexibel aufnehmen zu können. In jedem Falle bleibt es unsere Aufgabe, Übertragungsaspekte, Gegenübertragungsaspekte, aber auch Gegenübertragungsenactments durch eingehende Analyse zu reflektieren und zu analysieren.

Zum Inhalt von Kapitel 3: Die schwierige Behandlung – Transparenz und Teilhabe, Setting und Frequenz

Kapitel 3 beschreibt den Umgang mit und die Bedeutung von Frequenzen und Frequenzwechseln. Dies ist auch in der Betrachtung des Falles in diesem Kapitel 6 wichtig. Wenn – wie in diesem Fall – durch häufige Abwesenheit keine stabile Frequenz hergestellt werden kann, macht es Sinn, flexibel zu sein und gleichwohl den Widerstandscharakter abgesagter Stunden nicht aus den Augen zu verlieren.

Auf fest vereinbarte Termine zu bestehen würde bedeuten, krisenhafte Zuspitzungen zu riskieren, durch die der Patient sich massiv schaden würde. Unter solchen Umständen verlange ich stattdessen mir eine gewisse Flexibilität ab, die nicht auf meine Kosten oder zulasten meiner Interessen geht. Dadurch ließ sich in der hier berichteten Behandlung eine dreistündige Frequenz realisieren.

Das Absagen von Stunden ist bisweilen agierter Widerstand. Ich habe beschrieben, wie der Patient mir zwei von drei Stunden einer Woche absagt. Es gelingt schließlich, eine zweite Stunde in dieser Woche zu gewährleisten. Vieles spricht dafür, dass es ihm in diesem Fall darum ging, Abstand herzustellen. Oft erfüllen auch Verspätungen diesen Zweck. Ich betrachte diese Abweichungen vom Vereinbarten insgesamt als analytisches Material. Aufgrund der großen Intensität, in der die Behandlung stattfindet, agiert mein Patient hier durch seine Abgrenzung. Auch dies gilt es, in meiner Gegenübertragung zu betrachten.

Neben dem Absagen von Stunden sowie Verspätungen hat der Patient noch eine weitere Möglichkeit in seinem Abwehrrepertoire, sich der gemeinsamen Arbeit zu entziehen. Es ist eine Möglichkeit, durch die er eine Form von Abwesenheit in die Stunde hereinholt und in der Mikrointeraktion mit mir vergegenwärtigt: er schläft schlagartig ein. Dieses Phänomen ist jedoch nicht immer als Abwehr zu verstehen, sondern sehr facettenreich. Manchmal kommt mein Patient am Ende eines langen Arbeitstages müde in die Stunde. Manchmal aber auch wundert er sich darüber, dass er morgens um 9 Uhr müde und bereit ist einzuschlafen, wenn er die Praxis betritt. Wenn er dann einschläft, geht es darum herauszufinden, ob es sich tatsächlich um Abwehr handelt oder um ein entspanntes, vertrauensvolles Sichfallenlassen, vielleicht auch um ein Eintauchen in den Schlaf, das dazu dient, Traummaterial »abzuholen«, das den Prozess voranbringt. Welche Kombination vorliegt, muss von Fall zu Fall geklärt werden.

Zum Inhalt von Kapitel 4:
Psychoanalytische Technik I: Kontinuität und Diskontinuität

Ich habe in meinem Fallbericht bereits diskontinuierliche Momente beschrieben und interpretiert. Selbstredend ist auch in dieser Behandlung Kontinuität ein wichtiges Element. Abweichungen können vor dem Hintergrund des vereinbarten Rahmens interpretiert werden. Gleichzeitig aber konfrontiert uns die berufliche Lebenswirklichkeit meines Patienten damit, der Diskontinuität als einem entscheidenden Element seines Lebens Rechnung zu tragen. Die Rückkehr zu mir und die darin ausgedrückte Kontinuität bildet den sicheren Hintergrund, vor dem die Diskontinuität in ihrer Vielgestaltigkeit als Abwehr, Agieren, Distanzierungsbedürfnis, Rhythmus der Unregelmäßigkeit und Einbruch von unerwartet Überraschendem verstanden werden kann. Dadurch entsteht eine Art Eigenrhythmus, ähnlich dem Herzrhythmus und der Herzrhythmusstörung.

Gerade die auffällig häufigen Diskontinuitäten in dieser Behandlung sind für mich dadurch einfacher zu ertragen und zu analysieren, dass ich einen Begriff für sie habe und mich damit leichter im dialektischen Raum von Kontinuität und Diskontinuität bewegen kann. Wenn es zu einer vorrangigen Norm wird, Kontinuität gegebenenfalls sogar auf Kosten des Patienten zu sichern, sind wir in Gefahr, bei jeder Diskontinuität mit aversiven Empfindungen zu reagieren. Wenn wir jedoch davon ausgehen, dass auch Diskontinuitäten einen wichtigen Beitrag zum Behandlungsprozess liefern, können wir – befreit vom normativen Druck – lebendiger, facettenreicher und kreativer analysieren.

Damit kann die Sache sogar einmal umgekehrt betrachtet werden: es können Wünsche nach Konfliktvermeidung sein, die einen Analysanden im Übermaß zu kontinuierlichem Verhalten verpflichten, das möglicherweise in Relation zu seiner Lebenssituation etwas Unmenschliches hat. Auch Kontinuität kann Abwehr sein. Diesen Gedanken können wir nur fassen, wenn wir uns des dialektischen Verhältnisses zwischen Kontinuität und Diskontinuität bewusst sind. Eine Fixierung auf eine bestimmte Frequenz, eine bestimmte Kontinuität bedeutet eine Einengung und kann im unglücklichen Falle mit einem Widerstand des Patienten Hand in Hand gehen, der unter diesen Umständen nicht in den Blick gerät.

Zum Inhalt von Kapitel 5:
Psychoanalytische Technik II:
Die Prozesse in der introjektiven Identifizierung

Im dargestellten Fall gehe ich davon aus, dass sich in dem kurzen Moment, in dem ich beim Betreten des Behandlungsraums an Asthma denken muss, eine introjektive Identifizierung ereignet, deren Sinnhaftigkeit erst wesentlich später und im Zusammenhang mit dem Agieren meines Patienten verstanden werden kann. Das erklärt, warum es mir möglich ist, neugierig und offen die Entwicklungen an meinem Schreibtisch mitzuerleben und zu reflektieren. Auch in späteren Phasen der Behandlung gehe ich von introjektiven Identifizierungen aus: wenn ich den Satz »Das ist mein lieber Sohn, an dem ich mein Wohlgefallen habe« als Antwort auf die Frage meines Patienten formuliere, dann gehe ich von dem komplexen Vorgang einer introjektiven Identifizierung aus. Mein Einfall nimmt die ganze Geschichte vorweg, die bekanntermaßen im Falle von Jesus mit dessen Tod – von Gott mindestens gebilligt – endet. Auf unbewussten Kanälen erhalte ich eine Vorahnung der Mühen des späteren Verlaufs dieser Analyse: sehr viel später – ich konnte es zwar ahnen, aber nicht wissen, wie dies geschehen wird – analysieren wir genau dieses bedrohliche »Nichts«, das für den drohenden psychischen Tod steht.

Die Besonderheit der introjektiven Identifizierung besteht darin, dass sie uns ermöglicht, komplexe Interaktionsmuster und vergangene Objektbeziehungsmuster in nuce aus unserem eigenen Inneren heraus zu (re-)produzieren. Eine introjektive Identifizierung geht mit dem Element des Fremden, schwer Begreiflichen, sich nach und nach Erschließenden einher.

Der besondere Nutzen für unsere analytische Arbeit liegt – betrachten wir die introjektive im Gegensatz zur projektiven Identifizierung – darin, dass die introjektive Identifizierung im Gegensatz zur projektiven auch die Seite des gesunden Identifizierungs- und Übernahmeprozesses in sich trägt. Ausgehend von Ferenczi haben Autoren wie Torok (1983), J. S. Scharff (1992), aber auch kleinianische Autoren wie O'Shaughnessy (2007), Schoenhals Hart (2007) oder Joseph (1990) diese Linie weitergedacht.

Aus den Gedanken dieser Autoren erwächst die übergeordnete Bedeutung der introjektiven Identifizierung, die sich von kleinianischen Auffassungen ablöst und zu einem besonderen, komprimierten Übertragungsweg von unbewusst zu unbewusst wird, auf dem komplexe Objektbeziehungskonstellationen und Interaktionen kompakt übertragen werden. Wenn diese komplexen Muster verstanden werden können, ergibt sich daraus ein großer Reichtum an Interpretationsmöglichkeiten und ein entscheidender Fortschritt für die Analyse. Es verdichten sich eine Interaktions- und eine Lebensgeschichte in einen Übertragungsvorgang hinein, die sich dann wieder entfalten lassen, wenn wir aufmerksam sind und sie verstehen lernen.

Introjektive Identifizierungen sind gerade deshalb, weil sie nicht von vornherein so pathologisch gestaltet sind wie die projektive Identifizierung, ein besonders wertvoller Erkenntnisweg, der bisweilen zu wenig beachtet wird, weil im Vordergrund die aggressiv getönte projektive Identifizierung lärmend alle Aufmerksamkeit auf sich zieht. In der Analyse mit meinem Patienten lassen sich die komplexen Muster ansprechen und deuten.

Durch die Beachtung introjektiver Prozesse im Rahmen der introjektiven Identifizierung entfaltet sich in der Analyse eine andere, wohlwollende Atmosphäre. Statt aggressiv getönte Übertragungsprozesse anzunehmen, kann ein Austausch von libidinös-beziehungssuchenden Elementen stattfinden. Natürlich heißt dies nicht, negativ-aggressiven Übertragungsmustern gegenüber blind zu sein oder auszuweichen. Es geht vielmehr darum, auf beiden Augen zu sehen. Möglicherweise wurde aus Angst, aggressive Übertragungsmomente zu übersehen, oder aus einer Reaktionsbildung zu sehr auf sie fokussiert. Wenn sich in dem von mir intendierten Sinn eine positive Tönung unserem Analysanden oder Patienten mitteilt, er sich damit identifiziert, wird es anschließend leichter, diesen Stil der positiven Entwicklung für die Analyse zu sichern und zu entwickeln. Ich denke, dadurch dass die gemeinsame analytische Arbeit entspannter wird, können gerade die versagenden, enttäuschenden, belastenden, beschämenden und zurückweisenden Aspekte an unserer Arbeit wirkungsvoller kommuniziert werden.

Die Haltung von Transparenz und Teilhabe

Der Zusammenhang zwischen Offenheit, Reflexion der Offenheit, Transparenz und Teilhabe: Unsere Analysanden und Patienten kommen mit der Bereitschaft zur Offenheit, weil sie Hilfe suchen. Natürlich stellen sich sogleich die Widerstände der Offenheit in den Weg. Wenn dann Analytiker und Therapeuten in offener Art und Weise darauf hinweisen können und Widerstände sich dadurch lockern, dass sie verstanden werden, kann ein sich selbst verstärkender Kreisprozess einsetzen. Der Analytiker lässt seinen Analysanden auch daran teilhaben und erläutert ihm den Nutzen dieses Prozesses. Daraus entsteht Teilhabe und Analysanden lernen, dass auch sie ihrerseits den Analytiker an sich teilhaben lassen können. Im Ergebnis wird der Kreisprozess verstärkt, in dessen Verlauf auch die bisher verschwiegenen Fragen des Analysanden ihren Ausdruck finden können. In einer Gesellschaft, in der Transparenz und Teilhabe auch von uns Analytikern und Psychotherapeuten geteilte Werte sind, müssen wir ebenso bereit sein, transparent therapeutisch zu handeln und unsere Analysanden und Patienten ebenso miteinzubeziehen.

Daraus ergeben sich Auswirkungen auf den psychoanalytisch-psychotherapeutischen Prozess: Agieren, ebenso Gegenübertragungsenactments gewinnen eine neue Bedeutung und werden in unsere prozesshaften Überlegungen einbezogen. Verschiedene Rhythmen in unserer Arbeit werden uns bewusster, Gedanken zur Kontinuität werden von der Aufmerksamkeit für Diskontinuitäten begleitet. Die Bewegung in den Analysestunden kann hierdurch lebendiger werden. Ausgeglichener gestalten sich die unbewussten Übertragungsprozesse dann, wenn wir das Verständnis von introjektiver Identifizierung in unserem Repertoire haben. Es zeigt sich dabei, dass die Reichhaltigkeit der Erklärungsmöglichkeiten, über die wir verfügen, entscheidend dafür wird, in welcher Vielfalt wir mit unseren Patienten oder Analysanden den analytischen Prozess betrachten: uns werden umfangreiche Konzeptualisierungsmöglichkeiten sowohl aggressiv getönter als auch libidinös getönter Qualität zugänglich.

Der leichtere Zugang zu unseren Patienten, deren engagiertere und kreativere Mitarbeit, eine Veränderung der Atmosphäre in unseren Behandlungszimmern und der Zugang zu Aspekten der Innenwelt die andernfalls verborgen blieben, sind überzeugende Argumente für analytisches Arbeiten in einer Haltung der Transparenz und Teilhabe.

Teil C

Abschluss und Resümee

7. Diskontinuität und introjektive Identifizierung in unserer psychoanalytischen Technik

Ich habe in diesem Buch Transparenz und Teilhabe in den Mittelpunkt meiner Betrachtungen des psychoanalytischen Prozesses gestellt. Transparenz, so wie ich sie verstehe, ergibt sich aus Offenheit, nach innen wie nach außen, die unter den Fragestellungen reflektiert wird, inwiefern sie hilft, Unbewusstes bewusst werden zu lassen, und auf welche Weise der psychoanalytische Prozess durch Transparenz für Analysand oder Patient verstehbar wird. Teilhabe, wie ich sie verstehe, lässt Analysand oder Patient – in Wahrung der analytischen Haltung von Abstinenz und Zurückhaltung – an den Überlegungen und Empfindungen teilhaben, die für die Entwicklung eines fruchtbaren psychoanalytischen Prozesses erforderlich sind.

Die Analyse oder Therapie erreicht ihr Ziel dann, wenn der Analysand oder Patient seine analytische Selbsterkundung – nach Beendigung der eigentlichen Behandlung – eigenständig weiterführen kann. Dazu muss er im Verlauf seiner Behandlung lernen können, wie er seine Erkenntnisse und Erfahrungen einordnen, bewerten und wertschätzen kann. Dies gelingt am ehesten im Erleben beispielhafter Sequenzen, die sich zwischen ihm und seinem Analytiker oder Therapeuten abspielen und die gemeinsam reflektiert werden. Natürlich ist es von Vorteil, wenn der Patient oder Analysand von Anfang an Hinweise und Unterstützung erhält, die im Geiste teilnehmender und teilhaben lassender Transparenz zur Verfügung gestellt werden.

Im vorausgegangenen Kapitel war es mein Anliegen, meine Arbeitsweise anschaulich werden zu lassen; ich habe dazu einen sich mittlerweile über drei Jahre erstreckenden psychoanalytischen Prozess beschrieben. In diesem, ebenso wie in allen anderen klinischen Beispielen, schwangen immer Empathie und Intuition mit, ohne dass ich sie ausdrücklich benannt hätte. Empathie und Intuition bringen wir zum Teil als Voraussetzung für unseren Beruf bereits mit, entwickeln sie aber im Rahmen der Ausbildung und unserer späteren Erfahrung noch entscheidend weiter. In Termini von Novalis' Metaphorik (Kapitel 4) verkörpern Empathie und Intuition eine Art »Musikalität« des Therapeuten oder Analytikers: variabel, vielgestaltig, überraschend, melodienreich, tiefgehend und bewegend sind sie uns gleichermaßen selbstverständlich und doch in ihrer Eigenart schwer zu greifen.

In einer gelingenden Analyse taucht der Analytiker oder Therapeut im Sinne von Novalis' Formulierung »Jede Krankheit ist ein musikalisches Problem, die Heilung eine musikalische Auflösung« mit seinem Patienten oder Analysanden in einen Austauschprozess ein. Der Heilungsprozess kommt voran, indem wir in den vielen Momenten bisweilen kaum merklicher Diskontinuität Verständnis suchend und einfühlsam-aufnehmend reagieren. Hierdurch öffnen wir einen Raum der Anerkennung, der Wertschätzung und der gemeinsamen Reflexion. Bisweilen genügt dann schon (wie ich in Kapitel 4 gezeigt habe) ein nicht ausgesprochenes »Hm«, um eine Lebensgeschichte auf andere, neue Weise zu entfalten. Dies geschieht in den intuitiven, mitunter schwer zu fassenden Momenten einer empathischen, gelingenden Interaktion.

In diesem Umfeld sehe ich auch den Begriff »Reverie« angesiedelt. Zweifellos enthält auch er ein wichtiges Element, das in die Zukunft weist: Damals die Mutter, heute der Analytiker phantasieren in träumerischer Gelassenheit etwas hinein in die Zukunft des Kindes oder des Analysanden. Unsere tägliche Arbeit zeigt, dass wir ohne die Begriffe »Empathie«, »Intuition« und »Reverie« nicht auskommen. Leider münden Annäherungen an diese Begriffe nicht selten entweder in Mystifizierungen oder in allzu nüchterne Regeln. Ich habe aus diesem Grund darauf verzichtet, sie zum ausführlichen Thema eines eigenen Kapitels zu machen, möchte aber dennoch anhand weniger Literaturstellen aufzeigen, wie Annäherungen an die Phänomene »Intuition«, »Empathie« und »Reverie« zwischen zu großer Emotionalität oder zu großer Rationalität vorstellbar sind und wie sie mit Transparenz und Teilhabe verbunden sind. Danach ziehe ich abschließend ein Resümee meiner Gedanken zur Transparenz und Teilhabe in den psychoanalytischen Verfahren.

Empathie, Intuition und Reverie

Greenson fasst das Verhältnis von Empathie und Intuition in seinem Buch *Technik und Praxis der Psychoanalyse* (1981 [1967], S. 378) prägnant zusammen:

»Empathie und Intuition sind die Grundlagen der Begabung zum Erfassen der unbewussten Bedeutung, die hinter dem bewussten Material verborgen ist; die besten Therapeuten haben einen reichlichen Vorrat von beiden. Die Fähigkeit zur Einfühlung ist eine Grundvoraussetzung, denn ohne sie ist es kaum möglich, irgendeine wirksame aufdeckende Therapie zu betreiben. Die Fähigkeit zur Intuition macht gewandt, aber ohne Empathie kann die Intuition irreführend und unzuverlässig sein.«

Sander M. Abend (2005) führt zu Intuition ergänzend aus, dass und wie die sorgfältige Analyse der unbewussten Prozesse und der neurotischen Kompromissbildung manchmal nach Intuition aussehen, in Wirklichkeit aber – seiner Meinung nach – auf einer sehr sorgfältigen und zutreffenden Konzeptualisierung beruhen.

Empathie und Intuition beschreiben also Fähigkeiten, die sich aus einem Anteil »Begabung« und einem weiteren Anteil »Training und Schulung« zusammensetzen. Training und Schulung helfen dabei, Begabungen zu entwickeln und zu verbessern, Interaktionsmuster besser zu erkennen und für die analytische Arbeit fruchtbar werden zu lassen. In das empathische Verständnis psychoanalytischer Prozesse und in intuitive Reaktionen fließen die Elemente ein, die ich in den vorausgegangenen Kapiteln zur psychoanalytischen Technik diskutiert habe: Kenntnis und Erfahrung im Umgang mit kontinuierlichen und diskontinuierlichen Momenten sowie mit projektiver und introjektiver Identifizierung. Diese Elemente bereichern wesentlich unser Verständnis und unsere Konzeptualisierung psychoanalytischer Prozesse.

Zu Empathie und Intuition gesellt sich eine weitere Fähigkeit, die bisweilen für den glücklichen Ausgang von Behandlungen von entscheidender Bedeutung werden kann: die Fähigkeit, Ungewissheiten auszuhalten. Bolognini schreibt dazu (2007, S. 881):

»Der Analytiker arbeitet nämlich mit einer hinreichenden Eignung und Begabung, die Dinge in der Schwebe zu lassen: Aussetzen der Beurteilung in Erwartung immer neuer Entwicklungen, Aussetzen der Bewertung des klinischen Bildes, manchmal sogar Aussetzen der eigenen repräsentationalen Tätigkeit, um durch vorübergehende Abstinenz ein spontaneres und energischeres Knospen und Blühen der Assoziationen zu begünstigen: eine der möglichen Interpretationen von Bions (1970) berühmtem ›Verzicht auf Erinnerung und Wunsch‹. [...] Eine insoweit ungeübte Person dürfte dagegen kaum imstande oder bereit sein, eine solche Konstellation länger als einige Augenblicke auszuhalten.«

Transparenz und Teilhabe verlangen, dass Zusammenhänge nicht nur in der Schwebe gehalten werden, sondern dass über sie auch – wenn möglich – kommuniziert wird.

In Intuition, Empathie und Reverie containen wir Unsicherheit und Vagheit

Ich habe in Kapitel 6 den entscheidenden Unterschied erläutert, ob ich intuitiv auf ein Agieren des Patienten eingestellt bin oder nicht, bevor eine entsprechende Situation in der Behandlung entsteht. Meine intuitive Erwartung schafft eine erste, noch sehr vorläufige und sehr vage Verständnisgrundlage, die mit einem hohen Maß an Unsicherheit und Nichtwissen behaftet ist, mich aber gleichwohl in meiner Haltung des Geschehenlassens stärkt. Ungewisses, in seiner Bedeutung noch in der Schwebe Befindliches macht in der Regel den Großteil unserer Empfindungen und Reflexionen aus. Wenn wir beginnen, das Agieren zu analysieren, sind unsere Reflexionen meist noch unsicher und vage, Bedeutungen ahnen wir mehr, als dass wir sie schon kennen können. Gleichwohl führt eine Ahnung oft zu einer leitenden Idee, die uns die Wahl zwischen verschiedenen Deutungsoptionen erleichtert und die wir anschließend an der weiteren Entwicklung überprüfen, präzisieren und gegebenenfalls verändern können.

Im Umfeld von Ahnungen bewegt sich auch die Reverie. Bergstein (2013) beschreibt Bions Reverie mit Bezug auf Grotstein (1994b) als mütterliches Vorausspüren kindlicher Bedürfnisse und Möglichkeiten – von ihr gehalten im Möglichkeitsraum einer Zukunft, von der wir nicht wissen, ob sie eintrifft. Bergstein zieht den Begriff »Reverie« dem der »Intuition« vor, während Mertens (2013) wiederum von »impliziter Beziehungsregulierung« spricht. Bergstein greift Bions Arbeit *Raster und Zäsur* (2009) auf, in der die Geburt als die Zäsur, die Trennung schlechthin dargestellt und in ihrer Zweiseitigkeit betont wird: die Geburt trennt vorgeburtliches von nachgeburtlichem Leben, die Mutter vom Kind und umgekehrt das Kind von der Mutter. Die Schnittstelle der Zäsur verbindet gleichzeitig beide wieder miteinander in deren ab diesem Moment getrennten Leben. Diese Zäsur ist zugleich auch eine existenzielle Grundform von Diskontinuität (vgl. Kapitel 4).

Bions Metaphorik der Zäsur wird von Bergstein (2013) verwendet, um zu zeigen, dass und wie der Analytiker in einem diskontinuierlich gewordenen analytischen Prozess weiter-denkt, weiter-träumt, weiter-fühlt und in seiner Phantasie den psychoanalytischen Prozess weiter-entwickelt, sollte es im Analysanden zu einem Stopp dieser Funktionen kommen. Bisweilen mag ein Stopp in der Entwicklung des analytischen Prozesses auch vom Analytiker oder Therapeuten ausgehen, wie ich in Kapitel 3 am Beispiel meines Gegenübertragungswiderstandes gezeigt habe. Dann kann es sein, dass unsere Patienten und Analysanden uns ermöglichen, weiter zu denken, weiter zu fühlen und weiter zu träumen, indem sie oft auf diskret-empathische Weise dem Analytiker oder Therapeuten weiterhelfen (wie das mein Patient tat; s. Kapitel 3).

Ich verbinde Bions Ausführungen über die Zäsur mit meinen Gedanken zum Phänomen der Diskontinuität: in vielen Fällen ist es das Beobachten und Gewahrwerden eines eigenartig diskontinuierlichen Erlebens, das Fragen aufwirft, die uns in zentrale lebensgeschichtliche Zusammenhänge unserer Patienten hineinführen können. Ein Erleben von Diskontinuität enthält häufig auch ein Trennungserlebnis (vgl. mein klinisches Beispiel in Kapitel 4). Der Oberbegriff »Diskontinuität« umfasst Erfahrungen des klinischen Alltags wie Einschnitte, Zäsuren, Trennungen, abrupte Veränderungen etc. und zwar sowohl auf der Makro- als auch auf der Mikroebene. Indem ich Phänomene auf den Begriff bringe, wie hier auf den der Diskontinuität, erleichtere ich mir deren Wahrnehmung und Bearbeitung.

Es erscheint mir ein entscheidender Vorteil zu sein, wenn wir über all das Nichtwissen, die Unsicherheit, die Vagheit, die sich mit der Analyse verbinden, an ausgewählten Stellen kommunizieren können. Indem wir dies tun, tragen wir zugleich zu einer Entidealisierung bei, die dem psychoanalytischen Prozess gut tut. Unsere Patienten und Analysanden fühlen sich auch deshalb verstanden, weil sie sich voller Fragen und quälender Selbstzweifel an uns wenden, zu uns kommen und dann feststellen können, dass nicht nur sie es mit Unsicherheiten zu tun haben, sondern wir bisweilen ebenso unsicher sind.

Introjektive Identifizierung, Empathie und Intuition

Heimann (2016b [1978]) scheute sich nicht vor heftig konfrontierendem, intuitivem und »diskontinuierlichem« Deuten. Intuitiv reproduziert sie damit in einer Stunde eine Unterbrechung, eine Interruptio. Ihrer Patientin fällt dazu dann genau eine solche Unterbrechung einer Schwangerschaft ein (vgl. Kapitel 2). Das Verständnis dafür, was sich in diesem Moment zwischen Heimann und ihrer Analysandin ereignet hat, wird mithilfe des Begriffs »Diskontinuität« erleichtert, und die Interaktion wird verständlicher, wenn wir von einer introjektiven Identifizierung von Heimann mit dem Problem ihrer Analysandin ausgehen. Die

7. Diskontinuität und introjektive Identifizierung in unserer psychoanalytischen Technik

Umstände, die Heimann beschreibt, sprechen für eine solche introjektive Identifizierung (vgl. Kapitel 4).

Ich erweitere Heimanns Konzept: In der Gegenübertragung des Analytikers tauchen aus seinem Unbewussten – wie die Spitze eines Eisberges – Versatzstücke komplexer Objektbeziehungsmuster auf. Sie resultieren aus einer introjektiven Identifizierung und können dem Analytiker in ihrer Bedeutung im Rahmen seiner Gegenübertragungsanalyse nach und nach bewusst werden. Entdecken lässt sich auf diese Weise auch der größere Teil des Eisbergs, der sich noch unter Wasser befindet. Gefühle im Analytiker, die ihm eine eigenartige Fremdheit der aus seinem Inneren auftauchenden Empfindungen signalisieren, weisen ihm den Weg zum bisher Unentdeckten. Die umfassende Entdeckung der Geschichte erfolgt dann gemeinsam mit dem Patienten – wie auch Heimann demonstriert. Wenn nachfolgend auch der Patient/Analysand seine Gefühle wahrzunehmen wagt und sie nicht länger abgespalten bleiben müssen, lösen sich die als fremd empfundenen, eisbergartigen Elemente in die Persönlichkeit hinein auf und schaffen darüber neue, verwandelte Subjekte, wie Ogden (2006, S. 61) beschreibt.

Eine solche Entdeckung einer introjektiven Identifizierung entfaltet sich in mir am Ende einer Stunde mit dem Patienten (s. Kapitel 5), der die Sitzung mit dem Satz begann: »Ihren Kruscht könnten Sie auch einmal aufräumen.« Diese Aufforderung galt manifest den Ordnern unter meinem Tisch, latent jedoch – wie ich in der Stunde feststellen konnte – meiner Gegenübertragung. Im Rückblick kann ich feststellen, dass wir den Weg zu einer fruchtbaren Entwicklung erschließen können, indem wir entlang der Auflösung der introjektiven Identifizierung arbeiten und Zusammenhänge neu verstehen lernen. Auch in diesem Fall nehme ich zu Beginn diese Fremdheit in meinem Erleben wahr, von der ich oben schrieb, und die ein Hinweis sein kann auf introjektiv-identifikatorische Prozesse.

Bei der introjektiven Identifizierung werden von außen kommende, zum Beispiel auch projizierte Anteile in die Persönlichkeit aufgenommen. Dieser unbewusste Vorgang enthält häufig komplexe Interaktionen, die prinzipiell bewusstseinsfähig sind, weil sie Verbindungen zu Interaktionen haben, die der Analytiker oder Therapeut von sich kennt. Spuren treten dann als Affekte oder Bilder, in der Regel überraschend, über die Schwelle des Bewusstseins des Analytikers; eine Brücke zu ihm und in sein bewusstes Erleben hinein ist damit geschlagen, wenngleich die Verbindungen vage und unsicher sind.

Nun beginnt der bisweilen anstrengende Weg der Bewusstmachung, auf dem der transparente Austausch zwischen Analytiker und seinem Analysanden die einzige Möglichkeit ist, herauszufinden, welche Spuren ursprünglich vom Analysanden stammen. Die Notwendigkeit zur Abspaltung besteht aufgrund dieser Überbrückung nicht mehr in demselben Maße, weil nun die Chance besteht, mit der Hilfe des Analytikers den Zugang zu abgespaltenen Anteilen wiederherzustellen.

Wenn wir von dieser Möglichkeit beeindruckt sind, die sich uns durch die introjektive Identifizierung eröffnet, sollten wir gleichwohl eine Warnung im Kopf haben: Sodré (2012) verweist darauf, dass es nicht richtig wäre, die projektive Identifizierung mit dem Attribut »schlecht« und die introjektive Identifizierung mit dem Attribut »gut« zu verbinden. Die Dinge liegen komplizierter. Summa summarum aber lässt sich die projektive Identifizierung eher den schweren Persönlichkeitsstörungen wie der Borderline-Persönlichkeit und die introjektive Identifizierung eher den gesünder neurotisch strukturierten Patienten oder Analysanden zuordnen.

Ogden beschreibt Vorgänge, die er »Verwandlung des Subjekts« nennt. Er hat in »Das analytische Dritte, das intersubjektive Subjekt der Analyse und das Konzept der projektiven Identifizierung« (2006) gezeigt, auf welche Weise auch private Aspekte an den Einfällen des Analytikers von großer Bedeutung für den Fortgang der Analyse werden können und wie Intersubjektivität in den analytischen Prozess eingebunden ist. Er schreibt jedoch nicht, dass es gerade diese privaten Aspekte sind, die den Schlüssel zum Verständnis der introjektiven Identifizierung bieten. Da Ogden, wie manche Autoren, keinen Unterschied zwischen projektiver und introjektiver Identifizierung macht, wird ihm dieser Aspekt nicht zugänglich. Er schreibt im abschließenden, zusammenfassenden Absatz (Ogden, 2006, S. 61):

> »Um meine Auffassung zusammenzufassen: das psychoanalytische Konzept der projektiven Identifizierung lässt sich dadurch substantiell anreichern, dass man den gesamten Vorgang als eine Sonderform des intersubjektiven analytischen Dritten betrachtet. Was dabei im psychoanalytischen Prozess geschieht, ist ein partieller Zerfall der unbewussten Dialektik von Subjektivität und Intersubjektivität. Dieser Zerfall führt schließlich zur Erzeugung einer besonderen Form des analytischen Dritten, der sich Analytiker und Analysand als getrennte Subjekte in hohem Maße unterwerfen (dem ›Dritten der Unterwerfung‹ [engl. ›subjugating[6] third‹; Anm. K.-A. D.]). Eine erfolgreiche Psychoanalyse bedeutet, dass die daran Beteiligten die-

---

6 »Subjugating« enthält das lateinische »sub iugum«, übersetzt: »Unterjochung«. Gemeint ist von Ogden also eine Art »Selbstunterjochung«. Etymologisch besteht kein Zusammenhang mit den Wörtern »Objekt« oder »Subjekt«, die das lateinische »iacere« (dt. »werfen«) enthalten.

7. Diskontinuität und introjektive Identifizierung in unserer psychoanalytischen Technik

ses unbewusste Dritte, das nur eine Spielart von Intersubjektivität ist, aufheben und sich den im psychoanalytischen Prozess freilich verwandelten Subjektstatus wieder aneignen, indem sie zu eigenständigen (und gleichwohl voneinander abhängigen) Individuen werden. Das erreichen sie dadurch, dass sie einander gegenseitig anerkennen.«

Man möchte anfügen: Es gehört natürlich mehr als nur Anerkennung dazu. Ogden formuliert einen in seiner Tragweite für die psychoanalytische Klinik wichtigen Ansatz: er propagiert eine parzielle und passagere Aufgabe eigenständiger Subjektivität sowohl aufseiten des Analysanden als auch des Analytikers. Dieser vorübergehende Zustand ist – nach Ogdens Auffassung – erforderlich, um sich danach einen »verwandelten Subjektstatus wieder aneignen« (ebd.) zu können. Der Autor misst diesem Vorgang für das Gelingen der Analyse große Bedeutung bei und betont außerdem, wie wichtig dabei die gegenseitige Anerkennung ist. Diese Anerkennung hat sehr viel Gemeinsamkeit mit dem, was ich als Transparenz und Teilhabe beschreibe; der von Ogden beschriebene Ablauf ist ohne Transparenz und Teilhabe nicht vorstellbar.

Möglicherweise hängt Ogdens Zwiespältigkeit mit dem Ablauf der Bewusstwerdung einer introjektiven Identifizierung zusammen, was ich an meiner zweiten Vignette in Kapitel 5, an einem Beispiel einer solchen Entwicklung in der Mikrointeraktion, gezeigt habe (»Ihren Kruscht könnten Sie auch einmal aufräumen«): Der Prozess der Bewusstwerdung einer introjektiven Identifizierung verläuft über eigene, persönliche, prinzipiell bewusstseinsfähige, jedoch in der Analyse nicht notwendigerweise kommunizierte Erfahrungen aus dem Leben des Analytikers. Solange ich die introjektiven Zusammenhänge noch nicht kenne, die sich in mir ausgebreitet haben, bildet der mir in den Sinn kommende Gedankengang in meinem Beispiel aus meinem Leben (vgl. Kapitel 5), die Behinderung und wie sie mich beschäftigt, den einzigen Anker in meinem Bewusstsein, über den die introjektive Identifizierung überhaupt zugänglich wird und verstanden werden kann. Es erscheint mir daher gerechtfertigt und notwendig, diese privat erscheinende Tatsache auf eine Weise zu erwähnen, die den Analysanden zwar nicht in private Fragen einweiht, ihm aber doch den »kommunikativen Anker« vermittelt. In dem von mir in Kapitel 5 geschilderten Fall spielen meine persönlichen Belange in der Behandlung letztlich keine Rolle. Das gemeinsame Thema zwischen meinem Patienten und mir, Behinderung in der Familie, aber schon. Damit wird die Brückenfunktion verdeutlicht und die Spaltung in der introjektiven Identifizierung – zunächst lediglich formal – aufgehoben. Bildlich gesprochen: Die Chance besteht darin, über die einzige sich in diesem Moment bietende Brücke auch wirklich zu gehen, in der Hoffnung, den schmalen Steg in der weiteren Bearbeitung zu einer breiten, tragfähigen Brücke auszubauen und Spaltungsprozesse aufzuheben.

Wenn es uns gelingt, die mit dieser passageren Auflockerung der Strukturen und Ich-Grenzen einhergehenden Ängste nicht zu groß werden zu lassen, können wir diesen Vorgang für den analytischen Prozess nutzen. Auf einer tieferen Ebene können auf diese Weise komplexe Objektbeziehungsmuster, die auf unbewussten Kommunikationskanälen übermittelt werden, aufgespürt und verstanden werden. Dabei ist entscheidend, dass der Analytiker in seiner Mitteilung den affektiven Gehalt der Interaktion wirklich trifft.

Hier schließt sich der Kreis: die Betrachtung von Diskontinuitäten macht uns auf die Momente aufmerksam, in denen etwas Neues, Überraschendes, Unerwartetes geschieht. Nicht jede Diskontinuität muss zu einer solchen Erfahrung führen, ich vermute jedoch, dass sich hinter diskontinuierlichen Momenten häufiger solche komplexen Zusammenhänge verbergen. Wenn es uns gelingt, die komplexen introjektiven Identifizierungen zu erkennen, zuzulassen und anschließend zu analysieren, gewinnen wir für unsere Analyse entscheidendes Neuland hinzu: durch Transparenz und Teilhabe in all ihren vielfältigen Facetten gelingt es uns, mit unseren Analysanden und Patienten gemeinsam die Hintergründe der Diskontinuitäten und introjektiven Identifizierungen zu erhellen. Gerade die introjektive Identifizierung in ihrer Brückenfunktion stellt eine Verbindung zwischen zuvor getrennten Individuen und zu abgespaltenen Vorstellungsinhalten her.

Mithilfe der in diesem Buch entwickelten Überlegungen zu Theorie und Technik können komplexe Interaktionen, die in dieser Komplexität auch übertragen werden, umfassender verstanden und analysiert werden. Damit dies gelingen kann, benötigen wir die Begriffe »Transparenz« und »Teilhabe«. Auch aus diesem Grund habe ich sie eingeführt.

Was ich mit diesem Buch zum Ausdruck bringe

Ich habe in diesem Buch – ohne Anspruch auf Vollständigkeit – Aspekte psychoanalytischer Behandlungstechnik dargestellt. Meine Gedanken sind nicht in jeder Behandlung im gleichen Umfang zu verwirklichen und nicht für jeden Patienten gleichermaßen geeignet.

Die Punkte, die ich hier abschließend noch einmal aufzählen möchte, sind nach meiner Auffassung entweder in unserer Behandlungstechnik bisher nicht enthalten oder erlangen nicht die ihnen gebührende Aufmerksamkeit:

7. Diskontinuität und introjektive Identifizierung in unserer psychoanalytischen Technik

1. Transparenz und Teilhabe sind Bestimmungsstücke eines psychoanalytischen oder psychotherapeutischen Selbstverständnisses, das in unsere Zeit passt.
2. Durch Transparenz und Teilhabe erhält unsere Behandlungstechnik in vielen Gesichtspunkten einen freundlichen und wohlwollenden Charakter.
3. Die Arbeit in und mit der Übertragung, die Bearbeitung von Agieren, die Analyse der Gegenübertragung und von Gegenübertragungsenactments werden durch Transparenz und Teilhabe bereichert und erleichtert, die Zusammenarbeit vertrauensvoller.
4. »Kontinuität« und »Diskontinuität« stehen in der Psychoanalyse in einem dialektischen Verhältnis zueinander. Beide gehören in der Behandlungstechnik zusammen.
5. Die introjektive Identifizierung erlaubt eine Konzeptualisierung besonderer Momente in Analysen, durch die neues, bisher unbewusstes und sonst nicht erreichbares Material erschlossen werden kann.
6. Unsicherheit im Behandlungsprozess auszuhalten, Wertungen und Urteile zu suspendieren und Transparenz und Teilhabe in der Analyse und Therapie zu erhalten, ermöglicht die Entdeckung wertvoller neuer Zusammenhänge.
7. Ziel der Transparenz und Teilhabe in der Analyse ist es, unseren Analysanden und Patienten die Anschauung zu vermitteln, die sie benötigen, um nach Beendigung der Behandlung ihre analytische Selbsterkundung eigenständig fortführen zu können.

Ich bin der Meinung, dass wir Offenheit, Transparenz und Teilhabe auf eine viel selbstverständlichere Art und Weise in unseren analytischen Behandlungen praktizieren können, ohne dadurch die gebotene Abstinenz und Zurückhaltung zu vernachlässigen. Meine Überzeugung, unsere Praxis in diese Richtung weiterentwickeln zu wollen, hat mich bewogen, dieses Buch zu schreiben.

Literatur

Abend, S.M. (2005). Analyzing intrapsychic conflict: Compromise formation as an organizing principle. *Psychoanalytic Quarterly, 74*(1), 5–25.
Abraham, N. & Torok, M. (2001). Trauer oder Melancholie. Introjizieren – inkorporieren. *Psyche: Zeitschrift für Psychoanalyse und ihre Anwendungen, 55*(6), 545–559.
Alexander, F. & French, T.M. (1946). *Psychoanalytic Therapy: Principles and Application.* New York: Ronald Press.
Allen, J.G. & Fonagy, P. (2006). *The Handbook of Mentalization-Based Treatment.* Chichester: John Wiley & Sons.
Altmeyer, M. & Thomä, H. (2006). *Die vernetzte Seele: die intersubjektive Wende in der Psychoanalyse.* Stuttgart: Klett-Cotta.
Argelander, H. (1970). Die szenische Funktion des Ichs und ihr Anteil an der Symptom- und Charakterbildung. *Psyche: Zeitschrift für Psychoanalyse und ihre Anwendungen, 24*(5), 325–345.
Aron, L. (1991). The Patient's Experience of the Analyst's Subjectivity. *Psychoanalytic Dialogues, 1*(1), 29–51.
Aron, L. & Harris, A. (2012). *Relational psychoanalysis, Volume 2: Innovation and Expansion.* New York: Routledge.
Balint, M., Ornstein, P.H. & Balint, E. (1972). *Focal psychotherapy: An example of applied Psychoanalysis.* London: Tavistock Publications.
Baranger, M. (1993). Die geistige Arbeit des Analytikers: vom Zuhören zur Deutung. *Jahrbuch der Psychoanalyse, 30,* 26–45.
Baranger, M. (2012). The intrapsychic and the intersubjective in contemporary psychoanalysis. *International Forum of Psychoanalysis, 21,* 130–135.
Baranger, M. & Baranger, W. (2008). The analytic situation as a dynamic field. *The International Journal of Psychoanalysis, 89*(4), 795–826.
Bateson, G., Jackson, D.D., Laing, R.D., Lidz, T. & Wynne, L.C. (1969). *Schizophrenie und Familie.* Frankfurt am Main: Suhrkamp.
Benjamin, J. (2016). Tue ich oder wird mir angetan? Ein intersubjektives Triangulierungskonzept. In M. Altmeyer & H. Thomä (Hrsg.), *Die vernetzte Seele* (S. 65–107). Stuttgart: Klett-Cotta.
Bergstein, A. (2013). Transcending the caesura: Reverie, dreaming and counter-dreaming. *The International Journal of Psychoanalysis, 94*(4), 621–644.

Bibring, E. (1954). Psychoanalysis and the dynamic psychotherapies. *Journal of the American Psychoanalytic Association, 2*(4), 745–770.
Bilger, A. (1986). Agieren: Probleme und Chance. Klinische und theoretische Überlegungen. *Forum der Psychoanalyse, 2*, 294–308.
Bion, W. R. (1970). *Attention and Interpretation: A Scientific Approach to Insights in Psycho-Analysis and Groups*. London: Tavistock Publications.
Bion, W. R. (2009). *Raster und Zäsur: Zwei Abhandlungen*. Frankfurt am Main: Brandes & Apsel.
Boesky, D. (1990). The psychoanalytic process and its components. *Psychoanalytic Quarterly, 59*, 550–584.
Bohleber, W. (2011). Die intersubjektive Geburt des Selbst. *Psyche: Zeitschrift für Psychoanalyse und ihre Anwendungen, 65*(9), 769–777.
Bohleber, W. (2014). Gesellschaftliche Demokratisierung und der Aufstieg des intersubjektiven Paradigmas in der Psychoanalyse: Eine kritische Bestandsaufnahme. In B. Janta, S. Waltz-Pawlita & B. Unruh (Hrsg.), *unzeitgemäßes* (S. 53–71). Gießen: Psychosozial-Verlag.
Bohleber, W., Fonagy, P., Jiménez, J. P., Scarfone, D., Varvin, S. & Zysman, S. (2013). Für einen besseren Umgang mit psychoanalytischen Konzepten, modellhaft illustriert am Konzept »Enactment«. *Psyche: Zeitschrift für Psychoanalyse und ihre Anwendungen, 67*(12), 1212–1250.
Böhme, I. (2014). Die Wissenschaft von der Begegnung der Subjekte in kleinianischer und bionianischer Perspektive. In P. Potthoff & S. Wollnik (Hrsg.), *Die Begegnung der Subjekte: Die intersubjektiv-relationale Perspektive in Psychoanalyse und Psychotherapie* (S. 79–97). Gießen: Psychosozial-Verlag.
Bollas, C. (1997). *Der Schatten des Objekts: Das ungedachte Bekannte: Zur Psychoanalyse der frühen Entwicklung*. Stuttgart: Klett-Cotta.
Bollas, C. (2006). Übertragungsdeutung als ein Widerstand gegen die freie Assoziation. *Psyche: Zeitschrift für Psychoanalyse und ihre Anwendungen, 60*(9), 932–947.
Bolognini, S. (2007). Probleme der psychoanalytischen Einfühlung: Eine theoretisch-klinische Studie. *Psyche: Zeitschrift für Psychoanalyse und ihre Anwendungen, 61*(9), 864–888.
Bolognini, S. (2014). *Looking back, Looking forward, Looking inward: Mourning, Curiosity and Timelessness in the 21st Century psychoanalyst*. Referat anlässlich der Herbsttagung der Deutschen Psychoanalytischen Vereinigung. Bad Homburg, 21.11.2014.
Bott Spillius, E. (2007). Projektive Identifizierung: Zurück in die Zukunft. In C. Frank & H. Weiß (Hrsg.), *Projektive Identifizierung* (S. 130–155). Stuttgart: Klett-Cotta.
Brearley, M. (2010). Rendering unto Caesar the things which are Caesar's, and unto God the things which are God's. *Psychoanalytic Psychotherapy, 24*(1), 3–7.
Brenman Pick, I. (1985). Durcharbeiten in der Gegenübertragung. In C. Frank & H. Weiß (Hrsg.). (2013), *Normale Gegenübertragung und mögliche Abweichungen* (S. 37–58). Frankfurt am Main: Brandes & Apsel.
Brodbeck, H. (2008). Anxiety in Psychoanalytic Training from the Candidate's Point-of-View. *Psychoanalytic Inquiry, 28*(3), 329–343.
Buchholz, M. B. & Gödde, G. (2013). Balance, Rhythmus, Resonanz: Auf dem Weg zu einer Komplementarität zwischen »vertikaler« und »resonanter« Dimension des Unbewussten. *Psyche: Zeitschrift für Psychoanalyse und ihre Anwendungen, 67*(9), 844–880.
Bundesanzeiger (2013). *Gesetz zur Verbesserung der Rechte von PatientInnen und Patienten*. In Deutscher Bundestag (Hrsg.), Bundesgesetzblatt.
Christian-Widmaier, P. (2008). *Nonverbale Dialoge in der psychoanalytischen Psychotherapie: Eine qualitativ-empirische Studie*. Gießen: Psychosozial-Verlag.

Clarkin, J.F., Yeomans, F.E. & Kernberg, O.F. (2001). *Psychotherapie der Borderline-Persönlichkeit: Manual zur Transference-Focused Psychotherapy (TFP)*. Stuttgart/New York: Schattauer.
Danckwardt, J.F. & Gattig, E. (1996). *Die Indikation zur hochfrequenten analytischen Psychotherapie in der vertragsärztlichen Versorgung: ein Manual*. Stuttgart: frommann-holzboog.
Döll-Hentschker, S., Reerink, G., Schlierf, C. & Wildberger, H. (2006). Zur Einleitung einer Behandlung: Die Frequenzwahl. *Psyche: Zeitschrift für Psychoanalyse und ihre Anwendungen, 60*(11), 1126–1144.
Döll-Hentschker, S., Reerink, R., Schlierf, C. & Wildberger, H. (2008). Psychoanalyse in der Psychotherapie: Das Privileg der Frequenzwahl. In K.-A. Dreyer & M.G. Schmidt (Hrsg.), *Niederfrequente psychoanalytische Psychotherapie* (S. 144–168). Stuttgart: Klett-Cotta.
Dreyer, F. (2016). Theory at all Points: A Methodological Quest for Psychotherapy Research. *Language and Psychoanalysis, 5(2)*, 27–45.
Dreyer, K.-A. (2006). Niederfrequente Psychoanalyse. Die Behandlung einer thrombotisch thrombozytopenischen Purpura. *Psyche: Zeitschrift für Psychoanalyse und ihre Anwendungen, 60*(11), 1077–1104.
Dreyer, K.-A. & Schmidt, M.G. (2008). *Niederfrequente psychoanalytische Psychotherapie*. Stuttgart: Klett-Cotta.
Eisold, K. (2005). Psychoanalysis and psychotherapy: A long and troubled relationship. *The International Journal of Psychoanalysis, 86*(4), 1175–1195.
Ermann, M. (2014). *Der Andere in der Psychoanalyse: Die intersubjektive Wende*. Stuttgart: Kohlhammer.
Fairbairn, W.R. (2000 [1954]). Über den Charakter hysterischer Zustände. In B.F. Hensel & R. Rehberger (Hrsg.), *Das Selbst und die inneren Objektbeziehungen – eine psychoanalytische Objektbeziehungstheorie* (S. 205–236). Gießen: Psychosozial-Verlag [engl. Originalausgabe].
Ferenczi, S. (1909). Introjektion und Übertragung. In M. Balint (Hrsg.), *Schriften zur Psychoanalyse* (1970, Bd. I, S. 12–48). Frankfurt am Main: Fischer.
Ferenczi, S. (1912). Zur Begriffsbestimmung der Introjektion. In M. Balint (Hrsg.), *Schriften zur Psychoanalyse* (1970, Bd. I, S. 100–103). Frankfurt am Main: Fischer.
Ferenczi, S. (1919). Zur psychoanalytischen Technik. In M. Balint (Hrsg.), *Schriften zur Psychoanalyse* (1972, Bd. II, S. 272–283). Frankfurt am Main: Fischer.
Ferenczi, S. (1933). Sprachverwirrung zwischen den Erwachsenen und dem Kind. M. Balint (Hrsg.), *Schriften zur Psychoanalyse* (1972, Bd. II, S. 303–313). Frankfurt am Main: Fischer.
Ferenczi, S. (1988). *Ohne Sympathie keine Heilung: das klinische Tagebuch von 1932*. Frankfurt am Main: Fischer.
Ferenczi, S. & Rank, O. (1924). *Entwicklungsziele der Psychoanalyse – Zur Wechselbeziehung von Theorie und Praxis*. Leipzig/Wien/München: Internationaler Psychoanalytischer Verlag.
Ferro, A. (2005). *Im analytischen Raum: Emotionen, Erzählungen, Transformationen*. Gießen: Psychosozial-Verlag.
Ferro, A. (2006). Clinical implications of Bion's thought. *The International Journal of Psychoanalysis, 87*(4), 989–1003.
Ferro, A. (2012). Creativity in the Consulting Room: Factors of Fertility and Infertility. *Psychoanalytic Inquiry, 32*(3), 257–274.
Fonagy, P., Gergely, G., Jurist, E.L. & Target, M. (2004). *Affektregulierung, Mentalisierung und die Entwicklung des Selbst*. Stuttgart: Klett-Cotta.
Fonagy, P. & Target, M. (2006). *Psychoanalyse und die Psychopathologie der Entwicklung*. Stuttgart: Klett-Cotta.
Fonagy, P. & Target, M. (2007). Playing with reality: IV. A theory of external reality rooted in intersubjectivity. *International Journal of Psychoanalysis, 88*(4), 917–937.

Forrester, J. (2014). Wenn *p*, was dann? In Fällen denken. In S. Düwell & N. Pethes (Hrsg.), *Fall-Fallgeschichte-Fallstudie: Theorie und Geschichte einer Wissensform* (S. 139–169). Frankfurt am Main: Campus.
Frank, C. & Weiß, H. (2007). *Projektive Identifizierung: Ein Schlüsselkonzept der psychoanalytischen Therapie*. Stuttgart: Klett-Cotta.
Freud, S. (1900a). *Die Traumdeutung. GW II/III*, S. 1–642.
Freud, S. (1912e). Ratschläge für den Arzt bei der psychoanalytischen Behandlung. In *GW VIII*, S. 376–387.
Freud, S. (1912e). Recommendations to Physicians Practising Psycho-Analysis. In *SE XII*, S. 109–120.
Freud, S. (1914g). Erinnern, Wiederholen und Durcharbeiten. Weitere Ratschläge zur Technik der Psychoanalyse II. In *GW X*, S. 125–136.
Freud, S. (1915e). Das Unbewusste. In *GW X*, S. 264–303.
Freud, S. (1917e). Trauer und Melancholie. In *GW X*, S. 427–446.
Freud, S. (1920g). Jenseits des Lustprinzips. In *GW XIII*, S. 1–69.
Freud, S. (1923b). Das Ich und das Es. In *GW XIII*, S. 235–289.
Freud, S. (1930e). Ansprache im Frankfurter Goethe-Haus. In *GW XIV*, S. 547–550.
Gabbard, G.O. (1995). Countertransference: The emerging common ground. *The International Journal of psycho-analysis, 76*(3), 475–485.
Gabbard, G.O. (2000). Disguise or consent: Problems and recommendations concerning the publication and presentation of clinical material. *The International Journal of Psychoanalysis, 81*(6), 1071–1087.
Gill, M.M. (1954). Psychoanalysis and Exploratory Psychotherapy. *Journal of the American Psychoanalytic Association, 2*, 771–797.
Gill, M.M. (1979). The Analysis of the Transference. *Journal of the American Psychoanalytic Association, 27*(s), 263–288.
Gill, M.M. (1983). The Interpersonal Paradigm and the Degree of the Therapist's Involvement. *Contemporary Psychoanalysis, 19*(2), 200–237.
Gill, M.M. (1988). Converting Psychotherapy into Psychoanalysis. *Contemporary Psychoanalysis, 24*(2), 262–274.
Goethe, J.W. von (1971 [1808]). *Faust: Eine Tragödie*. Ditzingen: Reclam.
Green, A. (1993). Die tote Mutter. *Psyche: Zeitschrift für Psychoanalyse und ihre Anwendungen, 47*(3), 205–240.
Greenson, R.R. (1981 [1967]). *Technik und Praxis der Psychoanalyse*. Stuttgart: Klett-Cotta.
Grotstein, J.S. (1994a). Projective Identification and Countertransference: A Brief Commentary on their Relationship. *Contemporary Psychoanalysis, 30*(3), 578–592.
Grotstein, J.S. (1994b). Projective Identification Reappraised: Part I: Projective Identification, Introjective Identification, the Transference/Countertransference Neurosis/Psychosis, and Their Consummate Expression in the Crucifixion, the Pieta, and »Therapeutic Exorcism«. *Contemporary Psychoanalysis, 30*(4), 708–746.
Grotstein, J.S. (1995). Projective Identification Reappraised – projective Identification, Introjective Identification, The Transference/Countertransference Neurosis/Psychosis, and Their Consummate Expression In The Crucifixion, The Pietà, And »Therapeutic Exorcism«. Part II: The Countertransference Complex. *Contemporary Psychoanalysis, 31*, 479–511.
Grubrich-Simitis, I. (2007). Trauma oder Trieb – Trieb und Trauma: Wiederbetrachtet. *Psyche: Zeitschrift für Psychoanalyse und ihre Anwendungen, 61*(7), 637–665.
Grünbaum, A. (1985). *The Foundations of Psychoanalysis: A Philosophical Critique*. Los Angeles: University of California Press.
Grundmann, E.M. & Kächele, H. (2011). Fehlerkultur. *Psychotherapie & Sozialwissenschaft, 13*(2), 5–8.

Hacking, I. (1990). *The Taming of Chance* (Bd. 17). Cambridge: Cambridge University Press.
Hampe, M. & Strassberg, D. (2015). Nicht vereinheitlichte Wissenschaftstheorie und Psychoanalyse. In G. Allert, K. Rühling & R. Zwiebel (Hrsg.), *Frühjahrstagung 2015 Deutsche Psychoanalytische Vereinigung* (S. 265–281). Gießen: Psychosozial-Verlag.
Harris, A. & Bass, A. (2011). Nachträglichkeit. *Psychoanalytic Dialogues: The International Journal of Relational Perspectives, 21*(3), 239–242.
Heimann, P. (2016a [1950]). Zur Gegenübertragung. In dies., *Gegenübertragung und andere Schriften zur Psychoanalyse: Vorträge und Aufsätze aus den Jahren 1942–1980* (S. 111–117). Stuttgart: Klett-Cotta.
Heimann, P. (2016b [1978]). Über die Notwendigkeit für den Analytiker, mit seinem Patienten natürlich zu sein. In dies., *Gegenübertragung und andere Schriften zur Psychoanalyse: Vorträge und Aufsätze aus den Jahren 1942–1980* (S. 416–429). Stuttgart: Klett-Cotta.
Herrmann, A. P. (2016). Behandlungsfehler und Fehlerkultur in der psychoanalytischen Praxis. *Psyche: Zeitschrift für Psychoanalyse und ihre Anwendungen, 70*(7), 585–617.
Hinz, H. (2004). Neubeginn, schrittweise, diskontinuierlich. Theoretische Umwanderung des Wunders seelischer Veränderung. *Psyche: Zeitschrift für Psychoanalyse und ihre Anwendungen, 58*(9), 869–897.
Hübner, W. (2012). Diesseits der Deutung: Berühren, verführen, anerkennen. *Psyche: Zeitschrift für Psychoanalyse und ihre Anwendungen, 66*(1), 1–33.
Jacobs, T. J. (1986). On Countertransference Enactments. *Journal of the American Psychoanalytic Association, 34*(2), 289–307.
Jacobs, T. J. (1991). *The Use of the Self*. Madison, CT: International Universities Press.
Jacobs, T. J. (1993). The Inner Experiences of the Analyst: Their Contribution to the Analytic Process. *The International Journal of Psychoanalysis, 74*(1), 7–14.
Jacobs, T. J. (1999). Countertransference Past and Present: a Review of the Concept. *The International Journal of Psychoanalysis, 80*(3), 575–594.
Jacobs, T. J. (2001). On Misreading and Misleading Patients: Some Reflections on Communications, Miscommunications and Countertransference Enactments. *The International Journal of Psychoanalysis, 82*(4), 653–669.
Joseph, B. (1990). Projektive Identifizierung – Klinische Aspekte. In E. Bott Spillius (Hrsg.), *Melanie Klein Heute: Entwicklungen in Theorie und Praxis*. (Bd. 1, 174–192). Stuttgart: Klett-Cotta.
Kernberg, O. F. (2010). A new Organization of Psychoanalytic Education. *Psychoanalytic review, 97*(6), 997–1020.
Kernberg, O. F., Yeomans, F. E., Clarkin, J. F. & Buchheim, P. (2008). Psychodynamische übertragungsfokussierte Psychotherapie (TFP) von Patienten mit einer Borderline-Persönlichkeitsorganisation.In K.-A. Dreyer & M. G. Schmidt (Hrsg.), *Niederfrequente psychoanalytische Psychotherapie: Theorie, Technik, Therapie* (S. 169–196). Stuttgart: Klett-Cotta.
Klein, R. (2014). Szenische Einspielungen: Frühe intersubjektiv-relationale Ansätze im deutschsprachigen Raum. In P. Potthoff & S. Wollnik (Hrsg.), *Die Begegnung der Subjekte* (S. 27–43). Gießen: Psychosozial-Verlag.
Klüwer, R. (1983). Agieren und Mitagieren. *Psyche: Zeitschrift für Psychoanalyse und ihre Anwendungen, 37*(9), 828–840.
Klüwer, R. (2002). Szene, Handlungsdialog (Enactment) und Verstehen. In W. Bohleber & S. Drews (Hrsg.), *Die Gegenwart der Psychoanalyse – Die Psychoanalyse der Gegenwart* (S. 347–357). Stuttgart: Klett-Cotta.
Klüwer, R. (2005). *Die psychoanalytische Methode und ihre Auswirkungen*. Vortrag gehalten auf der Herbsttagung der Deutschen Psychoanalytischen Vereinigung, Bad Homburg.

König, K. (2013). *Abstinenz, Neutralität und Transparenz in psychoanalytisch orientierten Therapien.* Stuttgart: Klett-Cotta.
Krejci, E. (2009). Die Funktionen des Rahmens der psychoanalytischen Situation. *Zeitschrift für psychoanalytische Theorie und Praxis, 24*(4), 399–415.
Küchenhoff, J. (2005). *Psychodynamische Kurz-und Fokaltherapie: Theorie und Praxis.* Stuttgart: Schattauer.
Laing, R. D. (1972). *Das geteilte Selbst: eine existentielle Studie über geistige Gesundheit und Wahnsinn.* Köln: Kiepenheuer & Witsch.
Lebiger-Vogel, J. (2015). »... halt ein Genie seiner Zeit« – Ist Psychoanalyse unzeitgemäß? Zur gegenwärtigen Berufswahl Studierender im psychotherapeutischen Bereich. *Psyche: Zeitschrift für Psychoanalyse und ihre Anwendungen, 69*(4), 347–374.
Lorenzer, A. (1983). Sprache, Lebenspraxis und szenisches Verstehen in der psychoanalytischen Therapie. *Psyche: Zeitschrift für Psychoanalyse und ihre Anwendungen, 37*(2), 97–115.
Maiello, S. (1999). Das Klangobjekt. Über den pränatalen Ursprung auditiver Gedächtnisspuren. *Psyche: Zeitschrift für Psychoanalyse und ihre Anwendungen, 53*(2), 137–157.
Mertens, W. (2013). Das Zwei-Personen-Unbewusste – unbewusste Wahrnehmungsprozesse in der analytischen Situation. *Psyche: Zeitschrift für Psychoanalyse und ihre Anwendungen, 67*(9), 817–843.
Mitchell, S. A. (2004). My Psychoanalytic Journey. *Psychoanalytic Inquiry, 24*(4), 531–541.
Moser, U. (2001). »What is a Bongaloo, Daddy?« Übertragung, Gegenübertragung, therapeutische Situation. Allgemein und am Beispiel ›früher Störungen‹. *Psyche: Zeitschrift für Psychoanalyse und ihre Anwendungen, 55*(2), 97–136.
Neyraut, M. (1980). *Le transfert: Étude psychanalytique.* Paris: Presses Universitaires de France.
Novalis (Freiherr von Hardenberg, G. P. F.) (1929). *Fragmente und Studien.* Hrsg. von Ernst Kamnitzer. Dresden: Jess Verlag.
O'Shaughnessy, E. (2007). Introjektive und projektive Identifizierung und ihre Auswirkungen auf das Ich. In C. Frank & H. Weiß (Hrsg.), *Projektive Identifizierung: Ein Schlüsselkonzept der psychoanalytischen Therapie* (S. 88–107). Stuttgart: Klett-Cotta.
Ogden, T. H. (2006). Das analytische Dritte, das intersubjektive Subjekt der Analyse und das Konzept der projektiven Identifizierung. In M. Altmeyer & H. Thomä (Hrsg.), *Die vernetzte Seele: Die intersubjektive Wende in der Psychoanalyse* (S. 35–64). Stuttgart: Klett-Cotta.
Orange, D. M., Atwood, G. E. & Stolorow, R. D. (2015). *Intersubjektivität in der Psychoanalyse: Kontextualismus in der psychonalytischen Praxis.* Frankfurt am Main: Brandes & Apsel.
Parsons, M. (2013). Zwischen Tod und Urszene. *Forum der Psychoanalyse, 29*(1), 115–131.
Picht, J. (2015). Sprache, Musik und das Unbewusste. *Psyche: Zeitschrift für Psychoanalyse und ihre Anwendungen, 69*(12), 1115–1138.
Plassmann, R. (2015). Die Technik der Prozessdeutung. In G. Allert, K. Rühling & R. Zwiebel (Hrsg.), Pluralität und Singularität in der Psychoanalyse, Frühjahrstagung 2015 Deutschen Psychoanalytischen Vereinigung (S. 177–191). Gießen: Psychosozial-Verlag.
Plassmann, R. (2016). Transformationsprozesse in der Traumatherapie und die Technik der Prozessdeutung. *Forum der Psychoanalyse, 32*(1), 1–15.
Pollak, T. (2014). Psychoanalyse als Religion? Zur kirchlichen Verfasstheit psychoanalytischer Institutionen. *Psyche: Zeitschrift für Psychoanalyse und ihre Anwendungen, 68*(11), 1108–1131.
Potthoff, P. (2014). Abriss der relationalen Psychoanalyse. In P. Potthoff & S. Wollnik (Hrsg.), *Die Begegnung der Subjekte: Die intersubjektiv-relationale Perspektive in Psychoanalyse und Psychotherapie* (S. 43–61). Gießen: Psychosozial-Verlag.
Potthoff, P. & Wollnik, S. (2014). *Die Begegnung der Subjekte: Die intersubjektiv-relationale Perspektive in Psychoanalyse und Psychotherapie.* Gießen: Psychosozial-Verlag.

Racker, H. (1959). *Übertragung und Gegenübertragung*. München: Reinhardt.
Rangell, L. (1954). Similarities and differences between psychoanalysis and dynamic psychotherapy. *Journal of the American Psychoanalytic Association, 2*(4), 734–744.
Rangell, L. (1981). Psychoanalysis and dynamic psychotherapy. Similarities and differences twenty-five years later. *The Psychoanalytic Quarterly, 50*(4), 665–693.
Renik, O. (1993). Analytic Interaction: Conceptualizing Technique in Light of the Analyst's Irreducible Subjectivity. *Psychoanalytic Quarterly, 62*(4), 553–571.
Renik, O. (1999). Das Ideal des anonymen Analytikers und das Problem der Selbstenthüllung. *Psyche: Zeitschrift für Psychoanalyse und ihre Anwendungen, 53*(9), 929–957.
Renik, O. & Spillius, E.B. (2004). Psychoanalytic controversies: Intersubjectivity in psychoanalysis. *The International Journal of Psychoanalysis, 85*(5), 1053–1064.
Rotmann, J.M. (1992). Ist die Übertragungsbedeutung des Gutachterverfahrens analysierbar? *Psyche: Zeitschrift für Psychoanalyse und ihre Anwendungen, 46*(2), 178–219.
Rotmann, J.M. (1996). Wie psychoanalytisch kann Psychotherapie sein? *Zeitschrift für psychoanalytische Theorie und Praxis, 11*(2), 162–182.
Sandler, J. (1976). Gegenübertragung und Bereitschaft zur Rollenübernahme. *Psyche: Zeitschrift für Psychoanalyse und ihre Anwendungen, 30*(4), 297–305.
Scharff, J.S. (1992). *Projective and Introjective Identification and the Use of the Therapist's Self*. Lanham: Rowman & Littlefield Publishers.
Schmid, R. (1988). *Psychoanalytische Tätigkeit in der Bundesrepublik Deutschland*. Ergebnisse einer empirischen Studie – Praxisstudie – im Auftrag der DGPT. Prognos-Studie, Köln.
Schmidt, M.G. (2014). Der Einfluss der Präsenztheorie auf die psychoanalytische Behandlungstechnik. *Psyche: Zeitschrift für Psychoanalyse und ihre Anwendungen, 68*(9), 951–970.
Schneider, G. (2003). Fokalität und Afokalität in der tiefenpsychologisch fundierten Psychotherapie und Psychoanalyse. In A. Gerlach, A.-M. Schlösser & A. Springer (Hrsg.), *Psychoanalyse mit und ohne Couch: Haltung und Methode*. Gießen: Psychosozial-Verlag.
Schneider, G. (2014). *Einschnitte, Einrisse, Inseln – zu einer psychoanalytischen Topographie psychischer Fernen und ihrer (Un-) Erreichbarkeit*. Vortrag gehalten auf der 27. Jahrestagung der EPF, 2014, Turin, Brüche. EPF-Bulletin 68, 23–38.
Schoenhals Hart, H. (2007). Zur Begriffsverwirrung bei der projektiven und introjektiven Identifizierung. In C. Frank & H. Weiß (Hrsg.), *Projektive Identifizierung: Ein Schlüsselkonzept der psychoanalytischen Therapie* (S. 155–179).Stuttgart: Klett-Cotta.
Schülein, J.A. (2002). *Autopoietische Realität und konnotative Theorie: Über Balanceprobleme sozialwissenschaftlichen Erkennens*. Velbrück Wissenschaft.
Schülein, J.A. (2003). *Quantitative und qualitative Forschung: Ein schwieriges Verhältnis*. Vortrag gehalten auf der DPV Herbsttagung 1003, Bad Homburg.
Sodré, I. (2012). Who's who? – Notes on pathological identifications. In E. Spillius & E. O'Shaughnessy (Hrsg.), *Projective Identification – The Fate of a Concept* (S. 55–60). London/ New York: Routledge.
Spillius, E. (2012). Developments by British Kleinian Analysts. In Spillius, E. & O'Shaughnessy, E. (Hrsg.), *Projective Identification – The Fate of a Concept* (S. 30–33). London/New York: Routledge.
Spillius, E. & O'Shaughnessy, E. (Hrsg.). (2012). *Projective Identification – The Fate of a Concept*. London/New York: Routledge.
Stern, D.N. (1985). *The Interpersonal World of the Infant: A View from Psychoanalysis and Developmental Psychology*. New York: Basic Books.
Stern, D.N. (2010). *Der Gegenwartsmoment: Veränderungsprozesse in Psychoanalyse, Psychotherapie und Alltag*. Frankfurt am Main: Brandes & Apsel.

Stoller, R. J. (1988). Patients' responses to their own case reports. *Journal of the American Psychoanalytic Association, 36*(2), 371–391.
Stolorow, R. D. & Atwood, G. E. (1992). Contexts of Being: The Intersubjective Foundations of Psychological Life (Bd. 12). Hillsdale, NJ: The Analytic Press.
Stone, L. (1954). The Widening Scope of Indications for Psychoanalysis. *Journal of the American Psychoanalytic Association, 2*(4), 567–594.
Thomä, H. (1981). *Schriften zur Praxis der Psychoanalyse: Vom spiegelnden zum aktiven Psychoanalytiker*. Frankfurt am Main: Suhrkamp.
Thomä, H. & Kächele, H. (1985). *Lehrbuch der psychoanalytischen Therapie. Band 1: Grundlagen*. Berlin/Heidelberg/New York: Springer.
Torok, M. (1983). Trauerkrankheit und Phantasma des »Cadavre exquis«. *Psyche: Zeitschrift für Psychoanalyse und ihre Anwendungen, 37*(6), 497–519.
Treurniet, N. (1996). Über eine Ethik der psychoanalytischen Technik. *Psyche: Zeitschrift für Psychoanalyse und ihre Anwendungen, 50*(1), 1–31.
Trimborn, W. (2008). Möglichkeiten und Grenzen der Transformationen krisenhafter Schwellensituationen. In K.-A. Dreyer & M. G. Schmidt (Hrsg.), *Niederfrequente psychoanalytische Psychotherapie* (S. 223–245). Stuttgart: Klett-Cotta.
Tuckett, D. (2000). Reporting clinical events in the journal: towards the construction of a special case. *The International Journal of Psychoanalysis, 81*(6), 1065–1071.
Tuckett, D. (2005). Does Anything Go? Towards a framework for the more transparent assessment of psychoanalytic competence. *The International Journal of Psychoanalysis, 86*(1), 31–49.
Wallerstein, R. S. (1986). *Forty-Two Lives in Treatment: A study of Psychoanalysis and Psychotherapy. The Report of the Psychotherapy Research Project of the Menninger Foundation 1954–1982* (S. 1–768). New York: Guilford Press.
Wegner, P. & Henseler, H. (2013). *Psychoanalysen, die ihre Zeit brauchen*. Frankfurt am Main: Brandes & Apsel.
Will, H. (2006). Psychoanalytische Kompetenzen. *Forum der Psychoanalyse, 22*(2), 190–203.
Zimmermann, J., Löffler-Stastka, H., Huber, D., Klug, G., Alhabbo, S., Bock, A. & Benecke, C. (2015). Is It All about Higher Dose? Why Psychoanalytic Therapy Is an Effective Treatment for Major Depression. *Clinical Psychology & Psychotherapy, 22*(6), 469–487.
Zwiebel, R. (2014). Behandlungsfehler, Fehlerkultur und Verantwortung in der psychoanalytischen Praxis: Ansatz für eine psychoanalytische Irrtumslehre. *Jahrbuch der Psychoanalyse, 69*, 49–76.

Personenregister

A
Abend, S. M.   173
Abraham, N.   124
Adorno, T. W.   24
Alexander, F.   81
Allen, J. G.   81
Altmeyer, M.   23f., 26, 31
Argelander, H.   24, 29
Aron, L.   26, 46f.
Atwood, G. E.   19

B
Balint, M.   24, 26, 50, 81
Baranger, W., Baranger, M.   24f., 46, 96f., 103, 105
Bass, A.   30
Bateson, G.   25
Benjamin, J.   26, 31
Bergstein, A.   174
Bibring, E.   44, 50, 81, 89, 99
Bilger, A.   50
Binswanger, L.   24
Bion, W. R.   24f., 122, 173ff.
Boesky, D.   106
Bohleber, W.   20, 24, 28, 51, 106
Böhme, I.   24f., 28, 119, 122
Bollas, C.   27f.
Bolognini, S.   23, 173

Bott Spillius, E.   122
Bowlby, J.   25
Brearley, M.   29
Brenman Pick, I.   25, 72, 122
Brodbeck, H.   29
Buchholz, M. B.   46, 73, 97
Bundesanzeiger   43

C
Christian-Widmaier, P.   50
Clarkin, J. F.   52, 81

D
Danckwardt, J. F.   104f.
Döll-Hentschker, S.   49, 82
Don Giovanni   20
Dreyer, F.   95, 113
Dreyer, K.-A.   49, 51, 53, 74, 77ff., 81, 95, 99, 105, 107, 116, 143, 145, 149

E
Eisold, K.   81
Ermann, M.   51, 66, 69, 74, 148

F
Fairbairn, W. R. D.   2, 26, 118
Faust, H.   57ff., 61, 66
Ferenczi, S.   24, 26, 28, 50, 58, 66, 80,

99, 119, 121f., 124ff., 130, 142, 147, 165
Ferro, A.   20, 24f., 46
Fonagy, P.   25, 81, 121
Forman, M.   21f.
Forrester, J.   36ff., 157f.
Frank, C.   119, 122
French, T. M.   81
Freud, A.   59, 65
Freud, S.   24, 26, 36, 57ff., 61, 71, 73, 99, 107, 121, 158
Fromm-Reichmann, F.   25

G
Gabbard, G. O.   31f., 34, 70
Gattig, E.   104f.
Gill, M. M.   24, 30, 45ff., 63, 81f., 99, 156
Goethe, J. W. von   57ff., 65f.
Grünbaum, A.   36
Greenson, R. R.   49f., 172
Grotstein, J. S.   119, 127, 134, 174
Grubrich-Simitis, I.   71
Grundmann, E. M.   47
Gödde, G.   46, 73, 97

H
Hübner, W.   67f., 70ff., 94
Hacking, I.   37
Hampe, M.   35ff., 157ff.
Harris, A.   26, 30
Heimann, P.   57, 62ff., 71, 73f., 139, 161, 175f.
Henseler, H.   78
Herrmann, A. P.   47f.
Hinz, H.   95ff.
Horkheimer, M.   24

J
Jacobs, T. J.   23, 31, 58, 70, 106, 118
Joseph, B.   165

K
Küchenhoff, J.   81
Kernberg, O. F.   29, 81

Klüwer, R.   24, 43, 50, 81f., 144
Klein, M.   24f., 28, 122
Klein, R.   29, 42
Krejci, E.   71f.
König, K.   30
Kächele, H.   47, 81

L
Laing, R. D.   25
Lebiger-Vogel, J.   29
Lidz, T.   25
Loewald, H.   24
Lorenzer, A.   24

M
Maeder, A.   126
Maiello, S.   97, 100
Mephisto   58f., 61, 66, 73
Mertens, W.   23, 46, 152, 174
Mitchell, S. A.   26, 30, 46f.
Moser, U.   81
Mozart, W. A.   20, 22

N
Neyraut, M.   162
Novalis   93, 101, 172

O
Ogden, T. H.   23, 26, 31, 46, 69f., 147, 152, 155, 176ff.
Orange, D. M.   19
Ornstein, P. H.   81

P
Parsons, M.   151, 162
Picht, J.   101
Plassmann, R.   46, 97
Pollak, T.   31
Potthoff, P.   24, 27f.

R
Rangell, L.   50, 81, 99
Rank, O.   50, 80, 99
Reerink, G.   49, 82

Renik, O.   17, 30f., 70, 160
Rotmann, J.M.   44, 81

S

Sandler, J.   110, 149
Scharff, J.S.   117f., 147, 165
Schlierf, C.   49, 82
Schmid, R.   80
Schmidt, M.G.   19, 49, 51, 77, 79, 81, 99, 104, 106, 116, 145
Schneider, G.   81, 107ff.
Schoenhals Hart, H.   122, 124, 165
Schülein, J.A.   32ff., 37
Searles, H.F.   25
Sodré, I.   119f., 177
Spillius, E.   30, 119f.
Spitz, R.   25
Stern, D.N.   19, 25, 83, 100
Stoller, R.J.   33
Stolorow, R.D.   19
Stone, L.   81
Strassberg, D.   35ff., 157ff.
Sullivan, H.S.   25, 30

T

Target, M.   25, 121
Thomä, H.   23f., 26ff., 31, 47, 81
Torok, M.   109, 124, 165
Treurniet, N.   19
Trimborn, W.   141
Tuckett, D.   29, 32

W

Wallerstein, R.S.   81
Wegner, P.   78
Weiß, H.   119, 122
Wildberger, H.   49, 82
Will, H.   29
Winnicott, D.W.   24, 26
Wollnik, S.   24, 28

Y

Yeomans, F.E.   81

Z

Zimmermann, J.   29
Zwiebel, R.   47

Sachregister

A

Abstinenz 15, 30, 46, 59, 61, 66, 69, 72, 74, 82, 148, 171, 173
 funktionale 69f., 70, 74
Agieren 10, 16, 18, 24, 26, 41, 44, 49ff., 59, 62, 65, 67, 75, 82f., 88ff., 94, 96, 99, 105, 109ff., 123, 137, 141, 143ff., 159ff., 166, 174, 180
aktive Technik 66
analytische Dritte, das 23, 177
analytische Psychotherapie 9, 77, 79ff., 84
Assoziation 15, 22f., 28, 31, 35, 53, 64, 74, 97, 113, 115, 138, 143, 148f., 151, 153, 156, 160ff., 173
Ausbildung 29, 41, 78, 80, 133, 172
Autonomie 28, 98f., 115

B

Beendigung 21, 49, 52, 86, 90, 132, 171, 180
Behandlungsbedürftigkeit 84
Bindungstheorie 25
Brückenfunktion der introjektiven Identifizierung 118, 178f.

D

Denken in Fällen 36, 38

Dichotomie außen/innen 19, 73, 121
Diskontinuität 16, 67, 88, 93ff., 130, 137, 141, 152, 163f., 171f., 174ff., 179f.
double-bind 25
Dyade 19, 46f., 51, 75, 82f., 94, 104, 119f.
dynamic Psychotherapie APsaA-Panel 1954 99

E

Einfall 20f., 53, 113, 146, 165
Einflussnahme 33, 82
Einzelfall 36ff., 159
Empathie 27, 66, 130, 139, 171ff.
Enactment 22, 51, 68, 71, 73, 83, 105f., 111, 142

F

face to face 83
facilitating environment 47
Fehler 47f., 77, 128
Fehlerkultur 27, 47f.
Feld, psychoanalytisches 23f., 103
Fokus 26, 81f., 166
Frage-Antwort-Interaktion 22
freie Assoziation 83, 149
Frequenz (Behandlungs-) 10, 16, 42f., 48ff., 77ff., 82ff., 88ff., 99, 104, 106, 111, 116, 139, 162, 164

Frequenzwechsel 26, 77, 80, 90, 99, 104, 162

G
Gegenübertragung 10, 16, 26, 30f., 46, 55, 57f., 62, 65ff., 69ff., 73, 84, 89f., 94, 104, 108, 111f., 118, 122f., 136f., 146f., 154, 161ff., 176f., 180
Gegenübertragungsanalyse 23, 26, 176
Gegenübertragungsenactment 10, 16, 26, 31, 51f., 57f., 65ff., 73f., 82, 90, 105, 145, 161f., 166, 180
Gegenübertragungswiderstand 69, 90, 175
Gesamtbehandlungszeitraum 91
gleichschwebende Aufmerksamkeit 83, 149
Gleichzeitigkeit 73, 94, 100

H
Haltung 10, 15f., 18ff., 23, 26, 29, 32, 38, 41, 45ff., 52, 54, 58, 65f., 70, 73, 75, 77, 90, 94, 104, 124, 134, 138, 141f., 152, 159f., 166f., 171, 174
Handlungsdialog 24, 43, 51, 82, 94, 105, 144
hermeneutisches Sinnverstehen 24

I
implizites Wissen 31, 50, 94, 97, 99, 102, 174
intersubjektiv 16, 19, 22ff., 45, 66, 69, 71, 94, 98, 103, 120f., 123, 148, 153, 177
Intersubjektivität 23, 26f., 30, 51, 177f.
introjektive Identifizierung 10, 16, 24, 26, 28, 87, 117ff., 124, 129, 131, 134, 139ff., 146f., 152, 164f., 167, 171, 173, 176ff.
Intuition 124, 134, 139, 150, 152, 172ff.

J
Jurisprudenz 36, 38, 158

K
Kassenleistung 43, 84, 89
klinischer Beweis 16f., 33ff.
Kontinuität 9f., 16, 19f., 26, 65, 93ff., 101ff., 109, 115f., 141, 163f., 166, 173, 180
Kurztherapie 82

L
Lehrer-Schüler-Verhältnis 60

M
mephistophelische Seiten 61
Metapher 71
Mitagieren 24
Musik und Sprache 102
Mythen als Fallgeschichten 36

N
Natürlichkeit des Analytikers 65, 71
Neutralität 30, 82, 105
Niederfrequenz, niederfrequent 24, 42, 49ff., 77ff., 85, 87f., 90, 104, 110, 135
now moment 19, 83

O
Offenheit 10, 15, 17f., 27, 48, 52, 54, 60, 72, 75, 134, 139, 145, 160, 166, 171, 180

Ö
Ödipus 36f., 158

P
Partizipation 31
Patientenrechtegesetz 43
Phantasie 31f., 34, 49, 53, 60f., 67, 73, 103f., 109, 126, 146, 149, 175
Plausibilität 16f., 33, 35, 63
Prognos-Studie 80
projektive Identifizierung 23, 25, 28, 31, 117, 119ff., 125, 127, 142, 147, 165, 177
prozedurales Wissen 50
psychoanalytische Fälle 36ff., 41, 75, 123, 157f., 175

psychoanalytischer Prozess 18, 20, 46, 84, 116, 171, 173

R
Rahmen 10, 15f., 19, 24f., 38, 45, 52, 57, 71f., 78, 80, 83f., 105f., 111, 115, 118, 123, 130f., 145, 147, 164, 166, 172, 176
Realität 30, 34, 67, 83f., 90, 122, 129
Referenzmodell 80
Reflexion, reflektieren 15f., 18f., 21, 30, 34, 45, 51f., 54, 61, 67f., 71f., 74, 78, 80, 83f., 90, 95, 99, 102, 110, 112, 117, 119, 123f., 135f., 146, 152, 160, 162, 164, 166, 171f., 174
Reverie 27, 114, 152, 162, 172, 174
Rhythmus 93, 97f., 100ff., 117, 164

S
Schutzbedürfnis 60f.
Schutz des Analytikers 57
Schutz unserer Patienten 57, 60, 66, 110
Schweigen des Analytikers 72
Schweigepflicht 32, 34
Selbstenthüllung 17, 66, 148, 160
Setting 10, 45, 53, 77, 80, 82ff., 98, 105f., 115f., 134
Spaltung/Aufspaltung 20f., 146ff., 179
Spiegel 17, 71
Spiegelplatte, Spiegelmetapher 17, 71, 148
steinerner Gast, Komtur 20f.
Stundenfrequenz 84, 115
Suggestion 45, 89
szenisches Verstehen 30, 42

T
Technik, psychoanalytische 10, 79, 82f., 93, 134, 141, 171, 173

Teilhabe 9f., 15f., 18ff., 29ff., 38, 41f., 44, 46ff., 52, 54, 57, 59f., 66, 70, 72f., 75, 77, 79, 90, 103, 108, 118, 125, 134, 137, 139, 141f., 149f., 156, 159, 161f., 166, 171f., 174, 178ff.
Teilhabenlassen 75
tiefenpsychologisch fundierte Psychotherapie 10, 80ff.
Transparenz 9f., 15ff., 20, 23, 29ff., 38, 41, 43ff., 47f., 52, 54, 57, 59ff., 66f., 70, 73, 75, 77, 90, 103, 108, 118, 124, 134, 139, 141f., 145, 148, 150, 152, 155, 159f., 162, 166f., 171f., 174, 178ff.

Ü
Übertragung 10, 16, 26, 28, 30, 41, 48, 53f., 59, 69, 88, 90, 104, 109, 111, 124f., 127, 144, 148f., 153ff., 157, 159, 162, 180

V
Verlauf der Behandlung 45, 48f., 95, 138, 142, 147
Vignette, klinische Darstellung 16, 26, 32ff., 37f., 74f., 110, 129, 159

W
Widerstand 50, 90, 96, 115, 163f.
Wissenschaftstheorie 38

Z
Zeitbegrenzung 81f.
Zustimmung zur Veröffentlichung 32, 104
Zwei-Personen-Unbewusstes 23, 46
Zäsur 141, 174f.

Psychosozial-Verlag

Günter Gödde, Sabine Stehle (Hg.)
Die therapeutische Beziehung in der psychodynamischen Psychotherapie
Ein Handbuch

November 2016 · 583 Seiten · Broschur
ISBN 978-3-8379-2548-7

In der psychodynamischen Psychotherapie besteht heute ein weitgehender Konsens darüber, dass die im therapeutischen Prozess ständig erfolgende Beziehungsregulierung für das Gelingen einer therapeutischen Behandlung von entscheidender Bedeutung und Kernpunkt jeder Veränderung ist. Die AutorInnen berichten von ihren Erfahrungen aus der therapeutischen Praxis und betrachten die therapeutische Beziehung unter vier thematischen Schwerpunkten: der empirischen Erforschung des Therapieprozesses, der Perspektivierung durch bedeutende Theoretiker auf diesem Gebiet, der Herausarbeitung wichtiger Dimensionen der Therapiebeziehung wie Staunen, Sehnsucht, Achtsamkeit und Verstehen sowie der Therapieerfahrungen in unterschiedlichen Konstellationen. Erkenntnisse der Säuglings-, Bindungs- und Mentalisierungsforschung erweitern und vertiefen den klassischen Blick auf das Übertragungs- und Gegenübertragungsgeschehen.

Mit Beiträgen von M.-L. Alder, J. Bergmann, A. Bergner, M. B. Buchholz, D. Burghardt, M. Dittmann, G. Dorrer-Karliova, F. Dreyer, I. Erhardt, E. Erman, G. Gödde, A. Gumz, S. Hörz-Sagstetter, T. Jakobsen, H. Kächele, S. Karminski, W. Keller, G. Kurz, C. Marx, A. Mauritz, T. Munder, W. Pohlmann, E. Püschel, D. Rau-Luberichs, H.-W. Rückert, K. Rugenstein, L. Scherer, S. Schneider, S. Stehle, A. Steinmetz, T. Storck, P. Theiss-Abendroth, L. P. Thiesen, R. T. Vogel, R. Voigtel, T. Watzel, C. Will, H.-J. Wirth, F. Zillich und J. Zirfas

Walltorstr. 10 · 35390 Gießen · Tel. 0641-969978-18 · Fax 0641-969978-19
bestellung@psychosozial-verlag.de · www.psychosozial-verlag.de

Psychosozial-Verlag

Dorothea Kuttenkeuler, Georg Schäfer (Hg.)
Deutungsprozesse im Wandel
Beiträge zum aktuellen Verständnis der Deutung in der Psychoanalyse

2016 · 261 Seiten · Broschur
ISBN 978-3-8379-2621-7

Aus unterschiedlichen Perspektiven richten die AutorInnen des vorliegenden Buches den Blick auf den Prozess der Deutungsentstehung und den geschichtlichen Wandel der Deutungstechnik. Sie untersuchen verschiedene Konstellationen, in denen Deutungen durchgeführt werden, und erörtern diese an konkretem Fallmaterial. Dieses reicht von der therapeutischen Behandlungssituation über die psychoanalytische Ausbildung bis hin zur frühen Mutter-Kind-Beziehung sowie zur Deutung von Kunstwerken.

Die Deutung ist nach wie vor ein zentrales Element der psychoanalytischen Behandlung. Jedoch hat sich ihre Technik in den letzten Jahren verändert. Ursprünglich fand sie eher im Rahmen einer »Ein-Personenpsychologie« statt. Heute steht jedoch mehr ein Deutungsvorgehen, das die Wechselseitigkeit der analytischen Beziehung betont, im Vordergrund. In diesem zunehmend intersubjektiven Verständnis nimmt die Deutung immer mehr die Rolle eines gemeinsamen Aushandlungsprozesses zwischen PsychotherapeutIn und PatientIn ein.

Mit Beiträgen von Heiner Binding, Gustav Bovensiepen, Susann Heenen-Wolff, Franz Herberth, Dorothea Kuttenkeuler, Christian Maier, Ute Moini-Afchari, Nicola Sahhar, Georg Schäfer, Harm Stehr und Klaus-Dieter Weber

Walltorstr. 10 · 35390 Gießen · Tel. 0641-969978-18 · Fax 0641-969978-19
bestellung@psychosozial-verlag.de · www.psychosozial-verlag.de

Psychosozial-Verlag

Josef Dantlgraber
Unbewusste Kommunikation in der psychoanalytischen Situation
Ausgewählte Aufsätze

2015 · 179 Seiten · Broschur
ISBN 978-3-8379-2452-7

»Man kann nicht nicht kommunizieren, denn jede Kommunikation ist Verhalten und genauso wie man sich nicht nicht verhalten kann, kann man nicht nicht kommunizieren.«

Paul Watzlawick

Gerade in der der psychoanalytischen Situation sind nonverbale und unbewusste Ausdrucksformen und Interaktionen von besonderer Bedeutung. Als wichtige Schlagworte der psychoanalytischen Theorie und Praxis gelten in diesem Zusammenhang Analysierbarkeit, psychoanalytische Haltung sowie psychoanalytischer und psychotherapeutischer Prozess. Neuere Ansätze ergänzen den wissenschaftlichen Diskurs um die Unterscheidung zwischen dynamischem und nicht repräsentiertem Unbewussten.

Das vorliegende Buch versammelt erstmals Josef Dantlgrabers zentrale Aufsätze der vergangenen drei Jahrzehnte zur unbewussten Kommunikation und stellt sein Konzept des »musikalischen Zuhörens« vor. Die Methode kann dazu verhelfen, die Bedeutung von nicht repräsentiertem psychischen Material des Patienten oder der Patientin zu eruieren und in Sprache zu transformieren. In einem ausführlichen Vorwort kontextualisiert der Autor die versammelten Beiträge. Den Band beschließt ein Text über das Werk von Wolfgang Loch, einem der bedeutendsten deutschsprachigen Theoretiker der Psychoanalyse.

Walltorstr. 10 · 35390 Gießen · Tel. 0641-969978-18 · Fax 0641-969978-19
bestellung@psychosozial-verlag.de · www.psychosozial-verlag.de